天下龙泉
龙泉青瓷与全球化
卷三　风行天下

故宫博物院、浙江省博物馆、丽水市人民政府　编
故宫出版社

Longquan of the World
Longquan Celadon and Globalization

Vol. Ⅲ
A Worldwide Fashion

Compiled by the Palace Museum, the Zhejiang Provincial Museum and the Lishui Municipal People's Government

The Forbidden City Publishing House

目录

Contents

序一

　　丝绸之路由众多不同的主干道和无数的支线组成，是在亚洲、欧洲和东非、北非乃至撒哈拉以南非洲的部分国家和地区之间构建起来的一个海陆交通网络。虽然不同国家、民族对历史上曾加入的这个交通网络有着不同的命名，但是作为连接东方和西方的干道，丝绸之路有机地把东亚、南亚、中亚、西亚、北非、东非和欧洲的主要文明古国连接在了一起。对比构成丝绸之路的网线与当今"一带一路"倡议所覆盖的路线，会发现二者之间有着极大的契合度，这说明丝绸之路不仅曾经沟通、连接着古代世界，也是当代世界交通网线的前身，更是一条贯通古今、连接各文明区域经济、文化、政治、军事的交流之路。

　　在历史的长河中，丝绸之路上既有在东西方不同地区之间进行交换的商品，也有为了政治、宗教、商业或军事等各种目的而行进在丝路上的人群。正是这些商品和人群的流动，让古代的人们了解到在自身文明之外还有其他的文明，他们用各自的语言记录下了对自己域外文明的认识。这些零星的记载，成了古代世界史的一部分，是今人了解古代、研究世界古代文明的重要资料。人群的流动带来了各种宗教与思想在东西方之间的传播，在宗教思想影响下的宗教艺术也同时得到了普及。对来自异域产品的渴求与模仿，则促成了技术在东西方不同地区之间的传播与互动，带动了技术水平的共同提升，促进着人类文明的交融发展。

　　正是得益于丝绸之路，古代的各国家、地区和文明区域才得以被连接起来。由此，在不同历史时期内，各个国家与文明之间才有可能在继承与发展自身传统文化的同时，不断吸纳和包容外来文化因素，并在这个过程中变得开放、强大。是故，丝绸之路的历史价值也越来越受到重视，继陆上的"丝绸之路：长安—天山廊道的路网"被列入《世界遗产名录》之后，"海上丝绸之路"的申遗工作也在进行之中。同时，对丝绸之路的研究也是海内外学术界共同关心的重要课题。

　　利用文物展览的方式，更大范围、更深层次地揭示和宣传丝绸之路的历史价值，也是各博物馆工作中一个重要的努力方向。在关注通过丝绸之路流入中国的异域文物，以及在外来文明、技术影响下的本地产品的同时，如何使展览不只停留在物的层面，而能通过文物展览更好地叙述因交流而在不同文明之间产生的相互影响，以及技术水平共同提高的历史真实，应该是策展人员要进一步思考和关注的内容，也是文物展览所要体现的更高境界。故宫博物院一向注重以学术研究为基础进行展览策划，此次故宫博物院联合浙江省博物馆、丽水市人民政府共同举办的"天下龙泉——龙泉青瓷与全球化"展览，就是我院与浙江省博物馆的陶瓷研究人员在联合承担国家文物局指南针计划2012～2014年"中国古代瓷器生产技术对外传播研究"课题的成果，但展览又不局限于课题本身，而是以龙泉青瓷和龙泉青瓷所代表的瓷器生产技术、文化为切入点，思考在12～15世纪、在新航路开辟前，在世界范围内龙泉青瓷广泛流布的表象背后，对各国、各地区陶瓷器生产技术的影响。通过观察越南、泰国、日本和英国等国对龙泉青瓷的完全仿烧，以及缅甸、伊朗、叙利亚、埃及等国利用本地传统的陶瓷生产技术仿烧龙泉青瓷的情况，进而指出各地的仿烧虽有表现形式上的差别，但本质上却无一不是通过文化与技术交融，实现各地陶瓷技术的共同提高，龙泉青瓷也因之具有了世界性。对龙泉青瓷的渴求和仿烧，也成为促成早期全球化的动因之一。

　　感谢北京故宫文物保护基金会、龙湖集团、浙江省博物馆、丽水市人民政府对展览工作的大力支持，感谢海内外四十余家博物馆、考古单位和院校对展览的支持和帮助。耿宝昌先生和本院众多同仁为本次展览付出了巨大的努力，在此一并致谢。

　　是为序！

故宫博物院院长

Preface I

The term Silk Roads refers to the overland and maritime networks of transportation between the countries and regions of Asia, Europe, East Africa, North Africa, and parts of Africa south of the Sahara Desert. The Silk Roads consisted of numerous primary routes and a large number of secondary routes that connected the major countries of East Asia, South Asia, Central Asia, West Asia, North and East Africa and Europe. These regions had their own long histories of civilisation, and the many centuries of the Silk Roads' operation saw goods traded in both directions, as well as a steady movement of peoples travelling for political, religious, commercial and military purposes. Thanks to the Silk Roads, diverse regions, countries and civilisations became connected throughout history. This made it possible for numerous countries and civilisations of different historical periods to adapt to, and to integrate with, various foreign cultural factors. In the process they became both stronger and more in open their views of the world – while at the same time inheriting and developing their own traditional cultures.

The present exhibition, *Longquan of the World: Longquan Celadon and Globalization,* is jointly organised by the Palace Museum, the Zhejiang Provincial Museum, and the Lishui Municipal People's Government of Zhejiang. It reflects the research accomplishments from a Compass Project of 2012-2014, supported by the China's State Administration of Cultural Heritage and entitled *Spreading of Ancient Chinese Ceramic Technology to Other Countries and Its Impact.* However, the exhibition extends well beyond this research project. On the basis of the ceramic technology and culture, represented by Longquan celadon ware itself, it aims to examine the wide distribution of Longquan celadon across the Old World during the 12-15th centuries before the new trade routes were discovered. In the process it also aims to understand the influences that Longquan celadon wares exerted on the ceramic technologies of various regions beyond China. While countries such as Vietnam, Thailand, Japan and Britain were able to fully copy Longquan celadon ware, other countries like Burma, Iran, Syria and Egypt applied their traditional ceramic technologies to recreate Longquan wares for local consumption. Although these reproductions varied between regions, they all resulted in local improvements in ceramic technology as a result of the communication and the merging of cultures through the Silk Roads. In this regard, Longquan celadon is of international significance. The worldwide appreciation and recreation of Longquan celadon may be seen as a driving force for globalization in these early years.

We extend our thanks to the Forbidden City Cultural Heritage Conservation Foundation, the Longfor Group, the Zhejiang Provincial Museum, and the Lishui Municipal People's Government of Zhejiang for great support to the exhibition. The valuable support and help from over forty museums, archaeological organisations, institutes and universities in China and other countries is appreciated. We also thank Mr. Geng Baochang and many colleagues at the Palace Museum for their tremendous efforts.

Wang Xudong
Director, the Palace Museum

序二

　　龙泉窑是宋元时期著名的青瓷窑口，因中心窑场位于浙南龙泉境内而得名。它创烧于晚唐五代，发展于北宋。宋室南渡后，更是融合了南北两大瓷业技艺，关联"官窑""民窑"两个层次，集历代青瓷工艺之大成，成为中国古代陶瓷史上内涵丰富、产地广阔、规模壮观的青瓷窑业体系。

　　12～15世纪，造型古朴端庄、釉质温润如玉的龙泉青瓷，畅销于亚洲、非洲和欧洲等地，成为该时期流布最广、产地最多的瓷器品类。其对世界陶瓷发展史影响最大，促进了跨区域技术、经济和文化的交流，为早期经济全球化奠定了基础。

　　近年来，大量的龙泉青瓷在国外被发现，有力地佐证了龙泉青瓷对外输出的历史记载，引起了学界的广泛关注。2010年，我馆研究人员以"浙江青瓷在海外"为题开展专项调查与研究。2012～2014年，我馆与故宫博物院等单位合作承担了国家文物局指南针计划——"中国古代瓷器生产技术对外传播研究"课题，探讨瓷器和制瓷技术在中国对外交流中的媒介作用和深远影响，并推出系列展览与国际学术活动。

　　多年来，承蒙故宫博物院的支持与帮助，两馆之间的交流与合作不断深入。此次，立足于两馆的藏品资源，特别是故宫博物院龙泉青瓷的藏品优势，同时汇集海内外数十家文博机构的数百件藏品，共襄盛举，联合举办"天下龙泉——龙泉青瓷与全球化"展览，旨在向公众展示龙泉青瓷在国内外广泛分布的时空面貌，并揭示其承载的深厚文化内涵和广泛的社会影响。

　　自古以来，文明的交流、互鉴，是推动人类社会进步和世界和平发展的重要动力。文明因交流而多彩，因互鉴而进步。瓷器的输出和文化的互动，筑就了连接世界的"陶瓷之路"，带动了中外贸易的发展，促进了东西方技艺的交流，丰富了沿线人民的物质和文化生活。其广博的历史文化内涵，对当今世界共建"一带一路"，具有深远的历史意义。

　　值此浙江省博物馆建馆九十周年之际，我馆联合故宫博物院、丽水市人民政府共同推出"天下龙泉——龙泉青瓷与全球化"展览及国际学术研讨会，是对自己生日的一份很好的纪念。

浙江省博物馆馆长

Preface II

The Longquan kilns are famous for their celadon production during the Song (960–1279) and Yuan (1279–1368) dynasties. They derive their name from the location of their primary kilns in Longquan, in south Zhejiang province. The manufacture of Longquan celadon started from late Tang dynasty (618-907) to the Five Dynasties (907–960) period and developed in the Northern Song dynasty (960–1127). During the Southern Song dynasty (1127–1279), the Longquan potters merged ceramic technologies of south and north China, integrated two levels of production, at imperial kilns and private kilns, and successfully incorporated technologies of green-glazed ceramics of successive dynasties. The Longquan kilns consequently became a celadon kiln system with a rich technology and a major cultural significance. They also combined wide regions of manufacture with the most magnificent scale of production in Chinese ceramic history.

During the Song and Yuan periods, Longquan wares featured archaistic and elegant forms and lustrous jade-like celadon glazes. They were widely exported to many parts of Asia, Africa and Europe. Longquan celadon became the ceramic type of this period that boasted of the widest geographical distribution, the largest number of places of manufacture, and the most profound influence upon the development of ceramic history in lands beyond China itself. By these means they boosted technology, and economic and cultural exchanges between different regions of the world, which laid a foundation for globalization in these early years.

The Zhejiang Provincial Museum has experienced increasingly deep exchanges and collaborations with the Palace Museum, thanks to its support and its help over many years. The present exhibition benefits from the strong collections of the two museums, in particular the outstanding Longquan celadons from the Ming and Qing (1368-1911) royal collections of the Palace Museum. With hundreds of objects kindly loaned from tens of other museums and cultural organisations in China and overseas, the Palace Museum and the Zhejiang Provincial Museum are able to present this magnificent exhibition, *Longquan of the World: Longquan Celadon and Globalization*. Our goal is to demonstrate to the public the wide distribution of Longquan celadon in and outside China over an extended period of history, and the deep and rich cultural significance and broad social influences embodied in these objects.

Throughout history, exchanges and mutual learning between different civilisations have been an important driving force for human progress and for global peace and development. Civilisations have become richer, more colourful and better developed through exchange and mutual learning. The exporting of ceramics and the interactions of cultures gave rise to the Ceramic Roads that made the world increasingly connected. This boosted the development of trade between China and other countries, promoted technological exchanges between the East and the West, and enriched materials and cultures for peoples along the Ceramic Roads. The broad historic and cultural significance of Chinese ceramics has profound implications for both the Silk Road Economic Belt and the 21st Century Maritime Silk Road that China and the world are currently building together.

On the 90th anniversary of the Zhejiang Provincial Museum, we present the exhibition *Longquan of the World: Longquan Celadon and Globalization* in Beijing and Hangzhou in collaboration with the Palace Museum and the Lishui Municipal People's Government. We will also collaborate with the Longquan Municipal People's Government to organise an international symposium in Longquan on the same subject. This is a good commemoration of the birthday of the Museum.

Chen Shuihua
Director, the Zhejiang Provincial Museum

序三

瓷器是中华文明孕育的伟大历史瑰宝、中华民族的劳动智慧结晶，是中国对人类文明、世界文化作出的重大贡献。绚丽夺目的瓷器桂冠上，龙泉青瓷以"青如玉、明如镜、声如磬"的特质惊艳天下，成为镶嵌桂冠上的璀璨明珠。

丽水地区早在两晋时期已经开始烧造瓷器，龙泉烧造青瓷起始于晚唐五代，宋代之后进入鼎盛，历经千余年兴盛不衰，更在古老的"丝绸之路"上演绎播撒了悠远中华文化的浪漫旋律，被欧洲人亲切地称为"雪拉同"。2009 年 9 月，龙泉青瓷传统烧制技艺作为全球唯一陶瓷类项目，被联合国教科文组织列入《人类非物质文化遗产代表作名录》，标志着龙泉青瓷与其背后蕴含的工匠精神成为全人类的共同精神和文化财富。

龙泉所处的丽水市，有着冠绝全国的生态优势，处处蕴含云淡天高的青瓷意境；有着巍峨绵延的江浙高峰，群山深藏丰富优质的瓷土资源；有着奔流入海的烟波瓯江，碧波漾起联通世界的开放虹桥；有着钟灵毓秀的深厚文化，滋养孕育万千变化的瓷制新意；有着崇耕尚读的淳朴乡土，世代造就厚德笃行的能工巧匠。

文明因交流互鉴而绚丽多彩。作为青瓷故乡的丽水市，此次与故宫博物院、浙江省博物馆合作，共同举办"天下龙泉——龙泉青瓷与全球化"展览，向世界展示龙泉青瓷发展历程，展现龙泉青瓷艺术之美，重现"丝绸之路"青瓷盛景，旨在通过交流互鉴弘扬青瓷文化，精进青瓷技艺，壮大青瓷产业，在守正创新中推动龙泉青瓷"深化、物化、转化"发展，让瓷器这个鲜明独特的中华文化标符焕发出更加璀璨夺目的时代光芒！

中共丽水市委书记　　胡海峰

Preface Ⅲ

Porcelain is a great and historic invention and treasure of Chinese civilisation. As an outstanding example of the industriousness and wisdom of the Chinese nation, porcelain represents a significant Chinese contribution to both human civilization and to world culture. Longquan celadon is celebrated for being "green like jade, bright like a mirror, and with a sound like a chime stone". It is fascinating to the world, like a luminous jewel radiating on the brilliant crown of Chinese ceramics.

Ceramics were fired at the Tantou kiln site, Lishui as early as the Jin dynasty (266–420), while Longquan started to fire celadon from late Tang dynasty (618-907) to the Five Dynasties (907–960). From the Song dynasty (960–1279) onwards, production of celadon thrived in Longquan and lasted there for about a millennium. Longquan celadon was widely distributed along the Silk Roads, and, by these means, spread the beauty and romance of China's time-honoured culture. In Europe, the beautiful fashionable green-glazed wares from China is fondly called celadon, a name that derives from a French stage play of the 17th century, in which a shepherd boy called Celadon wore ribbons on his sleeves that were misty green and like the attractive colour of Longquan wares. In September 2009, UNESCO recognised and included the traditional firing technology of Longquan celadon on its Representative List of the Intangible Cultural Heritage of Humanity, which was the only ceramic technology listed. This signifies that Longquan celadon and the craftspeople's spirit that it embodies has become part of the common spiritual and cultural wealth shared by the whole of humankind.

Longquan is located in the Lishui region of Zhejiang, which respectively means 'Dragon Spring' and 'Beautiful Water/River'. The Lishui region boasts pristine ecological features unmatched in China, with bright sky and clean waters everywhere that are reminiscent of the charming Longquan celadon glaze. Lofty mountains and hills abound in Lishui and the region is rich in ceramic materials including high-grade clays. The Ou river runs towards the ocean where ports and green waves link Lishui to the world like a rainbow bridge. Well-endowed by nature, the Lishui region has long nurtured people of talent, and the rich culture of Lishui's long history has seen major innovations in its ceramic technology. The pure-hearted and trustworthy country folk in Lishui highly value both industrious farming and enlightened reading, which gave rise to many generations of master artisans with outstanding virtues and skills.

Civilisations have become richer and more colourful through the processes of exchange and mutual learning. As the hometown of Longquan celadon, Lishui appropriately collaborates with the Palace Museum and the Zhejiang Provincial Museum to jointly organise the exhibition *Longquan of the World: Longquan Celadon and Globalization*. We aim to introduce the development trajectory of Longquan celadon and its charming beauty to the world, and present the historic vision of Longquan celadon blooming along the Silk Roads. We hope that exchanges and mutual learning of peoples and civilisations will help to promote celadon culture, improve celadon technology, and strengthen the celadon industry. Through the right means of perseverance, pragmatism and innovation, we wish that Longquan celadon will enter not only the ears but also the hearts of many people in China and overseas. We will provide solid industrial infrastructures for Longquan celadon culture, and facilitate its transcendence and transformation into a robust and sustainable economic pattern and system. Porcelain, a distinct hallmark of Chinese culture, shall shine still more brilliantly in the world of a new era!

Hu Haifeng
Secretary of Lishui Municipal Committee of the CPC , Zhejiang

天下龙泉
——龙泉青瓷与全球化

王光尧　故宫博物院

沈琼华　浙江省博物馆

《诗经·小雅·北山》有载"溥天之下，莫非王土；率土之滨，莫非王臣"，其"溥天之下"在自然指苍穹之下；在人文则指所有人类活动的地方。我们提出"天下龙泉"的概念[1]并用为展览的名称，就是依据中国古代的语境及古人关于世界的认识：中国古代所说的天下意即全世界，也就是今天所说的全球。宋元至明早中期的中国龙泉青瓷，不仅在中国有极高的认知度，而且输出到亚、非、欧三洲的许多国家，可以说是当时人类商贸、文化交流所及的全部世界，自然具有全球化的意义。本展览和本文所说的"天下龙泉"就是要叙述 12 ～ 15 世纪龙泉青瓷在中国本土的生产、发展和使用情况，龙泉青瓷在全世界的流布和使用情况，不同国家和地区对龙泉青瓷的使用、接受程度及这一事实产生的深远影响，以及由此表现出的龙泉青瓷的全球化情况。

一　何以龙泉

龙泉青瓷是后起且不断演进的概念，指宋、元、明时浙江省龙泉县（今龙泉市，下同）以大窑为中心的地区烧造的青瓷器，也包括同一个时期风格相同的青瓷器。

龙泉（县）窑的概念在南宋叶寘《坦斋笔衡》中已经存在，但统观文中叙述北宋末年受命为宫廷烧造青窑器之事，是把江南的龙泉县窑和"河北"的唐州、邓州、耀州、汝州四州的窑并列[2]，这里有可能只是一个官府管理机构的概念，有些宋代地方官窑的性质。

此后的元代到明代早期，龙泉青瓷被称为青窑器、青瓷器[3]、处器、青处器[4]、青器、土青器[5]、豆青瓷[6]。嘉靖十五年《七修类稿续稿》开始有"龙泉窑""龙泉"的名称，且专指龙泉烧造的弟窑类瓷，明确指出之所以命名为"龙泉（或龙泉窑）"的原因是"以地名也"，同时也有以烧窑人的姓氏称之为章窑者[7]。自此，龙泉窑和龙泉瓷的名字开始流行。清乾隆《龙泉县志》仍然称为青瓷[8]，但在同一时期的清代宫廷文献中，如乾隆二十年（1755 年）御制《咏龙泉盘子》诗记载新疆吐鲁番出土龙泉窑盘子时，明确使用了"龙泉盘子""龙泉釉""宋龙泉窑"的概念[9]，之后乾隆皇帝还写过《咏龙泉窑碗》《咏宋龙泉无当尊》诗[10]。文献表明，从明代晚期到清中期，从浙江地方到清代宫廷，在对传世或出土实物的认定中依据产地为归属原则，龙泉窑、龙泉瓷或龙泉釉已经成为一种共识，成为宋、元、明时期龙泉窑场产品的统称。

既然通过上文我们论证了什么是龙泉窑或龙泉青瓷，那么就要强调一点，即龙泉青瓷内涵的性质：谈龙泉地区的瓷器生产史，当然可以从唐代甚至更早的时间谈起，但是论龙泉青瓷或龙泉窑的生产历史，却断不可与该地区的瓷器生产史混为一谈。

从考古发掘资料可知，龙泉地区烧造青瓷器至迟在唐代已成规模，直到五代、北宋早期，当地的产品仍然有浓重的越窑、婺州窑的风格，部分产品甚至还受瓯窑的影响，该地区的窑场可视为越窑、婺州窑的地方性窑场。到北宋中期或更晚，在当地传统的灰青釉基础上，受北方耀州窑和定窑系刻花、划花及印花工艺影响，龙泉地区的窑场开始烧造单面刻花、双面刻花或刻划花加篦点纹的瓷器，并逐渐形成龙泉地区青瓷产品的独特风格，由于这种风格的瓷器一直被认为是在龙泉地区的窑场首先烧成[11]，所以称这类风格的瓷器为龙泉青瓷，并把它们从越窑系中区分开来。龙泉地区窑场产品自我风格的形成，正值传统越窑风格衰落之时，原因虽值得深入研究，但龙泉窑继越窑之后成为浙江地区乃至整个中国青瓷的代表则是不争的事实。约当龙泉地区的青瓷产品发生上述风格的转变的同时，江西景德镇和金溪窑场等地的青白瓷、福建部分青瓷窑场产品，也与龙泉青瓷一样开始采用划花、篦点纹装饰，在装饰方法和装饰风格上都明显受到北方定窑瓷器工艺和装饰风格的影响。江西、浙江和福建如此大面积出现瓷器装饰相同、变化时间近同的现象，是中国陶瓷史上一个非常值得重视并深入研究的课题。

正是由于龙泉窑场在北宋晚期已成为浙江地区青瓷生产的代表，所以到北宋末年徽宗因定窑白瓷有芒，改命当时几处著名窑场烧造青窑器时，龙泉窑已在受命之列。龙泉青瓷由此开始和宫廷有了直接的关系，从民间走向庙堂。官府的直接介入，使得龙泉窑场进入了一个全新的时代。

二 成为时尚

《坦斋笔衡》：“江南则处州龙泉县窑。”《鸡肋编》：“处州龙泉县……又出青瓷器，谓之‘秘色’，钱氏所贡，盖取于此。宣和中，禁庭制样须索，益加工巧。”可以知道龙泉窑在北宋末年根据宫廷下发的官样为宫廷或官府烧造瓷器之事可资凭信[12]。距龙泉千里之外的宫廷下令其按宫廷颁发的样子烧造瓷器，此时大江以南为皇宫烧造瓷器的只有龙泉一处窑场，其地位在江南可想而知。

从对临安城的考古资料看，在已经发掘的几处南宋宫廷遗址内，出土瓷器标本中占比最多的都是龙泉青瓷，说明在南宋时期龙泉青瓷已经成为宫廷用瓷的主流，龙泉也成为宫廷用瓷的最大供应地。在南宋六陵遗址也出土了白胎龙泉窑瓷器，这又从另一个角度证明龙泉窑瓷器进入了南宋皇宫内。同样，考古资料表明，在南宋时期港口、都市、乡镇和一般墓葬出土瓷器中有大量的龙泉窑瓷器，可见龙泉窑瓷器在当时的社会生活中已经拥有一定的地位。

元朝统一，为龙泉青瓷在中国北方市场流行提供了机遇，龙泉青瓷真正开始占据包括今天蒙古在内的全国市场。对元大都、哈拉和林和阿力麻里的考古发掘表明，从帝国的都城到汗国王庭都大量使用龙泉青瓷。而在集宁路一级的地方性城镇和主要交通线上，也出土有大量龙泉青瓷，这成为元代龙泉青瓷通行全国的考古证据。

元代实行匠籍制，从元初几次大规模在浙西搜括匠人的情况看，大量无技艺者尚在其中，身怀窑业技术的龙泉窑瓷器匠人也必然会被搜括为官匠，制瓷匠人成为官府拥有的生产资料并从事生产，故而这一时期应该有大量隶属官府的龙泉窑场存在。史料中也有了龙泉窑为皇宫烧造瓷器的记载[13]。又据典志，元代祭祀用国礼（即蒙古旧俗），牲首用马首，并承以盘，如果这种盘也是瓷盘的话，则清宫旧藏龙泉窑瓷器中的大盘就属于这种放置马首的礼祭器了。

明代是龙泉窑生产史上与皇宫关系最密切的时期，处州（今浙江省丽水市）从洪武时期就开始承担为皇宫烧造瓷器的任务。《大明会典》载：“洪武二十六年定，凡烧造供用器皿等物，须定夺样制，计算人工物料。如果数多，起取人匠赴京，置窑兴工。或数少，行移饶、处等府烧造。”[14]据此，不管所需瓷器数量多少，处州都承担了一定的生产任务。所以，不仅南京故宫遗址出土了大量的明初龙泉青瓷，而且在故宫博物院收藏的清宫旧藏瓷器中也有大量的明代龙泉青瓷。和宋元时期相比，清宫旧藏的明龙泉窑瓷器中，日用器的比例已大大增加，说明处州窑的产品除了充当礼祭器外，已成为皇宫日常用器具的重要来源。《明宪宗实录》天顺八年正月乙亥条记载：“江西饶州府、浙江处州府，见差内官在彼烧造瓷器，诏书到日，除已烧完者照数起解，未完者悉皆停止。差委官员，即便回京，违者罪之。”说明至少到天顺时期，一直都有从北京派来的太监在处州督陶，而且产品大量进入明宫廷的龙泉窑场绝不只是偶尔承担了生产宫廷用瓷的任务，应该与景德镇一样有专门为皇室生产瓷器的御窑存在。

除服务宫廷外，龙泉窑场的产品在明代早期是政府外交用瓷的最主要品种，这不仅可以从琉球王国各遗址出土瓷器中得到证明，在郑和下西洋的礼品中也有大量的龙泉青瓷。和龙泉枫洞岩窑址出土明代早期官式龙泉青瓷同样类型、品质的瓷器，在印度、阿拉伯联合酋长国、伊朗乃至肯尼亚等处的考古遗址中都有发现，这些遗址勾连成的航线正是郑和船队所到达的地方，亦见于中国文献记载或当地的传说。

不只宫廷，明代上层社会也流行使用龙泉青瓷，徐达、宋晟、俞通海等明代功臣墓或家族墓地成组（套）出土龙泉青瓷，不仅显示了当时龙泉青瓷的地位，也成为研究明代早期龙泉青瓷使用情况的重要资料，乃至是研究从宋元社会向明代转变过程中龙泉青瓷造型变化与器用组合方式的第一手资料。

三　走向海外

龙泉青瓷在中国域内已然如此，在中国以外也同样深得各个阶层人士的喜爱。从国内外考古资料所见，南宋时期的龙泉青瓷已经成为当时中国最主要的外贸商品，从东亚到东南亚、南亚、西亚再到非洲东部和北部，在古代的传统贸易区域内到处都可以看到龙泉青瓷的身影。

宋室南迁，为增加财政收入，发展贸易成为国家支持的行为，商业需求使得此时龙泉窑生产达到高峰期。龙泉青瓷不仅行销江南各地，也大量销往海外，而且以日用类的碗、盘为最大宗产品。仅经考古发掘的印度奎隆港口遗址、阿拉伯联合酋长国祖尔法遗址、伊朗霍尔木兹古城遗址、肯尼亚拉姆群岛和曼布鲁伊河口遗址、埃及福斯塔特遗址和英国威廉姆森在波斯湾沿岸调查过的数十处遗址等处，都有南宋、元、明早期的龙泉青瓷出土。这些不仅说明龙泉青瓷是从南宋到元明早期数百年间中国的主要出口商品，而且足以证明当时的中外文化交流和贸易繁荣的程度，是当今构建、复原海上丝绸之路不可或缺的实物证据。

元朝统一后，沿袭宋朝鼓励外贸的经济政策，甚至采用官本船的方式支持对外贸易。在当时的对外贸易产值比中，瓷器是仅次于丝绸的大宗外销商品，在东亚、南亚、西亚、东非等主要遗址出土的中国元代瓷器中，龙泉窑瓷器均占有相当的比重。大约也在同一时期，龙泉青瓷进入金帐汗国统治下的东欧。根据法国考古出土的一些龙泉青瓷碎片，可以知道龙泉青瓷约在同一个时期进入法国[15]，初识龙泉青瓷的法国人惊叹龙泉青色之美，赠送龙泉青瓷一个诗化的名字——Celadon，至今该名称仍是西方语言对龙泉青瓷和青瓷的通用名。

图 1　龙泉窑青釉刻划花卉纹盘残件
印度 Purana Qila 皇宫遗址出土

图 2　龙泉窑青釉器残件
越南河内京城考古研究所藏

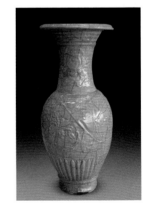

图 3　龙泉窑青釉刻缠枝莲纹凤尾尊
日本冲绳考古所藏

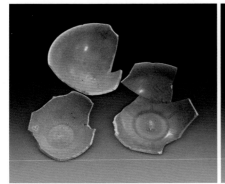   

图4　越南仿龙泉青釉刻莲瓣纹碗残件
越南河内京城考古研究所藏

图5　泰国仿龙泉青釉刻变形莲瓣纹罐
故宫博物院藏

　　同时，龙泉青瓷不仅是波斯伊儿汗国皇宫内的明珠，在稍后的萨法维王朝，来自中国的龙泉青瓷和元青花瓷器被刻上铭记后供奉在阿德比尔陵的神殿内。当奥斯曼土耳其帝国在与伊朗萨法维王朝的战争中取得胜利后，即把包括大量龙泉青瓷在内的中国瓷器作为战利品运回伊斯坦布尔。或许这些瓷器原本就是奥斯曼土耳其觊觎的对象。除伊儿汗国、金帐汗国外，察合台汗国都城所在地霍城县阿力麻里从清代以来一直有龙泉青瓷出土，在伊拉克巴格达宫殿遗址、印度莫卧儿王朝的皇宫内也出土了龙泉青瓷（图1），在安南（今越南北部）升龙府皇宫遗址（图2）、琉球各王国的几处王国宫殿遗址同样也有大量的元明时期的龙泉青瓷出土（图3）。远在东非的肯尼亚海滨各主要宫殿遗址所见元明早期的中国瓷器更是以龙泉青瓷占据主导地位，北非的福斯塔特（开罗旧城）出土瓷器中龙泉青瓷也占有相当的比例。上述资料显示，从沿海到内地，从乡村到都市，从民居到皇宫，龙泉青瓷成为当时世界的时尚。另据中国文献记载，当时到中国朝贡的琉球使臣还违禁到龙泉自行购买青瓷，可见他们对龙泉青瓷的渴求程度[16]。

　　一直以来，龙泉青瓷深受日本人的喜爱，迄今见诸日本公私收藏的龙泉青瓷中不乏被定为国宝或重要文化财者。它们大多是在南宋、元时期作为商品进入日本的，和这些在日本传世的龙泉青瓷相比，韩国新安沉船等沉没船只是其中的一个不幸。明永乐时期，日本使臣曾奉将军之命携带一枚碗口有破冲的南宋龙泉青瓷碗来明，因为将军太过钟爱，请求明廷再赐一枚同样的碗。但是，从南宋到明初，龙泉青瓷的风格已经发生了很大的变化，不管是明朝君臣，还是来华使臣，都无法搜罗到同样的龙泉青瓷碗，所以只能请人锔补后再带回日本，孰料锔补后碗的青釉和深褐色的锔钉形成了完美的搭配，被日本称为"马蝗绊"，一时名重天下，传承至今。

四　普世之美

　　从南宋到明代早期即12世纪中期至15世纪中期，龙泉青瓷在当时全世界范围内的流行程度和时尚效应，在新航线开辟、新世界发现以前的东西方文化交流史上无出其右。也正是在这种广泛认同的基础上，中国输出的龙泉青瓷开始从单纯的商品输出转向更深层的文化与技术层面的输出。

　　我们曾经以瓷器为媒介讨论过中外文化交流的三个层次[17]：最初级的交流只局限于商品的流通，即输出和输入，以及对产品的简单了解；进一步的交流是通过对输入商品的了解，以本土的技术和原料模仿输出的商品；最高层次的交流是生产技术的直接交流，以及对输入商品的真正理解并实现和原产地一样的量化生产。反观龙泉青瓷走向全世界的历程，基本经历了上述三个层次的交流。尤其是越南、泰国、缅甸、伊朗、埃及、日本、英国、韩国等地，都曾仿烧过龙泉青瓷，这种仿烧既有如越南（图4）、泰国（图5）、日本（图6、图7）、英国在不同时期仿烧的真正高温青釉瓷，

  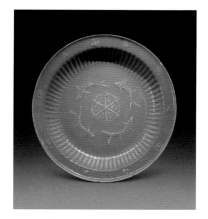

图6　日本仿龙泉青釉印花盘
日本九州市立陶瓷文化馆藏

图7　日本仿龙泉青釉印山水图三足筒式炉
日本九州市立陶瓷文化馆藏

图8　伊朗仿龙泉青釉印四鱼纹折沿盘
英国维多利亚与艾伯特博物馆藏

也有其他各国用其本土的陶瓷胎釉技术进行的仿烧，产品的釉色、品质固然各不相同，但是归纳起来则表现为对龙泉青瓷器的釉色、造型（如折沿、菱花口）和纹饰（如双鱼纹、莲瓣纹）的模仿（图8），这种模仿的背后是当时从东亚到东南亚、西亚和非洲，以及后来的英国，对来自中国的龙泉青瓷及龙泉青瓷所代表的瓷器文化的认同。同时我们还观察到泰国、越南、缅甸、伊朗等国的仿龙泉窑产品，除了满足本国市场外，也向世界其他市场投放，这说明龙泉青瓷市场国际化的同时，它的产地也是国际性的。这是一种世界范围内表现在陶瓷器上的，通过文化交流实现先进文化全球化过程以及各地区的陶瓷文化相互融合、共同发展的实例。这种不同地区、不同国家对龙泉青瓷的认同和共同的文化追求，正是本文和本展览要表达的"天下龙泉"的含义。

结语

当前，不管是在中国还是在外国，谈到古代东西方不同文明中心间的文化交流，多采用丝绸之路、海上丝绸之路或陶瓷之路的名称，也有使用棉花之路、香料之路、宝石之路、朝圣之路等不同概念者，名称和概念虽异，但都是对古代不同部族、不同地区或国家之间的文化交流情况和文化交流通道史迹的表述。在这个交流的大道上，行进着为政治、宗教、商业、军事等不同目的的人群，甚至也有仅仅为谋求自身生存的人，往往都怀抱对未知世界的探求和对美好生活的向往与追求。正是在这一目标的促使下，数千年间，从东方到西方，从太平洋沿岸到大西洋之滨，在亚洲、欧洲、非洲之间的文化交流和产品交流的行程一直不曾中断。12 ~ 15世纪，中国龙泉青瓷的输出和在世界各地的流行，在给各地人民带来美好物质文明享受的同时，也以先进的瓷器生产技术和瓷器文化促进了各地陶瓷生产技术的提高，并形成长达300余年世界范围内的一个文化认同。不同地区、不同国家在相互之间商品流动的基础上，促成了相互交流、学习，并带来生产技术的普遍提高，正是丝绸之路的历史真相与价值所在（本文曾发表于《故宫博物院院刊》2019年第7期，本书略有改动）。

注 释

1　本文所说的"天下龙泉"，与故宫博物院、浙江省博物馆和丽水市人民政府联合举办的"天下龙泉——龙泉青瓷与全球化"展览的概念一样，有一个发展的过程。首先是在 2012 年浙江省博物馆举办"大元帆影"展时，王光尧与沈琼华商量想联合举办一个关于龙泉青瓷的更大的展览，并称为"天下龙泉"，但是当时的想法只是中国龙泉产品在世界各国流布情况，并没有包括各国仿龙泉瓷器及其代表的文化认同、共同标准等内容，也就是说当时关于龙泉青瓷的认识仍局限在中国传统的范畴内。到 2013 年 1 月，沈琼华、王光尧、小林仁、森达也四人在琉球考察当地出土的中国龙泉窑瓷器，又在九州观摩日本仿龙泉青瓷时首议今天本文所说的"天下龙泉"的概念，在中国龙泉青瓷外，已包括外国仿龙泉青瓷产品。2013 年 12 月至 2014 年 1 月，王光尧、沈琼华、沈岳明、森达也四人在越南考察瓷窑址时惊诧于越南仿龙泉的水平之高，商定使用并推出"天下龙泉"概念。浙江省博物馆把"天下龙泉"课题和同名展览确定为 2015 年的项目。其后，王光尧于 2016 年在"越瓷文化学术研讨会"详细阐述了天下龙泉的概念（说见《越地精粹 青瓷宏篇——浙江青瓷与官府的关系及其在世界瓷器史上的地位》，《越瓷文化学术研讨会论文集》，中国文联出版社，2018 年）；沈岳明发表《河滨遗范　天下龙泉》（《世界遗产》2016 年第 6 期）；浙江省博物馆于 2018 年 1 月举办"太仓樊村泾遗址出土文物展暨天下龙泉·2018'学术研讨会"。

2　值得说明的是，《坦斋笔衡》中关于"江南则处州龙泉县窑"和"河北唐、邓、耀州悉有之，汝窑为魁"的概念，根据常识性的地理知识可知，处州龙泉县在江南不误，而唐州、邓州、耀州、汝州四地没有一处在黄河以北（即一般性认知的河北）。那么，《坦斋笔衡》代表的南宋知识层为何称唐州、邓州、耀州、汝州四地为"河北"？这颇费解，此或许与南宋对金称臣，并割淮河大散关以北唐、邓二州给金有关，对南宋士子来说已是极大的耻辱，对割地之事自然更是讳言，"河北"或许是当时对割金之地的代称。同样，在南宋文献中使用"北地"或许也有此意。"北地郑州""柴窑出北地"等记载详见《百宝总珍集》《格古要论》等书，不一一注出。《坦斋笔衡》见元陶宗仪《南村辍耕录》卷二十九"窑器"条引："本朝以定州白磁器有芒不堪用，遂命汝州造青窑器。故河北唐、邓、耀州悉有之，汝窑为魁；江南则处州龙泉县窑，质颇粗厚。政和间，京师自置窑烧造，名曰官窑。中兴渡江，有邵成章提举后苑，号邵局，袭故京遗制，置窑于修内司，造青器，名内窑。澄泥为范，极其精致，油色莹彻，为世所珍。后郊坛下别立新窑，比旧窑大不侔矣。"中华书局，1959 年。

3　（宋）庄绰：《鸡肋编》卷上："处州龙泉县多佳树，地名豫章……又出青瓷器，谓之'秘色'，钱氏所贡，盖取于此。宣和中，禁庭制样须索，益加工巧。"

4　（元）汪大渊：《岛夷志略》卷一"花面"："地产牛、羊、鸡、鸭、槟榔、甘蔗、老叶、木棉，货用铁条、青布、粗碗、青处器之属。"文渊阁四库全书本。

5　（明）申时行等：《大明会典》卷三十五户部二十二"课程四·商税"："凡税收……（洪武二十三年）又令各处税课司局商税，俱三十分税一，不得多收……景泰二年，令大兴、宛平二县……其收税则例：……青大碗每二十五个，青中碗每三十个，青大碟每十五个，税钞、牙钱钞、塌房钞各七百四十文……酒坛、土酒海每个，青中碟每五十个，白大盘每十个……税钞、牙钱钞、塌房钞各六百七十文；青小碟每五十个，白中盘每十五个，税钞、牙钱钞、塌房钞各六百文……青大盘每十二个，青盘每十五个，青小盘每二十个，青小碗每三十个……税钞、牙钱钞、塌房钞各五百文……土青盘每十五个，土青碗、小白盘每二十个，土青碟每五十个，青茶盅每七个，税钞、牙钱钞、塌房钞各四百文……土青酒盅、土青茶盅每十二个，土青香炉、大白碗每十个，中白碗每十五个，白大碟每二十个，白小碟每二十五个，税钞、牙钱钞、塌房钞各三百文……白小碗每十五个，税钞、牙钱钞、塌房钞各二百文。"第 255～256 页。

6　（明）申时行等：《大明会典》卷一百一十三礼部七十一"给赐番夷通例"："凡折还物价，弘治间定……青花白瓷盘每个五百贯，碗每个三百贯，瓶每个五百贯，酒海每个一千五百贯；豆青瓷盘每个一百五十贯，碗每个一百贯，瓶每个一百五十贯。"第 599 页。

7　（明）郎瑛：《七修类稿续编》卷六"七修续稿事物类·二窑"条："哥窑与龙泉窑皆出处州龙泉县。南宋时有章生一、生二兄弟，各主一窑，生一所陶者为哥窑，以兄故也；生二所陶者为龙泉，以地名也。其色皆青，浓淡不一，其足皆铁色，亦浓淡不一，旧闻紫足，今少见焉。惟土脉细薄，油水纯粹者最贵。哥窑则多断文，号百坂破，龙泉窑至今温、处人称为章窑。"清乾隆耕烟草堂本。

8　《龙泉县志》卷三"赋役志·青瓷窑"："青瓷窑（一都琉田）……化治以后，质粗色恶，难充雅玩矣。"清乾隆二十七年修，同治二年补刊本，"中国方志丛书"第六〇六号，台北成文出版有限公司，1984 年。

9　《清高宗（乾隆）御制诗文全集》第三集卷九十二"咏龙泉盘子"，第五册第 739 页，中国人民大学出版社，2013 年。

10　《清高宗（乾隆）御制诗文全集》第四集卷十四"咏龙泉窑碗"、第四集卷四十二"咏宋龙泉无当尊"，第六册第 452 页、962 页，中国人民大学出版社，2013 年。

11　在黄岩沙埠窑发现之后，关于这种双面刻划花加篦点纹的瓷器是否是在龙泉地区首烧，有值得进一步研究的必要，但这类瓷器是北方制瓷工艺影响浙江地区青瓷生产的结果则可以肯定。

12　王光尧：《关于清宫旧藏龙泉窑瓷器的思考——官府视野下的龙泉窑》，浙江省考古研究所等编《大窑枫洞岩窑址出土瓷器》，文物出版社，2009 年；沈琼华：《龙泉窑与官府和宫廷的关系》，2012 年在日本爱知县陶瓷资料馆演讲稿。

13 《元史》卷七十四"祭祀三"记载："中统以来，杂金宋祭器而用之。至治初，始造新器于江浙行省，其旧器悉置几阁。"

14 （明）申时行等：《大明会典》卷一百九十四工部十四"窑冶·陶器"，明万历内府刻本。

15 有两片中国青瓷残片出土于法国阿维尼翁教皇宫西侧花园内，花园修建时间为 1365 ～ 1367 年。Dominique CARRU al., *De l'Orientà la table du Pape: L'importation des céramiquesdans la régiond'Avignon au MoyenÂgetardif (XIVe-XVIesiècles)*, Service d'archéologieVaucluse, 1995, p34. No.28.

16 《明太宗实录》记载："（永乐二年五月）甲辰，礼部尚书李至刚等奏：'琉球国山南王遣贡方物，就令赍白金诣处州市磁器，法当逮问。'上曰：'远方之人知求利而已，安知禁令。朝廷于远人当怀之，此不足罪。'"另，《礼部志稿》卷二"怀远人之训"、卷九十二"不罪赍金市磁器"条所记同,《文渊阁四库全书》（597）第 42 页、《文渊阁四库全书》（598）第 658 页。《明史》卷三百二十三列传第二百一十一《琉球传》对此事也有记载。

17 王光尧：《以瓷器为媒介的中外文化交流层次》，浙江省博物馆编《2012 海上丝绸之路——中国古代瓷器输出及文化影响国际学术研讨会论文集》，浙江人民美术出版社，2013 年。

Longquan of the World: Longquan Celadon and Globalization

Wang Guangyao, the Palace Museum
Shen Qionghua, the Zhejiang Provincial Museum

We propose the concept of Tianxia Longquan (Longquan of the world) and we will use this as the main Chinese title for the present exhibition. Tianxia means Under Heaven and is a traditional Chinese term for an ancient Chinese cultural concept that denotes the entire geographical world. Longquan celadon wares, made in China during the Song (960-1279), Yuan (1279-1368) and early to middle Ming dynasty (1368–1644) are not only highly regarded across China, but were also exported to many countries in Asia, Africa and Europe. These regions represent the whole Old World that the commercial and cultural interactions of mankind had reached – representing the globalization of those early days.

The present exhibition and this essay aim to present various aspects of Longquan celadon during the 12-15th centuries: their production, development and use in China; their distribution to and use in the world; the variable uses and acceptance of Longquan celadon in different countries and regions, and the profound influences that they exerted, both at home and abroad. Taken together, these various aspects of Longquan celadon's history amount to the globalization of this remarkable commodity.

Longquan celadon is a term that originated at a late stage and then underwent evolution. It refers to ceramics with high-fired green glaze made in regions in and around Dayao of Longquan county (today's Longquan city) and nearby areas during the Song to Ming dynasties, as well as contemporary celadon with very similar styles to such products.

The concept of 'Longquan (county) wares' already existed in the Southern Song (1127-1279) work of *Tan zhai bi heng* (Considered writings from the altar study) by Ye Zhi. In this book, he lists the 'Longquan county kilns (i.e., wares)' of south China (Jiangnan) alongside four wares from north China, namely those from the prefectures of Ruzhou, Tangzhou, Dengzhou, and Yaozhou. In this context, Ye Zhi was perhaps only using the expression to refer to an official management agency in Longquan that may be a type of local official kiln.

At the end of the Northern Song dynasty (960–1127), the Longquan kilns fired celadon for the royal court and government, based on official patterns sent from the court. In the Southern Song period, celadon from the Longquan region had already become the primary ceramics used at the royal court, and Longquan became the largest supplier for court ceramics. Products from Longquan also played a remarkable role in contemporary urban life. During the Yuan dynasty, celadon from Longquan gradually reached the entre domestic market of China. The Ming dynasty saw the closest connection between the Longquan kilns and the royal court, and Longquan potters started to fire ceramics for the royal court as early as the reign of Hongwu (1368-1398), the founding emperor of Ming dynasty. Amongst the Ming dynasty Longquan products, collected by the court of the Qing dynasty (1644-1911), were increasing numbers of Longquan wares intended for everyday life.

The presence of a large amount of Longquan products at the Ming royal court implies that the Longquan kilns did not manufacture for the court on only an occasional basis. Instead, certain imperial kilns operated in Longquan in much the same way as those in Jingdezhen in Jiangxi province that produced exclusively for the royal court. In addition to those made for the court, products from Longquan were also the main type of ceramic used in diplomacy during the early Ming period.

In addition to China, Longquan celadons were also deeply appreciated by peoples of different walks of life in other countries. Worldwide archaeological discoveries demonstrate that Longquan celadon had already become the most important export goods during the Southern Song dynasty, and there are archaeological finds or local collections of Longquan celadon in all traditional trade regions of the Old World, from East Asia, Southeast Asia, South Asia, West Asia, to East Africa and North Africa.

Amongst Yuan dynasty ceramics excavated from major archaeological sites in East Asia, South Asia, West Asia and East Africa, Longquan products account for a very considerable ratio. During approximately the same period, Longquan celadon entered the regions of East Europe that were under the rule of the Kipchak Khanate (the Golden Horde or Ulus of Jochi, 1240s–1502). Some fragments of Longquan celadon excavated in France imply that they also entered France around this same period. Longquan celadon has also been much cherished in Japan for many centuries, and most pieces in Japan were brought there as a commodity during the Southern Song and Yuan dynasties. Longquan celadon became an important fashion of the world, appreciated from the coasts to inland regions, from the countryside to cities, and from commoners' residences to royal palaces.

The widespread distribution of Longquan celadon across the world during the 12-15th centuries brought material pleasure and enjoyment to the peoples of the receiving countries. Furthermore, the advanced ceramic technology and ceramic culture from China also served as a driving force for the improvement of local ceramic technology in various regions. A widespread appreciation of green-glazed ceramics represented by Longquan celadon formed and this lasted for some 300 years, with great international impact. Commodity exchanges between different regions and countries lead to communication and mutual learning – together with general improvements in certain technologies – and this is the historic truth and value of the Silk Roads.

图版目录

List of Plates

图版

Plates

001 | 龙泉窑青釉刻缠枝菊纹注壶

北宋

高 18 厘米　口径 7.2 厘米　足径 11.4 厘米

松阳县博物馆藏

注壶圆唇，撇口，短颈，圆肩，筒腹，凹底。肩部置曲流、曲柄和对称的花叶形双系。外腹六道粗瓜棱，均以卷草纹为地，饰缠枝菊纹。灰白胎，胎质细腻，釉色青翠。全器满施釉，唯外底部露胎无釉。（松阳县博物馆）

Longquan celadon ewer carved with chrysanthemum scrolls design
Northern Song dynasty, Height 18cm mouth diameter 7.2cm foot diameter 11.4cm, The Songyang County Museum

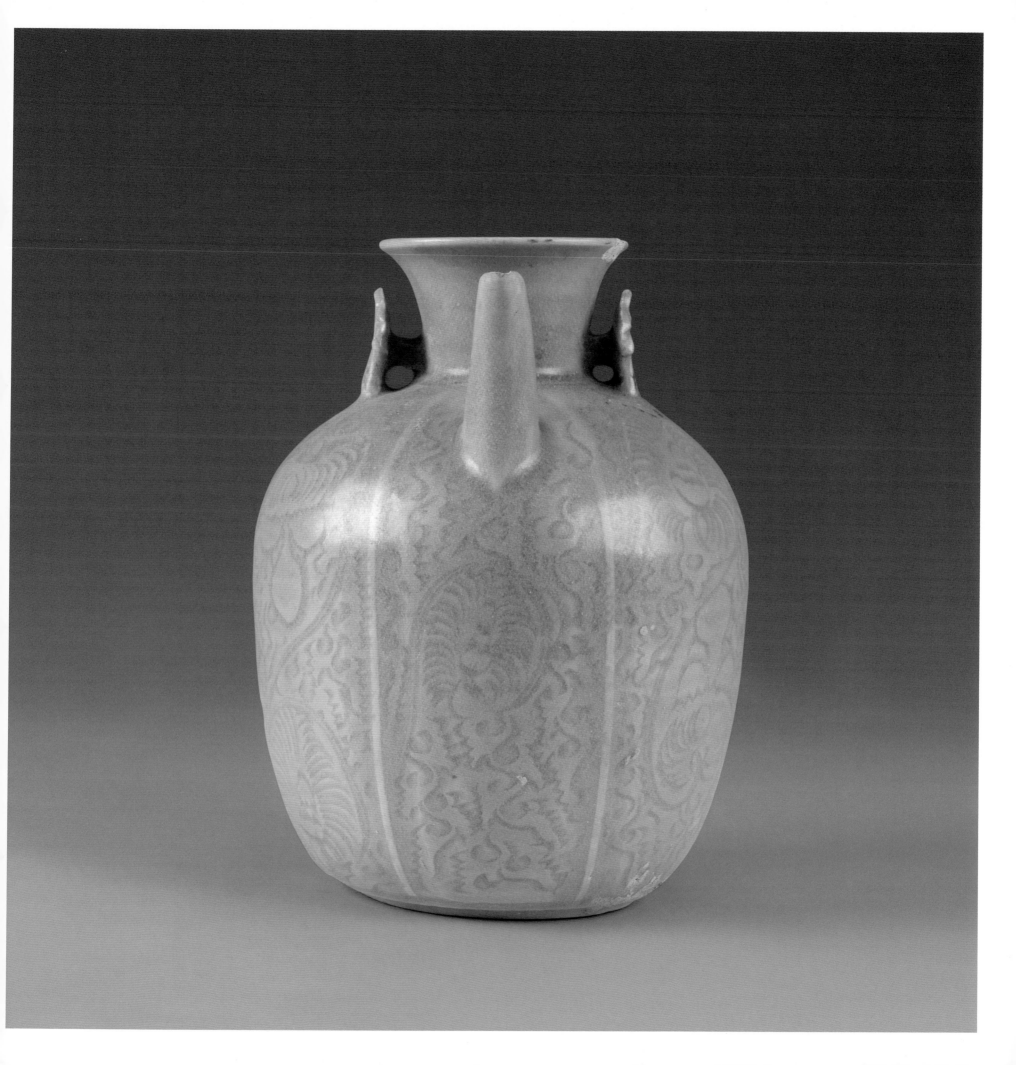

龙泉窑青釉刻划卷草纹熏炉

北宋
高 7.2 厘米　口径 13.4 厘米　足径 11.4 厘米
松阳县博物馆藏

炉直口，宽平沿，直腹，平底外折下承如意云头形六足。沿面刻划细线卷草纹，外折底面刻莲瓣纹。灰白胎，满施青釉，唯内口沿和外底部露胎无釉。（松阳县博物馆）

Longquan celadon open-work censer carved and incised with design of classic scrolls
Northern Song dynasty, Height 7.2cm mouth diameter 13.4cm foot diameter 11.4cm, The Songyang County Museum

003 | 龙泉窑青釉带盖梅瓶

南宋

高 20.3 厘米　口径 3.8 厘米　足径 7 厘米

2014 年庆元县松源镇会溪村南宋开禧元年（1205 年）胡纮妻吴氏墓出土

浙江省文物考古研究所、庆元县廊桥博物馆藏

瓶附杯形盖，直口，短直颈，溜肩，深弧腹斜收，矮圈足略外撇。器盖饰花卉纹，肩部饰一道弦纹。胎呈青灰色，胎质细腻。施粉青釉，釉层较厚，圈足底端无釉。造型美观大方，釉色温润如玉。

胡纮，字幼度，南宋庆元人，官至吏部侍郎。其妻吴氏，先卒，于开禧元年再与胡纮合葬。

（陈化诚）

Longquan celadon *meiping* ('prunus vase') with a cover
Southern Song dynasty, Height 20.3cm mouth diameter 3.8cm foot diameter 7cm, Excavated from the tomb of Lady Wu sealed in 1205 in Huixi village, Qingyuan county, Zhejiang in 2014,
The Institute of Cultural Relics and Archaeology of Zhejiang Province and Qingyuan County Museum of Gallery Bridge

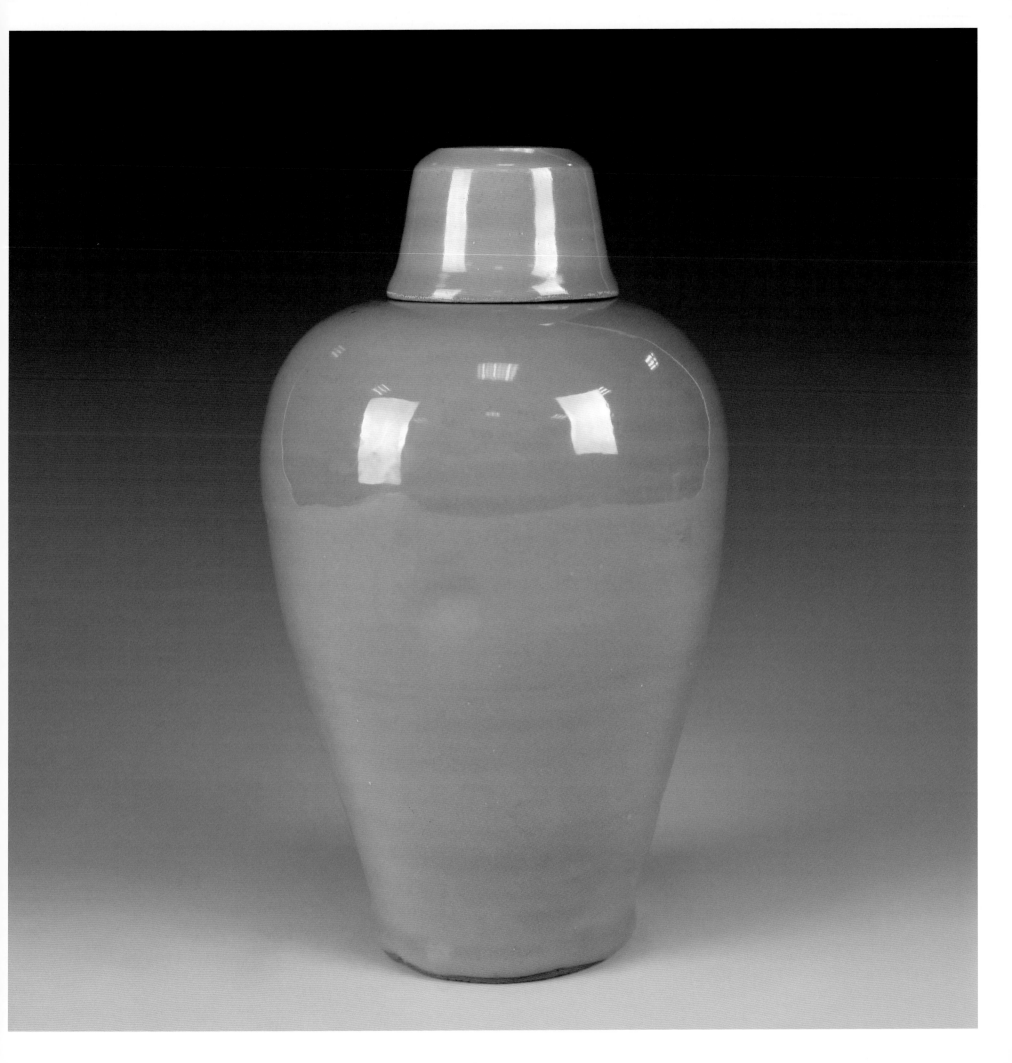

龙泉窑青釉菱花式瓶

南宋

高 16.1 厘米　口径 7.6 厘米　足径 5.8×5 厘米

遂宁市金鱼村南宋窖藏出土

遂宁市博物馆藏

瓶撇口，束颈，垂腹，圈足。从口部至足部均呈四瓣菱花形。口部有轻微的两道凹痕，对应器身、足部的两道凸棱以及器底的一道凸棱，显示器物是由模印的两片胎体对接而成。通体施梅子青釉，釉面光洁滋润。

这件青釉菱花式瓶为仿官窑器，釉色温润明亮，造型生动。此类瓶常被用作案头摆设，也可用作花瓶。（遂宁市博物馆）

Longquan celadon foliate vase
Southern Song dynasty, Height 16.1cm mouth diameter 7.6cm foot diameter 5.8×5cm, Excavated from the Southern Song hoard in Jinyucun village, Suining,
The Suining Museum

龙泉窑青釉长颈瓶残件

南宋

残高 9.6 厘米　腹径 9 厘米　足径 6.5 厘米

2011 年杭州市密渡桥出土

杭州市文物考古研究所藏

瓶长直颈，溜肩，鼓腹，圈足。口颈残。通体施青釉，釉面玻璃质感较强。胎色灰白。足端露胎处呈火石红色。（李迎）

Fragment of a Longquan celadon long-neck vase
Southern Song dynasty, Remaining height 9.6cm belly diameter 9cm foot diameter 6.5cm, Excavated at Miduqiao, Hangzhou in 2011,
The Institute of Cultural Relics and Archaeology of Hangzhou

039

006 | 龙泉窑青釉印垂帐纹双环耳六方瓶

南宋

高 13.6 厘米　口径 6.7×5.2 厘米　足径 6×4.9 厘米

丽水市三岩寺金桥头村南宋德祐元年（1275 年）叶梦登妻潘氏墓出土

丽水市博物馆藏

瓶通体呈扁六方形，撇口，下腹呈坠袋状，圈足外撇。颈两侧各置环耳衔环，一周凸弦纹将颈部分为上下两节，分别饰如意头纹和宝相如意纹，上腹饰垂帐纹，下腹饰仰莲瓣纹。灰白胎，施青灰色厚釉，足端无釉，呈火石红色。（吴东海）

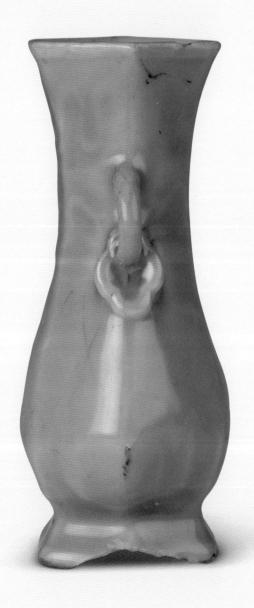

Longquan celadon hexagonal vase with ring handles and veiling design in relief
Southern Song dynasty, Height 13.6cm mouth diameter 6.7×5.2cm foot diameter 6×4.9cm, Excavated from the tomb of Lady Pan, wife of Ye Mengdeng, sealed in 1275 at Jinqiaotou village, Lishui, The Lishui Museum

龙泉窑青釉瓶残件

南宋
残高 9.7 厘米　腹径 13.7 厘米　足径 9 厘米
杭州市严官巷出土
杭州市文物考古研究所藏

瓶溜肩，鼓腹，高圈足内敛，上部残缺。肩部对称置双系，腹部上下各饰一道凸弦纹。通体施青釉，釉面润泽。胎色灰白。足端露胎处呈淡火石红色。（李迎）

Fragment of a Longquan celadon vase
Southern Song dynasty, Remaining height 9.7cm belly diameter 13.7cm foot diameter 9cm, Excavated at Yanguanxiang, Hangzhou,
The Institute of Cultural Relics and Archaeology of Hangzhou

008 | 龙泉窑青釉净瓶残件

南宋

残高 26 厘米　口径 10 厘米　腹径 14.5 厘米　足径 9.7 厘米

2011 年杭州市密渡桥采集

杭州市文物考古研究所藏

　　瓶口残，长颈，颈中部出一圈扁圆凸沿，圆肩，肩下斜收，覆盘状圈足。通体施粉青釉，釉面乳浊感较强，釉内含有大小不一的气泡。胎色浅灰。足端露胎处呈深赭色。（李迎）

Fragment of a Longquan celadon holy-water bottle
Southern Song dynasty, Remaining height 26cm mouth diameter 10cm belly diameter 14.5cm foot diameter 9.7cm, Surface find at Miduqiao, Hangzhou in 2011,
The Institute of Cultural Relics and Archaeology of Hangzhou

043

龙泉窑青釉刻莲瓣纹五管瓶

南宋
高 12.3 厘米　口径 4.8 厘米　腹径 13.5 厘米　足径 7 厘米
遂宁市金鱼村南宋窖藏出土
遂宁市博物馆藏

五管瓶造型奇特，肩上置五根细长管与腹内相通，腹部刻双层 19 瓣莲瓣纹。通体施梅子青釉，釉层较厚，釉面光洁滋润。

此器物的功能及定名，学术界尚未达成一致意见，曾有多种说法，如花插、灯具，或为随葬器，或为佛前供器等。多嘴象征多子、五子登科之意等。（遂宁市博物馆）

Longquan celadon vessel with five tubular openings and carved design of lotus petals
Southern Song dynasty, Height 12.3cm mouth diameter 4.8cm belly diameter 13.5 cm foot diameter 7cm, Excavated from the Southern Song hoard at Jinyucun village, Suining, The Suining Museum

龙泉窑青釉盖罐

南宋

通高 14.6 厘米　口径 8.2 厘米　足径 6.6 厘米

2014 年庆元县松源镇会溪村南宋开禧元年（1205 年）胡纮妻吴氏墓出土

浙江省文物考古研究所、庆元县廊桥博物馆藏

罐附象钮盖。直口，短颈，溜肩，筒形腹，圈足。灰胎，胎质坚硬细腻。罐、盖皆施粉青釉，盖内沿与足端无釉。（陈化诚）

Longquan celadon jar with an elephant-knob cover
Southern Song dynasty, Overall height 14.6cm mouth diameter 8.2cm foot diameter 6.6cm, Excavated from the tomb of Lady Wu sealed in 1205 in Huixi village, Qingyuan county in 2014, The Institute of Cultural Relics and Archaeology of Zhejiang Province and Qingyuan County Museum of Gallery Bridge

龙泉窑青釉盖罐

南宋

通高 4.8 厘米　口径 6.7 厘米　足径 4.8 厘米

2005 年 12 月丽水市下仓村南宋嘉定十五年（1222 年）李辱妻姜氏墓出土

丽水市博物馆藏

罐微敛直口，扁鼓腹，浅卧足。罐附饼形盖，有子口。施粉青厚釉。（吴东海）

Longquan celadon covered jar
Southern Song dynasty, Overall height 4.8cm mouth diameter 6.7cm foot diameter 4.8cm, Excavated from the tomb of Lady Jiang sealed in 1222 at Xiacang village, Lishui in Dec. 2005, The Lishui Museum

012 龙泉窑青釉尊残件

南宋

残高 12 厘米　口径 13.5 厘米　腹径 14.5 厘米　足径 7.6 厘米

2005 年杭州市密渡桥出土

杭州市文物考古研究所藏

尊撇口，圆唇，阔颈，斜肩，腹上鼓下敛，圈足。唇外贴饰一道水波纹，肩及腹部饰两道凸弦纹，底心有一小圆孔。通体施青釉，釉面润泽。胎色灰白，断面近底部呈火石红色。足端露胎处呈浅赭色。（李迎）

Fragment of a Longquan celadon vessel in form of archaistic bronze *zun*
Southern Song dynasty, Remaining height 12cm mouth diameter 13.5cm belly diameter 14.5cm foot diameter 7.6cm, Excavated at Miduqiao, Hangzhou in 2005, The Institute of Cultural Relics and Archaeology of Hangzhou

龙泉窑青釉刻卷云纹碗

南宋

高 7.6 厘米　口径 16.8 厘米　足径 6 厘米

"南海Ⅰ号"沉船出水

中国国家博物馆藏

碗敞口，深腹，瘦底，圈足。釉泛褐色。内底有弦纹一道，内壁饰五瓣开光，瓣内暗刻"S"形旋涡状卷云纹，线条流畅。（赵玉亮）

Longquan celadon bowl carved with cloud scrolls design
Southern Song dynasty, Height 7.6cm mouth diameter 16.8cm foot diameter 6cm, Excavated from the Nanhai I shipwreck, The National Museum of China

051

龙泉窑青釉刻莲瓣纹碗

南宋
高 7.2 厘米　口径 17.9 厘米　足径 4.3 厘米
丽水市三岩寺金桥头村南宋德祐元年（1275 年）叶梦登妻潘氏墓出土
丽水市博物馆藏

碗敞口，薄唇，深弧腹，小圈足。灰白胎。施青翠透明釉，碗体施釉两次，圈足内施釉一次。外壁刻狭长的莲瓣纹，瓣面微凸。（吴东海）

Longquan celadon bowl carved with design of lotus petals
Southern Song dynasty, Height 7.2cm mouth diameter 17.9cm foot diameter 4.3cm, Excavated from the tomb of Lady Pan, wife of Ye Mengdeng, sealed in 1275 at Jinqiaotou village, Lishui, The Lishui Museum

015 | **龙泉窑青釉刻莲瓣纹碗残件**
南宋
高 7.7 厘米　口径 17.3 厘米　足径 4.5 厘米
2004 年杭州市吴山出土
杭州市文物考古研究所藏

碗敞口，深弧壁，圈足。胎色灰白。通体施青釉，釉面润泽。足端露胎处呈火石红色。外壁刻莲瓣纹，瓣面自中脊坡向两侧。（李迎）

Fragment of a Longquan celadon bowl carved with design of lotus petals
Southern Song dynasty, Height 7.7cm mouth diameter 17.3cm foot diameter 4.5cm, Excavated at Wushan in Hangzhou in 2004, The Institute of Cultural Relics and Archaeology of Hangzhou

龙泉窑青釉刻莲瓣纹盖碗

南宋

通高 9.8 厘米　高 7.8 厘米　口径 11.9 厘米　足径 6.1 厘米

盖径 12.9 厘米　盖高 2.9 厘米

遂宁市金鱼村南宋窖藏出土

遂宁市博物馆藏

此器由盖、碗组成，还有相配的托盘。盖为子口，弧顶，中央有一蒂钮，盖内子口作方唇。碗尖唇，直口微敛，深弧腹，圈足。施梅子青釉，釉面光洁滋润，所饰莲瓣纹玲珑精巧，不为厚釉所遮掩，使外壁显得浑厚饱满，层次丰富。（遂宁市博物馆）

Longquan celadon covered bowl carved with design of lotus petals
Southern Song dynasty, Overall height 9.8cm height 7.8cm mouth diameter 11.9cm foot diameter 6.1cm cover diameter 12.9cm cover height 2.9cm, Excavated from the Southern Song hoard at Jinyucun village in Suining, The Suining Museum

龙泉窑青釉花口碗

南宋

高 6.7 厘米　口径 15.4 厘米　足径 4.6 厘米

日本东京国立博物馆藏

此碗属于南宋龙泉窑青瓷精品。釉色为明亮的粉青色，口径大，圈足小，整体给人以严谨端庄的感觉。圈足周围破裂处以铁质铜钉修复。据说因修复处呈现出蚂蝗虫般的形状，所以获得"马蝗绊"之称。

室町幕府（1336～1573年）时期，为第八代将军足利义政（1435～1490年）所珍藏，之后赏赐给侍医吉田宗临（？～1502年），经京都角仓家（战国时代至江户时代初期的京都富商）之手，后为室町三井家收藏。

日本明治时代（1868～1912年）之前没有铜瓷的修复方法。中国的残破瓷器经过铜补尚且为日本所珍重，由此可知日本人对龙泉青瓷的喜好。（德留大辅）

Longquan celadon bowl with lobed rim
Southern Song dynasty, Height 6.7cm mouth diameter 15.4cm foot diameter 4.6cm, The Tokyo National Museum, Japan

018 龙泉窑青釉印"河滨遗范"铭花口碗残件

南宋

高8厘米　口径19厘米　足径6.5厘米

"南海Ⅰ号"沉船出水

"南海Ⅰ号"考古队藏

碗敞口微敛，圆唇，弧壁深腹，矮圈足。口沿刻六个缺口，将口沿六等分，缺口对应碗内壁各有一道浅色出筋，筋不及碗底，使碗整体呈六曲花瓣状，每瓣花口沿内壁刻有一道平行于口沿的凹弦纹。内底心有方形印章款，边长1.5厘米，文字竖排，从右到左"河滨遗范"四字款。胎色灰白，胎质稍粗，不够致密。器内、外施青绿釉，釉层薄，碗壁与圈足连接处内外均有一圈积釉，釉层厚，颜色较深，圈足内露胎，边缘有挖足旋削痕。器表颜色不均匀，大部分颜色偏黄的区域釉面开片很明显，青色区域开片很少。

此碗为"南海Ⅰ号"C7舱C区第②层龙泉青瓷碗码放区域出水。（石俊会）

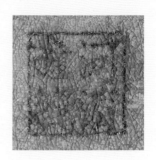

Fragment of a Longquan celadon six-lobed bowl impressed with the mark Model from the Riverside
Southern Song dynasty, Height 8cm mouth diameter 19 cm foot diameter 6.5cm, Excavated from the Nanhai I shipwreck, The Nanhai No.1 Archaeological Team

019 龙泉窑青釉印"河滨遗范"铭 花口碗残件

南宋

高 8 厘米　口径 18.8 厘米　足径 6.3 厘米

"南海 I 号"沉船出水

"南海 I 号"考古队藏

碗敞口微敛，圆唇，弧壁深腹，矮圈足。口沿刻六个缺口，将口沿六等分，缺口对应碗内壁各有一道浅色出筋，筋多不及碗底，使碗整体呈六曲花瓣状，每瓣花口沿内壁刻有一道平行于口沿的凹弦纹。内底心有方形印章款，边长 1.5 厘米，文字竖排，从右到左"河滨遗范"四字款。胎色灰白，胎质稍粗，不够致密。器内、外施青绿釉，釉层薄，碗壁与圈足连接处内外均有一圈积釉，釉层厚，颜色较深，圈足内局部露胎，边缘有挖足旋削痕，圈足内釉面有垫烧粘连痕。器表颜色偏黄，釉面开片很明显。

此碗为"南海 I 号"C7 舱 C 区第②层龙泉青瓷碗码放区域出水。（石俊会）

Fragment of a Longquan celadon six-lobed bowl impressed with the mark Model from the Riverside
Southern Song dynasty, Height 8cm mouth diameter 18.8 cm foot diameter 6.3cm, Excavated from the Nanhai I shipwreck, The Nanhai No.1 Archaeological Team

龙泉窑青釉印"金玉满堂"铭花口碗残件

南宋

高 3.8 厘米　口径 12 厘米　足径 4.5 厘米

2011 年杭州市密渡桥出土

杭州市文物考古研究所藏

碗呈六瓣花式，敞口，浅弧壁，圈足。胎色浅灰。通体施青釉。足端及圈足内无釉，呈深灰色。内壁饰六道出筋，内底印"金玉满堂"楷书方印。（李迎）

Fragment of a Longquan celadon six-lobed bowl impressed with the auspicious phrase 'May the hall be filled with gold and jade'

Southern Song dynasty, Height 3.8cm mouth diameter 12cm foot diameter 4.5cm, Excavated at Miduqiao, Hangzhou in 2011, The Institute of Cultural Relics and Archaeology of Hangzhou

龙泉窑青釉刻莲瓣纹敛口碗

南宋

高 6 厘米　口径 12.9 厘米　径 14.2 厘米　足径 4.2 厘米

遂宁市金鱼村南宋窖藏出土

遂宁市博物馆藏

碗敛口，斜腹，呈一定弧度，圈足。内、外施梅子青釉，釉层较均匀，唇部呈色略浅，釉色青翠莹润。外壁刻双层莲瓣纹。

此碗造型独特，敛口的设计使整器婉转柔和，富有蕴藉之美。梅子青釉色青翠，浑厚滋润，与浑圆精巧的器形完美交融。外壁莲瓣纹在一片青绿掩映下若隐若现，透着安宁和纯净。

这种碗可能是宗教供器，有学者称之为"净水碗"。在目前已发现的南宋窖藏中，这种龙泉窑青釉刻莲瓣纹碗仅见于遂宁市金鱼村南宋窖藏。（遂宁市博物馆）

Longquan celadon bowl with inward-turned rim and carved design of lotus petals
Southern Song dynasty, Height 6cm mouth diameter 12.9cm diameter 14.2cm foot diameter 4.2cm, Excavated from the Southern Song hoard at Jinyucun village, Suining, The Suining Museum

龙泉窑青釉刻划莲瓣纹敛口碗

南宋

高 5.3 厘米　口径 12 厘米　足径 3.8 厘米

"南海I号"沉船出水

中国国家博物馆藏

碗敛口，颈部内折，深腹，瘦底，为宋代常见器形。通体施釉。外壁上部素面，下腹刻划莲瓣纹。（申沉）

Longquan celadon bowl with inward-turned rim and carved and incised design of lotus petals
Southern Song dynasty, Height 5.3cm mouth diameter 12cm foot diameter 3.8cm, Excavated from the Nanhai I shipwreck, The National Museum of China

龙泉窑青釉刻划折枝莲花纹盘

南宋

高 3.8 厘米　口径 15.3 厘米　足径 5.4 厘米

"南海 I 号"沉船出水

中国国家博物馆藏

盘侈口，浅弧腹，圈足挖足较浅，足沿外侧斜削。通体釉色淡青，部分泛黄，釉面光洁莹润。内壁刻两组相同的折枝莲纹，每组均为一荷叶托举一只盛开的莲花，荷叶为覆叶状，花纹简练流畅，刀法娴熟。

宋代瓷器的对外输出规模庞大，龙泉青瓷、景德镇青白瓷都是非常受欢迎的瓷器种类。

（王小文）

Longquan celadon dish carved and incised with lotus spray design
Southern Song dynasty, Height 3.8cm mouth diameter 15.3cm foot diameter 5.4cm, Excavated from the Nanhai I shipwreck, The National Museum of China

龙泉窑青釉刻划折枝莲纹盘残件

南宋

高 3.5 厘米　口径 16.1 厘米　足径 6.6 厘米

2000 年杭州市荷花池头出土

杭州市文物考古研究所藏

盘撇口，浅弧壁，圈足。胎体自口沿下由薄至厚，可见明显宽旋削痕。通体施青釉。足端及圈足内部流釉不均，露胎处呈赭色。内壁刻划折枝莲纹。（李迎）

Fragment of a Longquan celadon dish carved and incised with lotus spray design
Southern Song dynasty, Height 3.5cm mouth diameter 16.1cm foot diameter 6.6cm, Excavated at Hehuachitou in Hangzhou in 2000,
The Institute of Cultural Relics and Archaeology of Hangzhou

025 | 龙泉窑青釉葵口盘

南宋

高 3 厘米　口径 17.3 厘米　足径 7.4 厘米

2014 年庆元县松源镇会溪村南宋开禧元年（1205 年）胡纮妻吴氏墓出土

浙江省文物考古研究所、庆元县廊桥博物馆藏

盘葵口，斜腹，圈足较高。露胎处呈灰色，胎质坚硬，带火石红。施粉青釉，口沿釉薄。圈足底端刮釉规整。

此盘造型优美，釉质温润如玉，是龙泉窑青瓷中不可多得的作品。（陈化诚）

Longquan celadon dish of mallow form

Southern Song dynasty, Height 3cm mouth diameter 17.3cm foot diameter 7.4cm, Excavated from the tomb of Lady Wu sealed in 1205 in Huixi village, Qingyuan county in 2014, The Institute of Cultural Relics and Archaeology of Zhejiang Province and Qingyuan County Museum of Gallery Bridge

龙泉窑青釉洗残件

南宋

高 4.2 厘米　口径 12 厘米　足径 9.5 厘米

2004 年杭州市城头巷出土

杭州市文物考古研究所藏

洗敞口，尖圆唇，斜直壁，平底。胎色灰白。通体施青釉，釉面满布疏朗的开片。口沿刮釉露胎作芒口，呈淡黄色，两侧积釉较厚。（李迎）

Fragment of a Longquan celadon washer
Southern Song dynasty, Height 4.2cm mouth diameter 12cm foot diameter 9.5cm, Excavated at Chengtouxiang in Hangzhou in 2004,
The Institute of Cultural Relics and Archaeology of Hangzhou

龙泉窑青釉印牡丹纹盒

南宋

通高 3.9 厘米　口径 8 厘米　足径 4.6 厘米

2005 年 12 月丽水市下仓村南宋嘉定十五年（1222 年）李屋妻姜氏墓出土

丽水市博物馆藏

盒身、盖以子母口扣合。盖面平，外缘下折成直壁紧扣盒之子口。盒身直腹折收，平底内凹。盖面模印牡丹纹。灰白胎细腻。除子母口及外底无釉呈铁黑色外，余处均施粉青厚釉。造型精巧，釉色滋润。（吴东海）

Longquan celadon cover box moulded with peony design
Southern Song dynasty, Overall height 3.9cm mouth diameter 8cm foot diameter 4.6cm, Excavated from the tomb of Lady Jiang sealed in 1222 at Xiacang village, Lishui city in Dec. 2005, The Lishui Museum

龙泉窑青釉出筋鬲式炉

南宋

高 16.4 厘米　口径 19.9 厘米　腹径 21.9 厘米

遂宁市金鱼村南宋窖藏出土

遂宁市博物馆藏

炉斜盘口，圆唇，短直颈，鼓腹较扁，腹径略大于口径，三只锥形足，与三足对应处各凸起一道筋线。

此炉造型典雅，端庄规整。通体施梅子青釉，釉质柔和，釉层肥厚，釉面光洁莹润，釉色青碧如玉，将实用性与艺术性完美结合，是难得的珍品。鬲式炉是宋代较为常见的仿古铜器形，但以龙泉窑梅子青釉制品最佳。（遂宁市博物馆）

Longquan celadon tripod incense burner in form of archaistic bronze vessel *li*
Southern Song dynasty, Height 16.4cm mouth diameter 19.9cm belly diameter 21.9cm, Excavated from the Southern Song hoard at Jinyucun village in Suining,
The Suining Museum

| **龙泉窑青釉出筋鬲式炉残件**
南宋
残高 9.8 厘米　腹径 14.2 厘米
2004 年杭州市严官巷出土
杭州市文物考古研究所藏

炉短颈，圆肩，扁圆腹，底周接三足，口残。肩部饰一道凸弦纹，腹部起竖向凸棱线，并延至足跟。足空心，内侧可见三个出气孔。胎色灰白。通体施青釉，釉面温润。足端无釉，呈火石红色。（李迎）

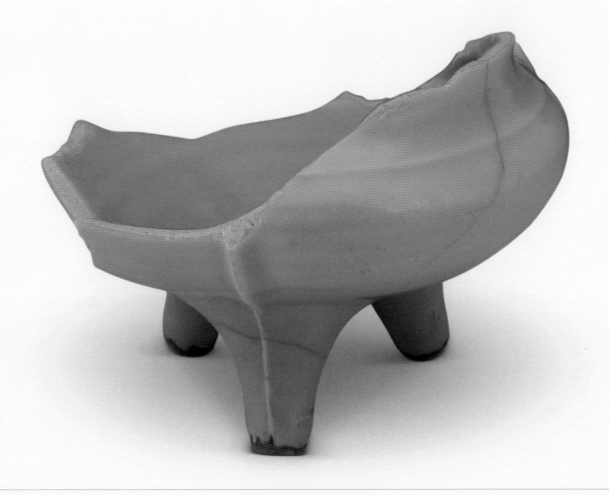

Fragment of a Longquan celadon tripod incense burner in form of archaistic bronze vessel *li*
Southern Song dynasty, Remaining height 9.8cm belly diameter 14.2cm, Excavated at Yanguanxiang in Hangzhou in 2004, The Institute of Cultural Relics and Archaeology of Hangzhou

030 龙泉窑青釉鼓钉纹三足炉

南宋

高 4.7 厘米　口径 7.2 厘米　底径 3.3 厘米

2005 年 12 月丽水市下仓村南宋嘉定十五年（1222 年）李垕妻姜氏墓出土

丽水市博物馆藏

炉直口，厚唇，斜直腹，胫部骤收成小平底，下承以三只蹄形小足。外口沿下及胫部各贴一周菊花形鼓钉。胎质细腻，灰白色。施灰青色透明釉，外底无釉处呈灰色。（吴东海）

Longquan celadon cylindrical tripod incense burner with drum-nail design
Southern Song dynasty, Height 4.7cm mouth diameter 7.2cm bottom diameter 3.3cm, Excavated from the tomb of Lady Jiang sealed in 1222 at Xiacang village, Lishui city in Dec. 2005, The Lishui Museum

031 | 龙泉窑青釉露胎人物像残件

南宋
高 27.5 厘米　底长 9.7 厘米　底宽 6.2 厘米
杭州市江城路地铁站出土
杭州市文物考古研究所藏

　　像头戴凤翅冠，面容长圆，弯眉细目，直鼻小口，开脸细腻，
神态怡然。手持荷叶，腰束结带，下着长裙，胯饰如意云头纹袍
肚。施青釉，釉层匀称，釉面莹润，面、颈及手部露胎，呈淡火
石红色。（李迎）

Fragment of a Longquan celadon figure with biscuit-fired face
Southern Song dynasty, Height 27.5cm bottom length 9.7cm bottom width 6.2cm, Excavated at the Jiangchenglu tube station in Hangzhou,
The Institute of Cultural Relics and Archaeology of Hangzhou

085

龙泉窑青釉塑贴兽面纹尊

南宋至元
高 24.7 厘米　口径 15.1 厘米　足径 10.6 厘米
日本东京国立博物馆藏

　　尊造型仿商周青铜器，从颈部到口沿部刻蕉叶纹，叶脉塑贴，呈波浪状。鼓出的腹部中央四面塑贴兽面纹。该器胎质较厚，造型厚重。

　　此器在日本一直被当作花器珍藏。因为腹部鼓出，中部似芜菁，所以日本茶道界称之为"中芜"。这种器形的青瓷最初由南宋官窑制作，后来龙泉窑也进行仿制。此器曾经为大名毛利家所珍藏。（德留大辅）

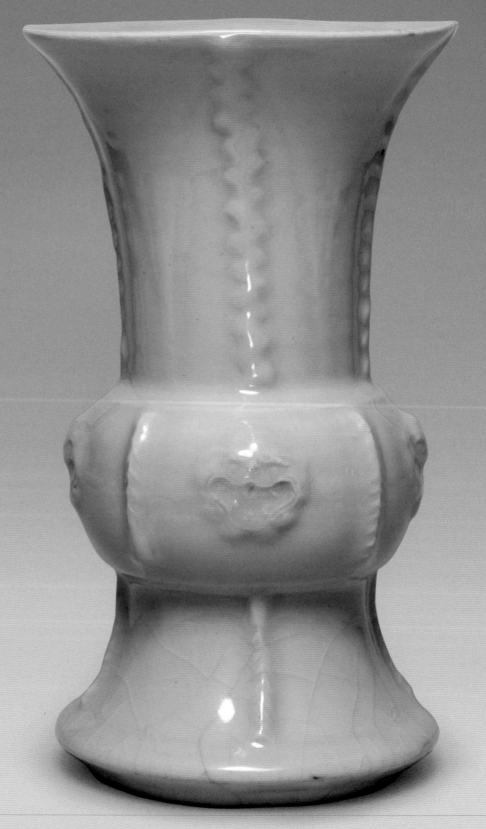

Longquan celadon vessel in form of archaistic bronze vessel *zun* with beast face appliqués
From Southern Song dynasty to Yuan dynasty, Height 24.7cm mouth diameter 15.1cm foot diameter 10.6cm, The Tokyo National Museum, Japan

龙泉窑青釉梅瓶

元
高 18.6 厘米　口径 3.6 厘米　足径 6 厘米
新安沉船出水
大韩民国国立中央博物馆藏

　　瓶圆唇，短直颈，溜肩，腹以下渐收，圈足。瓶通体施青釉，釉色翠青，釉面光亮润泽，有开片。足端无釉。全器光素无纹，仅肩部及近足处各饰弦纹一道。（蒋艺）

Longquan celadon *meiping* ('prunus vase')
Yuan dynasty, Height 18.6cm mouth diameter 3.6cm foot diameter 6cm, Excavated from the Sinan (Xin'an) shipwreck, South Korea, The National Museum of Korea, ROK

龙泉窑青釉印海水云龙纹玉壶春瓶

元

高 26.5 厘米　口径 5.5 厘米

1976 年北京市海淀区元墓出土

首都博物馆藏

瓶撇口，细长颈，溜肩，垂腹，圈足。颈部饰三道弦纹，腹部饰凸起的海水云龙纹，展现了行龙出没于汹涌大海的场景。胎质细腻，施青灰色釉，釉质纯净，青中闪绿。器物制作规整，是元代龙泉窑青瓷中的上乘之作。（李兵）

Longquan celadon *yuhuchun* ('spring in a jade bottle') vase with dragon, cloud and waves design in relief
Yuan dynasty, Height 26.5cm mouth diameter 5.5cm, Excavated from a Yuan dynasty tomb at Haidian district, Beijing in 1976, The Capital Museum

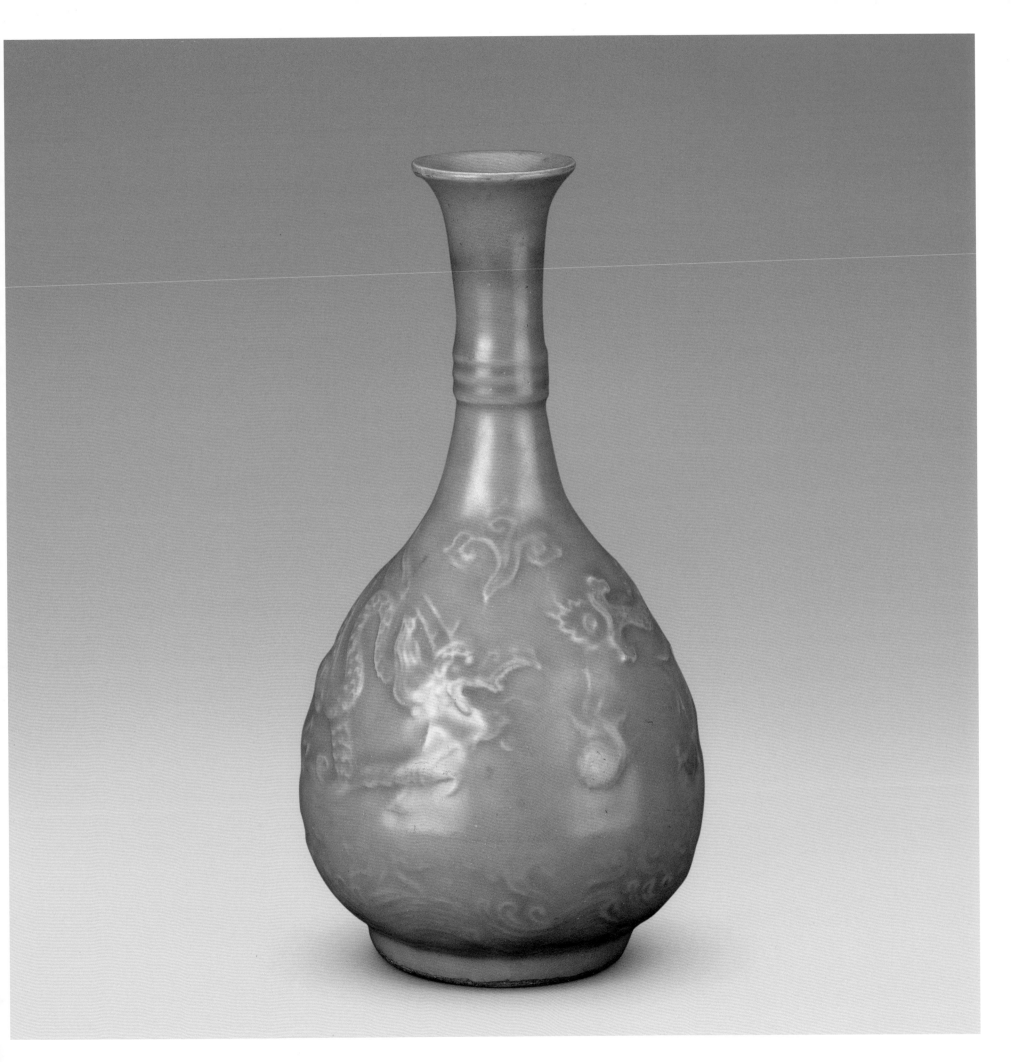

龙泉窑青釉弦纹盘口瓶残件

元

高 30.2 厘米　口径 10.7 厘米　足径 11.2 厘米

新安沉船遗址出土

大韩民国国立中央博物馆藏

　　瓶长颈，溜肩，鼓腹，圈足，口部有修补。通体施青釉，圈足一周露胎无釉。自上而下凸起七道弦纹。（孙悦）

Fragment of a Longquan celadon dish-mouthed vase with raised ribs design
Yuan dynasty, Height 30.2cm mouth diameter 10.7cm foot diameter 11.2cm, Excavated from the Sinan (Xin'an) shipwreck, South Korea, The National Museum of Korea, ROK

| # 龙泉窑青釉净瓶

元

高 26.6 厘米　口径 3.8 厘米　足径 6.7 厘米

新安沉船遗址出土

大韩民国国立中央博物馆藏

　　瓶长颈，颈下部有一轮状凸出，俗称"相轮"。圆肩，肩下斜收，覆盘状圈足。通体施青釉，釉面乳浊感较强。

　　此类器物因其形似"吉"字，故又称"大吉瓶"。一般均成对，与香炉一只或再加花瓶一对成套使用，组成佛前"五供"或"三供"。因此，其实际功用为净水瓶。（孙悦）

Longquan celadon holy-water bottle
Yuan dynasty, Height 26.6cm mouth diameter 3.8cm foot diameter 6.7cm, Excavated from the Sinan (Xin'an) shipwreck, South Korea, The National Museum of Korea, ROK

091

龙泉窑青釉贯耳瓶（一对）

元

高 16 厘米　口径 3.8 厘米　足径 5.3 厘米
高 15.9 厘米　口径 3.9 厘米　足径 5 厘米
1989 年 4 月杭州市老东岳北部元代鲜于枢墓出土

杭州博物馆藏

瓶直口方唇，长颈，颈上端对称置贯耳，溜肩，鼓腹，圈足。圈足底无釉，呈现二次氧化的朱砂底。器内外通体施粉青色釉，淡雅莹润，唇外转折处呈现白筋。

鲜于枢，字伯机，元代著名书法家，曾任江浙行省都事，后官至太常典簿，晚年隐居杭州。鲜于枢墓发现于 1989 年，位于杭州市西老东岳北部。墓中伴出铜印两枚，印文分别为"鲜于枢伯几父""白几印章"。（杭州博物馆）

Pair of Longquan celadon vases with tubular handles
Yuan dynasty, Height 16cm mouth diameter 3.8cm foot diameter 5.3cm, Height 15.9cm mouth diameter 3.9cm foot diameter 5cm, Excavated from the tomb of Yuan dynasty scholar official Xianyu Shu in Hangzhou in Apr. 1989, The Hangzhou Museum

龙泉窑青釉印缠枝牡丹纹双环耳瓶

元

高 26 厘米　口径 8.8 厘米　足径 8.1 厘米

新安沉船出水

大韩民国国立中央博物馆藏

瓶盘口，长颈，垂腹，圈足。颈两侧对称置兽衔环耳。通体施青釉，釉色翠青，釉面光亮。颈部刻划六道弦纹，腹部饰凸起的缠枝牡丹纹，胫部饰仰莲瓣纹。足端无釉。

宋元时期，环耳瓶多用于插花。新安沉船出水有多类环耳瓶，除此类龙泉窑青釉环耳瓶外，还有景德镇窑青白釉环耳瓶和青铜环耳瓶。（蒋艺）

Longquan celadon vase with ring handles and relief design of peony scrolls
Yuan dynasty, Height 26cm mouth diameter 8.8cm foot diameter 8.1cm, Excavated from the Sinan (Xin'an) shipwreck, South Korea, The National Museum of Korea, ROK

龙泉窑青釉印莲花牡丹纹鱼龙耳瓶

元

高 25.8 厘米　口径 9.4×9 厘米　足径 10.9×8.6 厘米

新安沉船遗址出土

大韩民国国立中央博物馆藏

瓶呈海棠形，肩部两侧置耳，耳呈龙头鱼尾形。通体施青釉。颈部刻弦纹两道，中间刻如意头纹，腹部中心纹饰为莲花牡丹纹。此类双耳瓶，在宋元时期多作为插花器使用。（孙悦）

Longquan celadon vase with fish-dragon handles and relief design of lotus and peony
Yuan dynasty, Height 25.8cm mouth diameter 9.4×9cm foot diameter 10.9×8.6cm, Excavated from the Sinan (Xin'an) shipwreck, South Korea, The National Museum of Korea, ROK

龙泉窑青釉带座琮式瓶

元

高 14.5 厘米　口径 2.6 厘米　足纵 5.5 厘米　足横 5.5 厘米

1980 年龙泉县（今龙泉市）道太乡供村明正德十三年（1518 年）墓出土

龙泉市博物馆藏

瓶呈天圆地方宝塔形。圆口，短颈，平折肩，瓶体四方四节玉琮样式，腰沿下承方形须弥座，座上半部四面饰变体如意云头，衬以卷草纹；下半部为二层台四矩形足，中间镂椭圆形孔。胎体致密，灰白色，露胎处呈火石红色。釉色青绿莹润，造型端巧别致。

《周礼》记载："以玉作六器，以礼天地四方。以苍璧礼天，以黄琮礼地，以青圭礼东方，以赤璋礼南方，以白琥礼西方，以玄璜礼北方。"龙泉窑青釉琮式瓶始见于南宋，以玉琮的基本形制为本，加上圈足，后来又有连座式，成为瓷器中常见瓶式，明清时期其他瓷窑也有烧造这种瓶式者。（裴晓翔）

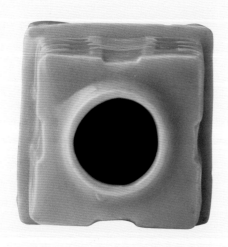

Longquan celadon vase shaped like a Neolithic ritual jade *cong* on a stand
Yuan dynasty, Height 14.5cm mouth diameter 2.6cm foot length 5.5cm foot width 5.5cm, Excavated from a tomb of the Ming Zhengde period sealed in 1518 at Gongcun village in Longquan in 1980, The Longquan Museum

龙泉窑青釉刻莲瓣纹五管瓶

元

高 11.4 厘米　口径 4.2 厘米　足径 6.9 厘米

新安沉船遗址出土

大韩民国国立中央博物馆藏

瓶盘口，短颈，鼓腹，圈足，肩部置五管。通体施青釉，釉色碧绿，釉面光洁莹润有玉质感，釉层较厚。足端无釉。腹部刻仰莲瓣纹，雕刻利落，纹饰清晰。

此类多管瓶，除在新安沉船出水外，四川省遂宁市金鱼村南宋窖藏也出土有同类器物。

（蒋艺）

Longquan celadon vessel with five tubular openings and carved design of lotus petals

Yuan dynasty, Height 11.4cm mouth diameter 4.2cm foot diameter 6.9cm, Excavated from the Sinan (Xin'an) shipwreck, South Korea, The National Museum of Korea, ROK

龙泉窑青釉印花纹尊

元

高 22.3 厘米　口径 13.1 厘米　足径 8.8 厘米

新安沉船遗址出土

大韩民国国立中央博物馆藏

尊造型仿商周青铜器，通体施青釉，周身有细碎开片，圈足一周无釉。颈部和胫部各刻弦纹两道，将瓶身分为上、中、下三层，腹部鼓出，饰有花纹。

这种器形的青瓷最初由南宋官窑制作，后来龙泉窑亦有仿制。（孙悦）

Longquan celadon vessel in form of archaistic bronze *zun* with relief design
Yuan dynasty, Height 22.3cm mouth diameter 13.1cm foot diameter 8.8cm, Excavated from the Sinan (Xin'an) shipwreck, South Korea, The National Museum of Korea, ROK

龙泉窑青釉印缠枝牡丹纹凤尾尊

元

高 72 厘米　口径 33 厘米　足径 20.5 厘米

清宫旧藏

故宫博物院藏

尊喇叭口，圆唇，长颈，溜肩，肩以下渐收敛，近底处微外撇，圈足。尊内、外和圈足内均施青釉，釉面润泽。口部刻数道弦纹，颈部饰折枝花纹，腹部饰缠枝牡丹纹，胫部刻菊瓣纹。

同类器物见于湖南衡阳元代窖藏、浙江杭州元代窖藏、龙泉大窑枫洞岩窑址等出土品，另见于 1976 年韩国新安沉船打捞出水品、1970 年内蒙古自治区呼和浩特市太平乡白塔村元至大二年（1309 年）窖藏出土品，属于元代中期龙泉窑产品。（董健丽）

Longquan celadon *fengwei zun* ('phoenix tail vase') with relief peony scrolls design
Yuan dynasty, Height 72cm mouth diameter 33cm foot diameter 20.5cm, Collected by the Qing Palace, The Palace Museum

龙泉窑青釉刻菊瓣纹盖罐

元

高 24.5 厘米　口径 24.8 厘米　足径 17.1 厘米

盖高 7.4 厘米　盖口径 19.2 厘米　盖径 32 厘米

新安沉船出水

大韩民国国立中央博物馆藏

罐直口，短颈，丰肩，下腹内敛，圈足微外撇。通体施青釉，釉面玻璃质感强，布满细碎开片。外壁刻菊瓣纹，线条流畅清晰。足端无釉，外底呈半球形，应为制作时套接而成。

盖呈荷叶形，中央隆起，顶置一柄状钮。通体施青釉，釉色翠绿，釉面莹润光洁。盖面刻菊瓣纹，边缘曲卷作荷叶状。

龙泉窑青釉荷叶形盖罐是新安沉船出水龙泉青瓷中的一类，因其器盖形似荷叶而得名。出水的盖罐大小规格不同，既有素面的，也有饰菊瓣纹、弦纹、叶脉纹等。所饰菊瓣纹被日、韩学者称之为"镐纹"。此类盖罐近年来在各地墓葬、窖藏、遗址等陆续有发现，故宫博物院、苏州博物馆、土耳其托普卡帕宫等皆有收藏。韩国京畿道南杨州市水钟寺浮屠内也发现有与此罐相似的龙泉窑青釉盖罐。（蒋艺）

Longquan celadon ribbed jar with lotus-leaf cover

Yuan dynasty, Height 24.5cm mouth diameter 24.8cm foot diameter 17.1cm cover height 7.4cm cover mouth diameter 19.2cm cover diameter 32cm, Excavated from the Sinan (Xin'an) shipwreck, South Korea, The National Museum of Korea, ROK

龙泉窑青釉刻莲瓣纹盖罐

元

通高 20.5 厘米　高 17.6 厘米　口径 15.1 厘米　足径 12.1 厘米
盖高 3.2 厘米　盖口径 13.9 厘米　盖径 17.1 厘米
新安沉船遗址出土
大韩民国国立中央博物馆藏

罐直口，丰肩，下腹内收，平底，圈足。内、外施青釉，唇部无釉，圈足一周无釉，呈火石红色。外壁刻狭长莲瓣纹。罐盖满施青釉，盖顶饰花卉纹，花茎拱起作四系盖钮。（孙悦）

Longquan celadon covered jar carved with design of lotus petals
Yuan dynasty, Overall height 20.5cm height 17.6cm mouth diameter 15.1cm foot diameter 12.1cm cover height 3.2cm cover mouth diameter 13.9cm cover diameter 17.1cm,
Excavated from the Sinan (Xin'an) shipwreck, South Korea, The National Museum of Korea, ROK

046 龙泉窑青釉印菊花纹双系罐

元

高 7.8 厘米　口径 3.8 厘米　足径 4.9 厘米

平潭大练岛元代沉船出水

中国国家博物馆藏

罐直口，短颈，鼓腹，饼足，颈两侧置贯耳。釉呈青绿色，釉面布满开片，釉色不均，局部呈青褐、黄褐色，釉层较厚，纹样模糊不清。

大练岛元代沉船位于福建省平潭县大练岛与小练岛之间海域，2006 年发现，出水遗物绝大部分为陶瓷器，以青釉瓷器为主，釉色以青绿为主，此外还有青黄、青褐、青灰等，深浅不一。该船出水的这批青釉瓷器制作精美，是典型的元代龙泉窑产品。

元代龙泉窑无论烧造工艺还是装饰等方面在南宋的基础上都有了较大提高，胎体厚重，造型古朴。（申沉）

Longquan celadon jar with two handles and impressed chrysanthemum design
Yuan dynasty, Height 7.8cm mouth diameter 3.8cm foot diameter 4.9cm, Excavated from the Yuan dynasty shipwreck at Daliandao island in Pingtan, The National Museum of China

龙泉窑青釉印花卉纹碗

元

高 8.1 厘米　口径 20.5 厘米　足径 6.7 厘米

平潭大练岛元代沉船出土

中国国家博物馆藏

碗撇口，深弧腹，圈足。内、外壁素面，有白色黏结物，施青绿釉，釉层较厚。内底印花卉纹。（赵玉亮）

Longquan celadon bowl with moulded floral design
Yuan dynasty, Height 8.1cm mouth diameter 20.5cm foot diameter 6.7cm, Excavated from the Yuan dynasty shipwreck at Daliandao island in Pingtan, The National Museum of China

龙泉窑青釉刻花卉纹碗

元

高 8.8 厘米　口径 18.5 厘米　足径 6.5 厘米

1976 年伊犁哈萨克自治州霍城县阿力麻里古城出土

新疆维吾尔自治区博物馆藏

碗撇口，深弧腹，圈足。外口沿下刻弦纹。内壁刻花卉纹，内底印折枝花纹。花卉、草叶纹是元代瓷器常见的装饰图案。

龙泉窑建于北宋时期，南宋时达到青釉瓷生产的高峰。元代，产品远销海内外。阿力麻里古城为察合台汗国的政治中心，是中原和中亚联系的一个重要枢纽，此地出土一批龙泉窑、景德镇窑、磁州窑和钧窑瓷器，大多是实用器皿，均来自内地，反映了当时察合台汗王与元朝政府联系密切，为陆上丝绸之路陶瓷贸易的繁荣提供了实物证据，对研究古代新疆政治、经济、文化和中西方文化交流具有重要意义。（宋敏）

Longquan celadon bowl carved with floral design

Yuan dynasty, Height 8.8cm mouth diameter 18.5cm foot diameter 6.5cm, Excavated from the site of Chagatai Khanate capital Almaliq in Huocheng county in 1976, The Xinjiang Uygur Autonomous Region Museum

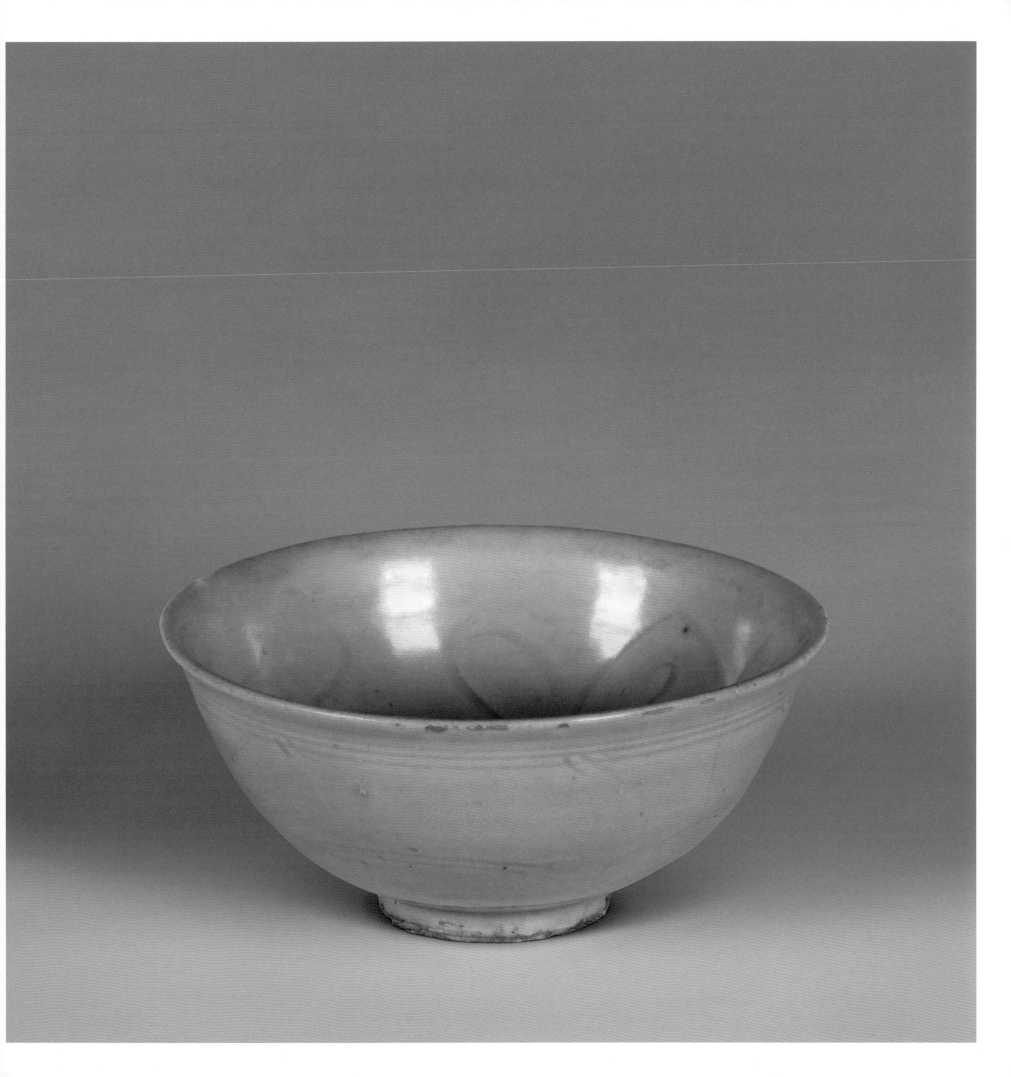

龙泉窑青釉刻花卉纹碗

元

高 6.5 厘米 口径 17.6 厘米 足径 6.5 厘米

1998 年北京市海淀区颐和园内耶律铸夫妇合葬墓出土

首都博物馆藏

碗撇口，深弧腹，圈足。胎质细腻。内、外施青釉，釉色青绿。碗心刻花卉纹。（李兵）

112

Longquan celadon bowl carved with floral design
Yuan dynasty, Height 6.5cm mouth diameter 17.6cm foot diameter 6.5cm, Excavated from the Yuan dynasty tomb of Yelü Zhu and his wife inside the Summer Palace, Beijing in 1988, The Capital Museum

龙泉窑青釉刻莲瓣纹碗残件

元

高 5.5 厘米　口径 11.3 厘米　足径 3 厘米

乌兰察布市察右前旗集宁路古城遗址出土

内蒙古自治区文物考古研究所藏

碗敞口，深弧腹，小圈足。灰白胎，胎体坚硬。内、外施青釉，圈足底部露胎。外壁刻莲瓣纹。碗断裂成两部分，外壁有两铁质铜钉痕迹，口沿残处用铜包镶。（孙斯琴格日乐）

龙泉窑青釉印折枝花卉纹碗残件

元至元四年（1338年）

残长10.1厘米 足径5.9厘米

太仓市樊村泾元代遗址出土

苏州市考古研究所、太仓市博物馆藏

残存不规则状碗底，圈足，外底露胎无釉。内底施青釉，有印花装饰，右侧的上下两朵花瓣内印有"至""元"两字，左侧的上下两朵花瓣内印有"四""年"两字。

元代有前后两个"至元四年"，分别为1267年和1338年。综合此残碗的纹饰、工艺特征判断，其应为元代晚期龙泉窑产品，则此"至元四年"应为1338年。（徐超）

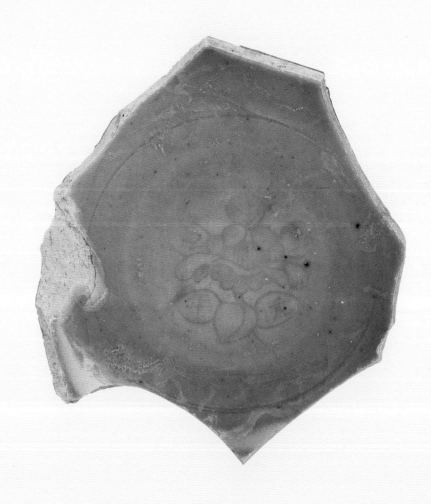

Fragment of a Longquan celadon bowl impressed with floral spray design

The 4th year of Zhiyuan, Yuan dynasty (1338), Remaining length 10.1cm foot diameter 5.9cm, Excavated from the Yuan dynasty site at Fancunjing, Taicang, The Archaeological Research Institute of Suzhou and the Taicang Museum

龙泉窑青釉模印贴花双鱼纹碗残片

元

残长 9.5 厘米　残宽 8 厘米　残高 2.4 厘米

埃及福斯塔特遗址出土

G.D. 霍恩布洛尔先生捐赠

英国维多利亚与艾伯特博物馆藏

碗下半部残片，圈足。青釉下贴模印双鱼纹。（英国维多利亚与艾伯特博物馆）

Fragment of a Longquan celadon bowl applied with design of two sprig-moulded fish
Yuan dynasty, Remaining length 9.5cm remaining width 8cm remaining height 2.4cm, Excavated from the Fustat, Given by G. D. Hornblower esq., The Victoria and Albert Museum, Britain

115

| **龙泉窑青釉印凤穿花纹花口碗残件**

元

高 8.1 厘米　口径 19.5 厘米　足径 6.6 厘米

1976 年伊犁哈萨克自治州霍城县阿力麻里古城出土

新疆维吾尔自治区博物馆藏

碗撇口，深弧腹，花口，外饰竖条纹与口沿花边纹对应，碗内印凤穿花纹。（宋敏）

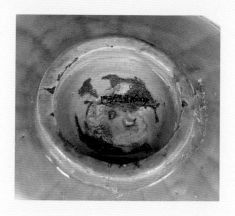

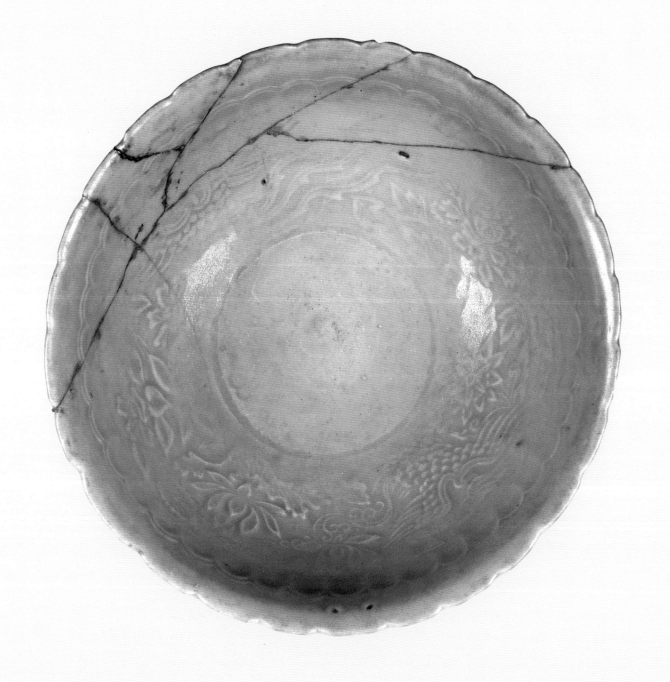

Fragment of a Longquan celadon bowl moulded with design of phoenix amongst flower

Yuan dynasty, Height 8.1cm mouth diameter 19.5cm foot diameter 6.6cm, Excavated from the site of Chagatai Khanate capital Almaliq in Huocheng county in 1976, The Xinjiang Uygur Autonomous Region Museum

龙泉窑青釉印菊花纹高足碗

元

高 8.5 厘米　口径 12.7 厘米　足径 4.2 厘米

2010 年 9 月菏泽市国贸工地出土

菏泽市博物馆藏

碗撇口，深弧腹，圜底，下承以中空高足。足端斜削，露胎处呈火石红色。通体施青釉。内底印菊花纹。（任庆山）

Longquan celadon stem cup impressed with chrysanthemum design
Yuan dynasty, Height 8.5cm mouth diameter 12.7cm foot diameter 4.2cm, Excavated from a construction site in Heze city in Sep. 2010, The Heze Museum

055 龙泉窑青釉擂钵

元

高 4.7 厘米　口径 11.5 厘米　足径 4 厘米

新安沉船出水

大韩民国国立中央博物馆藏

擂钵敞口，深弧壁，圈足。外壁施青釉，釉色翠青，釉面光亮。内里涩胎无釉，呈火石红色。胫部及外底涩胎无釉。擂钵使用时需与研磨杵搭配使用。（蒋艺）

Longquan celadon mortar
Yuan dynasty, Height 4.7cm mouth diameter 11.5cm foot diameter 4cm, Excavated from the Sinan (Xin'an) shipwreck, South Korea, The National Museum of Korea, ROK

056 龙泉窑青釉研磨杵

元

高 6.5 厘米　上径 4.2 厘米　下径 6.4 厘米

新安沉船出水

大韩民国国立中央博物馆藏

杵呈八面锥形，中空，近口沿处对称置两圆孔，用于穿钉固定插入杵内的木柄。通体施青釉，釉色青中泛黄，釉面有细碎开片。底部涩胎无釉。此研磨杵使用时，需与擂钵搭配使用，用于研磨草药。（蒋艺）

Longquan celadon pestle
Yuan dynasty, Height 6.5cm upper diameter 4.2cm lower diameter 6.4cm, Excavated from the Sinan (Xin'an) shipwreck, South Korea, The National Museum of Korea, ROK

121

龙泉窑青釉印折枝花卉纹盘

元

高 6.3 厘米　口径 34 厘米

1976 年伊犁哈萨克自治州霍城县阿力麻里古城出土

新疆维吾尔自治区博物馆藏

盘浅腹，敞口，圈足。胎体厚重。通体施青釉。盘内壁刻花草纹，内底印折枝花卉纹，花卉边缘有曲线纹。图案刻画简洁粗犷，质朴浑厚。

元代瓷器常见大枝大花装饰，此盘有元代龙泉窑青瓷的典型特征，为当时人们的日常生活用具。（宋敏）

Longquan celadon dish impressed with floral spray design

Yuan dynasty, Height 6.3cm mouth diameter 34cm, Excavated from the site of Chagatai Khanate capital Almaliq in Huocheng county in 1976, The Xinjiang Uygur Autonomous Region Museum

龙泉窑青釉刻缠枝花卉纹盘

元

高 3.6 厘米　口径 16.1 厘米　足径 6.2 厘米

新安沉船出水

大韩民国国立中央博物馆藏

盘撇口，浅弧壁，圈足。通体施青釉，釉色翠青，釉面光亮。足端裹釉，外底涩胎无釉，刻"使司帅府公用"铭。内壁刻划缠枝花纹，外壁刻划仰莲瓣纹。

　　"使司帅府"是"宣慰使司都元帅府"的简称，属于元代行省之下的重要军政机关，掌统辖区内军民之务。新安沉船出水有两件刻"使司帅府公用"铭的龙泉窑青釉盘，说明元代龙泉窑曾奉命为地方官府烧造瓷器。（蒋艺）

Longquan celadon dish carved with floral scrolls design
Yuan dynasty, Height 3.6cm mouth diameter 16.1cm foot diameter 6.2cm, Excavated from the Sinan (Xin'an) shipwreck, South Korea, The National Museum of Korea, ROK

龙泉窑青釉刻缠枝莲纹盘

元

高 3.9 厘米　口径 16 厘米　足径 7 厘米

新安沉船出水

大韩民国国立中央博物馆藏

盘撇口，浅弧壁，圈足。通体施青釉，釉色翠青，釉面光亮。足端裹釉，外底中心留釉，余处涩胎无釉，刻"使司帅府公用"铭文。内壁刻缠枝莲纹，外壁刻仰莲瓣纹。（蒋艺）

Longquan celadon dish carved with lotus scrolls design
Yuan dynasty, Height 3.9cm mouth diameter 16cm foot diameter 7cm, Excavated from the Sinan (Xin'an) shipwreck, South Korea, The National Museum of Korea, ROK

龙泉窑青釉印莲花纹盘残件

元

高 3.4 厘米　口径 17.7 厘米　足径 10.8 厘米

太仓市樊村泾元代遗址出土

苏州市考古研究所、太仓市博物馆藏

盘残缺，敞口，浅弧腹，圈足。灰白胎，通体施青釉，外底有一涩圈无釉。内壁凸印莲花纹，每个花瓣上均饰一昆虫。（张志清）

Fragment of a Longquan celadon dish moulded with lotus design
Yuan dynasty, Height 3.4cm mouth diameter 17.7cm foot diameter 10.8cm, Excavated from the Yuan dynasty site at Fancunjing, Taicang,
The Archaeological Research Institute of Suzhou and the Taicang Museum

龙泉窑青釉褐斑折腰盘

元

高 3 厘米　口径 17.5 厘米　足径 4 厘米

故宫博物院藏

盘敞口，折沿，浅折腹，圈足。内、外和圈足内均施青釉，盘内涂点褐斑。（唐雪梅）

Longquan celadon dish with angular profile and iron brown splashes
Yuan dynasty, Height 3cm mouth diameter 17.5cm foot diameter 4cm,The Palace Museum

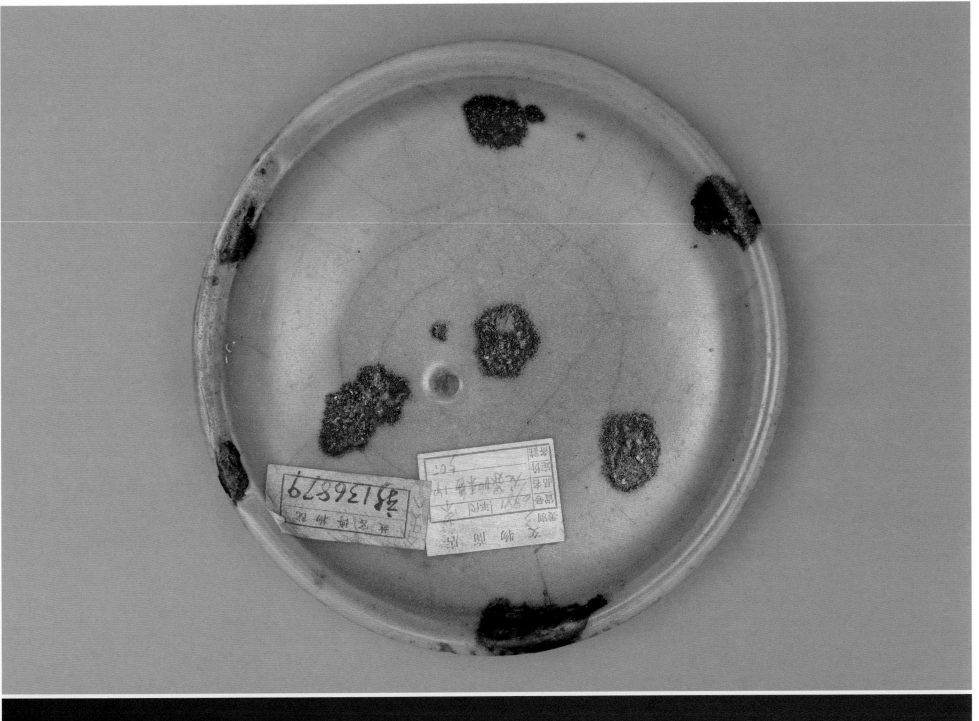

龙泉窑青釉模印贴花露胎朵花纹折沿盘

元

高 2.7 厘米　口径 16.7 厘米　足径 5.7 厘米

新安沉船出水

大韩民国国立中央博物馆藏

盘折沿，浅弧壁，圈足。通体施青釉，釉色青绿，釉面光洁润泽。内底塑贴露胎五瓣朵花纹，足端无釉。（蒋艺）

Longquan celadon dish with everted rim and a biscuit-fired applique of sprig-moulded blossom design
Yuan dynasty, Height 2.7cm mouth diameter 16.7cm foot diameter 5.7cm, Excavated from the Sinan (Xin'an) shipwreck, South Korea, The National Museum of Korea, ROK

龙泉窑青釉折沿盘

元
高 7.5 厘米　口径 33.5 厘米　足径 12.5 厘米
平潭大练岛元代沉船出土
中国国家博物馆藏

盘口沿较宽，外折后微上翘。釉色青中泛黄，口沿及腹部有开片。内底刻弦纹一周。平潭大练岛沉船出水大量龙泉窑青釉大盘，应是当时比较受欢迎的类型。（王小文）

Longquan celadon dish with everted rim
Yuan dynasty, Height 7.5cm mouth diameter 33.5cm foot diameter 12.5cm, Excavated from the Yuan dynasty shipwreck at Daliandao island in Pingtan, The National Museum of China

龙泉窑青釉刻菊瓣纹折沿盘

元

高 7.8 厘米　口径 33.5 厘米　足径 11.8 厘米

平潭大练岛元代沉船出土

中国国家博物馆藏

盘口沿较宽，外折后微上翘，浅弧腹，圈足，足沿外侧斜削。盘内口沿至底刻菊瓣纹，内底浅刻一朵盛开的莲花，线条流畅，刀法娴熟。釉色淡青，盘心粘有渣粒。

此盘系龙泉窑产品，元代水陆交通和对外贸易迅速发展，瓷器出口量激增，而龙泉窑在出口瓷器中占有很大比例。元代龙泉窑青瓷形体较大，胎体厚重，刻花是比较常用的装饰技法。

（王小文）

Longquan celadon dish with everted rim and carved with design of chrysanthemum petals
Yuan dynasty, Height 7.8cm mouth diameter 33.5cm foot diameter 11.8cm, Excavated from the Yuan dynasty shipwreck at Daliandao island in Pingtan, The National Museum of China

065 龙泉窑青釉刻花卉纹折沿盘

元

高 9.6 厘米　口径 40.9 厘米　足径 21.6 厘米

新安沉船出水

大韩民国国立中央博物馆藏

盘敞口，折沿，浅弧壁，圈足。通体施青釉，釉色青翠，釉面光亮。内底刻花卉纹，内壁刻花草纹，近口沿处刻回纹。（孙悦）

Longquan celadon dish with everted rim and carved with floral design

Yuan dynasty, Height 9.6cm mouth diameter 40.9cm foot diameter 21.6cm, Excavated from the Sinan (Xin'an) shipwreck, South Korea, The National Museum of Korea, ROK

龙泉窑青釉模印贴花云龙纹折沿盘

元

高 6.6 厘米　口径 32.9 厘米　足径 12 厘米

新安沉船遗址出土

大韩民国国立中央博物馆藏

盘折沿，浅弧壁，圈足。通体施青釉，釉色碧绿，釉面莹润光亮。足端无釉，露灰白色胎体。盘内壁刻划花草纹，内底贴塑云龙纹，外壁刻划仰莲瓣纹。（蒋艺）

Longquan celadon dish applied with everted rim and a sprig-moulded dragon design
Yuan dynasty, Height 6.6cm mouth diameter 32.9cm foot diameter 12cm, Excavated from the Sinan (Xin'an) shipwreck, South Korea, The National Museum of Korea, ROK

龙泉窑青釉印折枝牡丹纹菊瓣式盘

元

高 6.2 厘米　口径 31.5 厘米　足径 22.8 厘米

2010 年 9 月菏泽市国贸工地出土

菏泽市博物馆藏

盘敞口，浅弧腹，平底，圈足。胎体厚重，胎质细腻。通体施青釉，釉色青灰，釉质肥润。外底涩圈呈火石红色。外壁口沿下刻两道弦纹，内底有一周弦纹。腹壁内外刮削放射状菊瓣纹，内底印折枝牡丹纹。（任庆山）

Longquan celadon dish in chrysanthemum petal from with impressed peony spray design
Yuan dynasty, Height 6.2cm mouth diameter 31.5cm foot diameter form 22.8cm, Excavated from a construction site in Heze city in Sep.2010, The Heze Museum

龙泉窑青釉模印贴花露胎云鹤纹菊瓣式折沿盘

元

高 3 厘米　口径 16.5 厘米　足径 4.3 厘米

1980 年龙泉县（今龙泉市）道太乡供村明正德十三年（1518 年）墓出土

龙泉市博物馆藏

盘呈菊瓣式，敞口，平折沿，浅壁，圈足。外底呈鸡心状外凸。釉色青中泛黄，圈足两边旋削，足端无釉，表明系用垫饼垫烧。灰白胎。内底模印贴饰对称的露胎双鹤双云，双鹤展翅飞翔，云朵呈折枝花形。云、鹤均呈火石色。（裴晓翔）

Longquan celadon dish in chrysanthemum petal form with everted rim and biscuit-fired sprig-moulded cloud and crane appliqués
Yuan dynasty, Height 3cm mouth diameter 16.5cm foot diameter 4.3cm, Excavated from a tomb of the Ming Zhengde period sealed in 1518 at Gongcun village in Longquan in 1980, The Longquan Museum

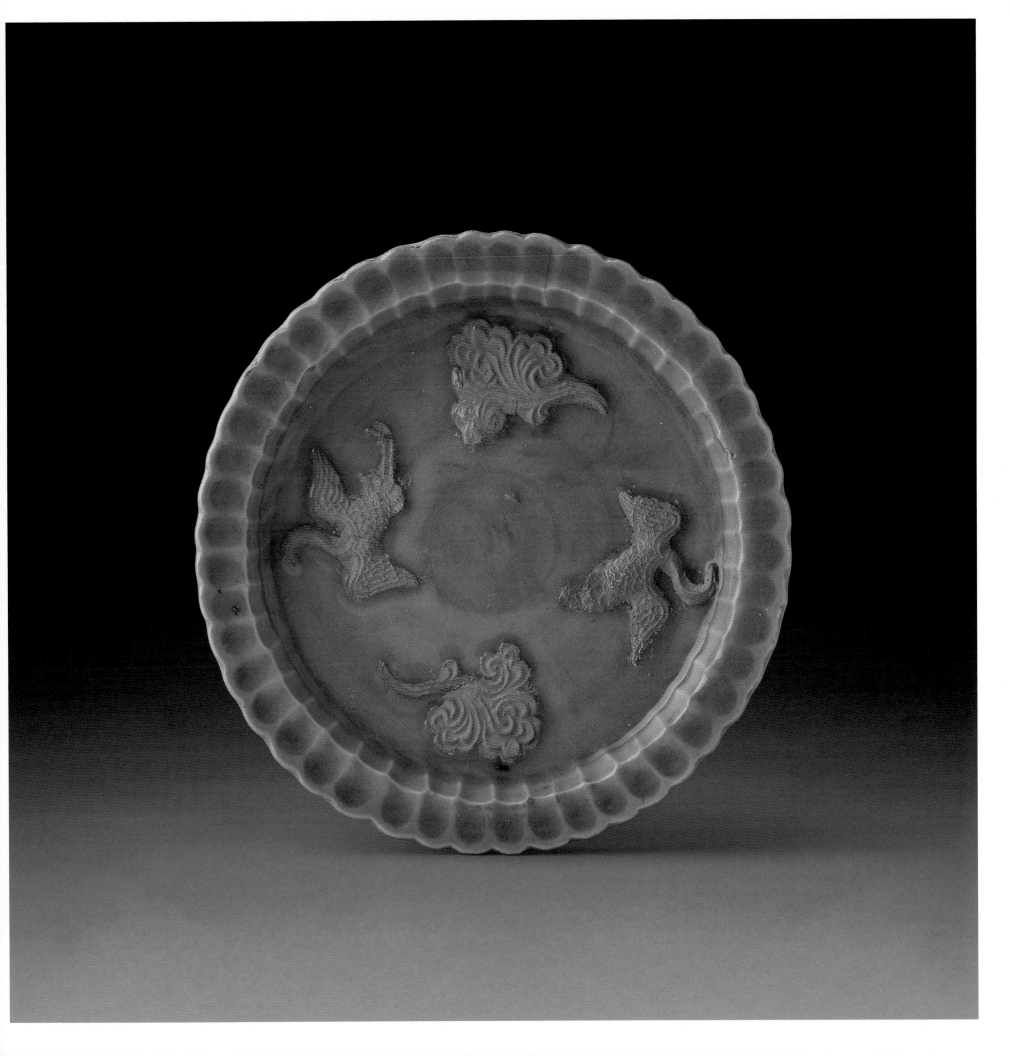

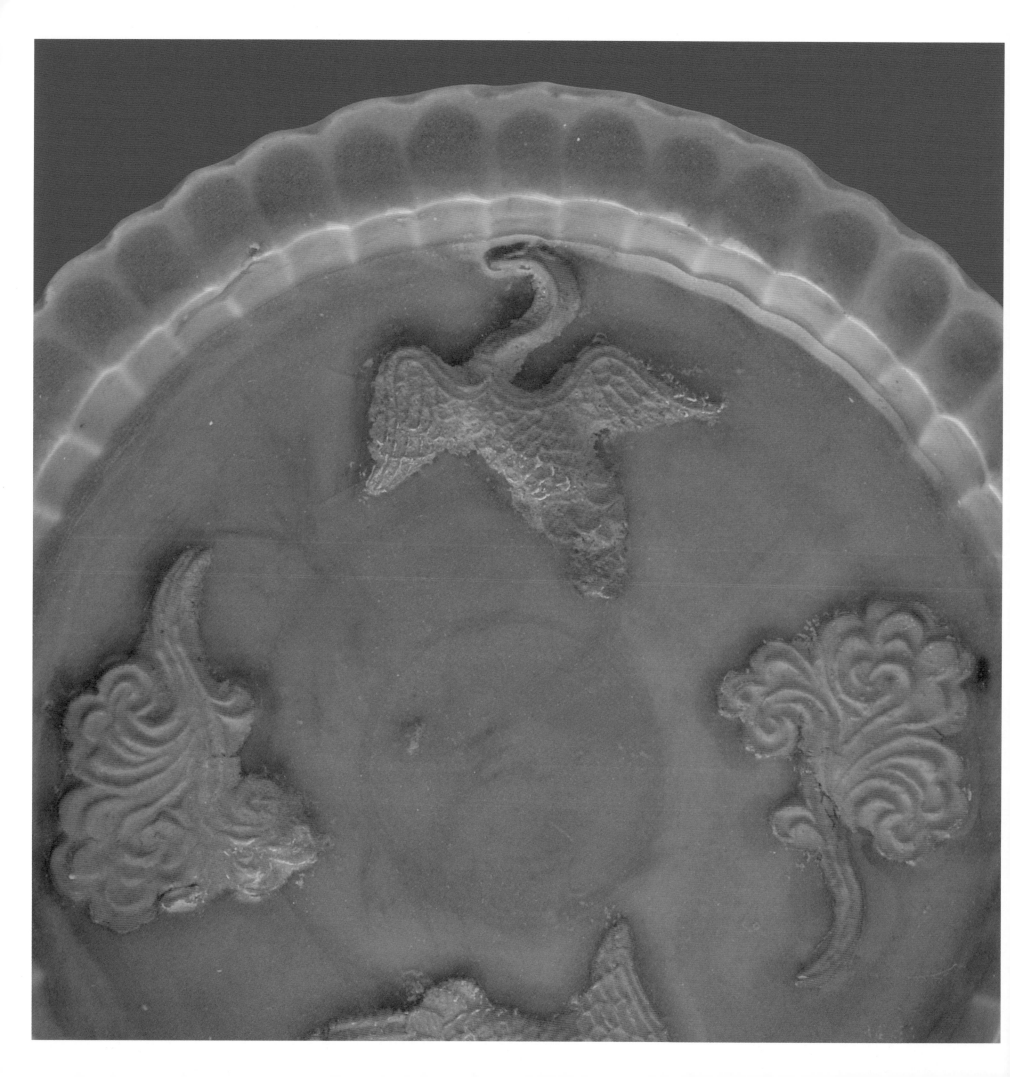

龙泉窑青釉印折枝花纹菊瓣式折沿盘

元

高 4.2 厘米　口径 17 厘米　足径 7.8 厘米

乌兰察布市察右前旗集宁路古城遗址出土

内蒙古自治区文物考古研究所藏

盘花口，折沿，弧腹，圈足。内、外施青釉，釉色温润柔和，外底有涩圈，呈火石红色。腹壁呈菊瓣式，内底印折枝花纹。外底有"脐"状旋痕。（孙斯琴格日乐）

Longquan celadon dish in chrysanthemum petal form with everted rim and impressed floral spray design
Yuan dynasty, Height 4.2cm mouth diameter 17cm foot diameter 7.8cm, Excavated from the Yuan dynasty Jining-lu city site in Chayouqianqi, Ulanqab,
The Institute of Cultural Relics and Archaeology of Inner Mongolia Autonomous Region

龙泉窑青釉印莲花纹菱花口折沿盘

元

高5厘米　口径24.9厘米　足径11.8厘米

平潭大练岛元代沉船出土

中国国家博物馆藏

　　盘菱花口，折沿，口沿较宽。青釉大部分泛灰黄色，口沿部分呈灰黑色，应为长期受海底淤积物侵蚀所致。盘内腹部刻竖条纹至内底，盘心印一朵有荷叶托举的莲花，形态简练流畅。（王小文）

Longquan celadon dish with barbed rim and impressed lotus design
Yuan dynasty, Height 5cm mouth diameter 24.9cm foot diameter 11.8cm, Excavated from the Yuan dynasty shipwreck at Daliandao island in Pingtan, The National Museum of China

151

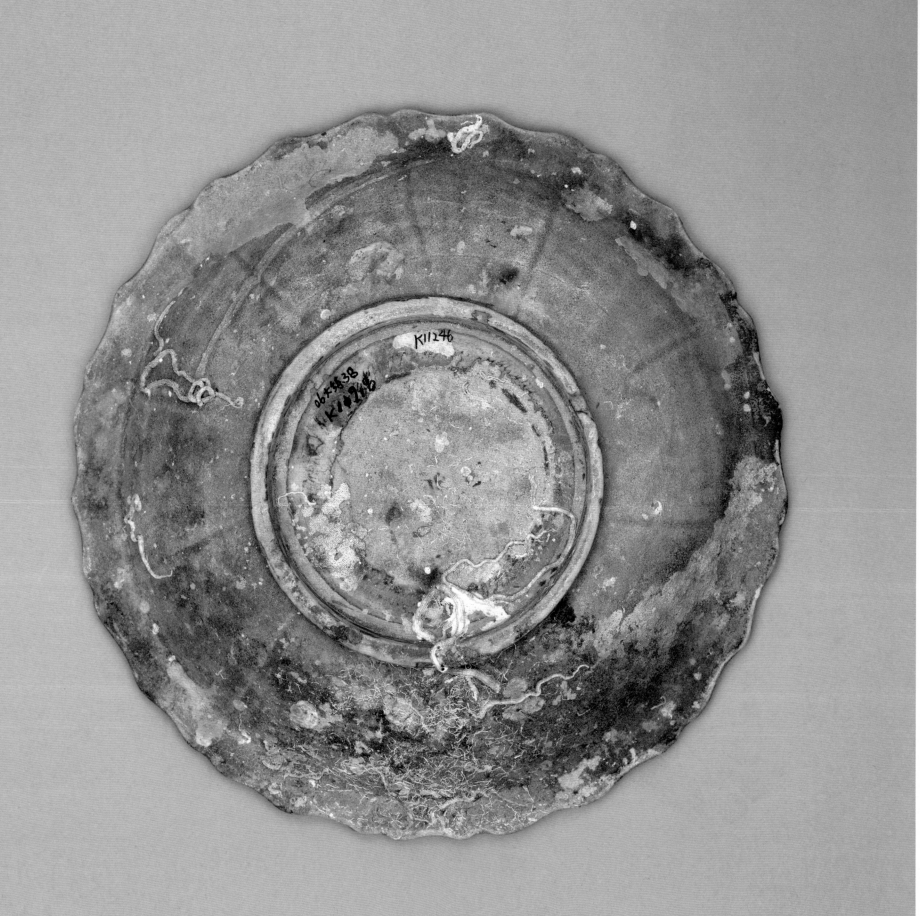

龙泉窑青釉三足折沿洗

元

高 5.3 厘米　口径 22.9 厘米　足径 12.1 厘米

新安沉船出水

大韩民国国立中央博物馆藏

洗折沿，直腹，平底，底下承以三足。通体施青釉，釉色碧绿，釉面温润光洁。全器光素无纹，外底及足端涩胎无釉。（蒋艺）

Longquan celadon tripod washer
Yuan dynasty, Height 5.3cm mouth diameter 22.9cm foot diameter 12.1cm, Excavated from the Sinan (Xin'an) shipwreck, South Korea, The National Museum of Korea, ROK

龙泉窑青釉蔗段洗

元

高 3.6 厘米　口径 11.3 厘米　足径 8 厘米

乌兰察布市察右前旗集宁路古城遗址出土

内蒙古自治区文物考古研究所藏

洗敞口，斜腹微收，圈足。通体施釉，釉色粉青，莹润如玉。圈足内有涩圈，呈火石红色。内壁呈花瓣状，外壁有一凸弦纹将花瓣分为上、下两层，呈粗短的蔗段状。

蔗段洗为宋元时期龙泉窑笔洗品种之一。（孙斯琴格日乐）

Longquan celadon washer in form of sugar cane
Yuan dynasty, Height 3.6cm mouth diameter 11.3cm foot diameter 8cm, Excavated from the Yuan dynasty Jining-lu city site in Chayouqianqi, Ulanqab,
The Institute of Cultural Relics and Archaeology of Inner Mongolia Autonomous Region

155

073 | **龙泉窑青釉菊瓣式杯**
元
高 5.3 厘米　口径 7.8 厘米　足径 3.2 厘米
太仓市樊村泾元代遗址出土
苏州市考古研究所、太仓市博物馆藏

杯呈现菊瓣式，口微敛，平圆唇，深弧腹，小圈足外撇。外底心有鸡心状凸起。灰白胎，通体施青釉，足底无釉。（张志清）

Longquan celadon cup in form of chrysanthemum petals
Yuan dynasty, Height 5.3cm mouth diameter 7.8cm foot diameter 3.2cm, Excavated from the Yuan dynasty site at Fancunjing, Taicang,
The Archaeological Research Institute of Suzhou and the Taicang Museum

074 | 龙泉窑青釉把杯

元

高 3.4 厘米　口径 7.5 厘米　足径 4 厘米

太仓市樊村泾元代遗址出土

苏州市考古研究所、太仓市博物馆藏

杯撇口，圆唇，斜腹，平底。一侧置耳形单把。灰白色胎。通体施青绿釉，釉面有开片，平底无釉。

此种杯需与浅盘配套使用。（张志清）

Longquan celadon handled cup
Yuan dynasty, Height 3.4cm mouth diameter 7.5cm foot diameter 4cm, Excavated from the Yuan dynasty site at Fancunjing, Taicang,
The Archaeological Research Institute of Suzhou and the Taicang Museum

157

075 | **龙泉窑青釉印卷云纹鋬耳杯**
元
高 3.2 厘米　长 9 厘米　口径 7.2 厘米　足径 4.2 厘米
2010 年 9 月菏泽市国贸工地出土
菏泽市博物馆藏

杯圆唇，口微敛，深弧腹，浅圈足。口沿一侧置如意云头状鋬耳，阳面模印卷云纹。鋬、腹之间置带状曲柄。通体施粉青釉，釉质莹润。足端刮釉处露胎，呈火石红色。（任庆山）

Longquan celadon cup with a handle of moulded cloud scroll design
Yuan dynasty, Height 3.2cm length 9cm mouth diameter 7.2cm foot diameter 4.2cm, Excavated from a construction site in Heze city in Sep, 2010, The Heze Museum

龙泉窑青釉鸟食碟

元

高 1.9 厘米　口径 5.6 厘米　足径 1.9 厘米

太仓市樊村泾元代遗址出土

苏州市考古研究所、太仓市博物馆藏

碟呈菊瓣式，敛口，圆唇，浅弧腹，平底。口沿一侧置一圆系。灰白胎。通体施青釉，足端、底部无釉。（张志清）

Longquan celadon bird feeder
Yuan dynasty, Height 1.9cm mouth diameter 5.6cm foot diameter 1.9cm, Excavated from the Yuan dynasty site at Fancunjing, Taicang,
The Archaeological Research Institute of Suzhou and the Taicang Museum

龙泉窑青釉褐斑匜

元

高 5.4 厘米　口径 16 厘米　足径 9.5 厘米

新安沉船遗址出土

大韩民国国立中央博物馆藏

匜呈碗状，一侧置槽状流。周身施青釉，涂点褐斑。

匜是中国先秦时代礼器之一，用于沃盥之礼，为人净手所用。龙泉青瓷所制匜形器物，在宋元时期颇为流行。除此件新安沉船出水者以外，浙江泰顺元代窖藏、河北石家庄史氏家族墓、重庆忠县宋末元初窖藏、甘肃漳县元代汪世显家族墓等，都出土有龙泉窑青釉匜。（孙悦）

Longquan celadon vessel *yi* with iron brown splashes
Yuan dynasty, Height 5.4cm mouth diameter 16cm foot diameter 9.5cm, Excavated from the Sinan (Xin'an) shipwreck, South Korea, The National Museum of Korea, ROK

龙泉窑青釉花盆残件

元

高 5.6 厘米　口径 21.5 厘米　足径 13.6 厘米

太仓市樊村泾元代遗址出土

苏州市考古研究所、太仓市博物馆藏

盆敞口，圆唇，外口沿饰波浪状花边，弧腹至下部微鼓，圈足。灰白胎。通体施青釉，底部有一渗水圆孔。（张志清）

Fragment of a Longquan celadon flowerpot
Yuan dynasty, Height 5.6cm mouth diameter 21.5cm foot diameter 13.6cm, Excavated from the Yuan dynasty site at Fancunjing, Taicang,
The Archaeological Research Institute of Suzhou and the Taicang Museum

龙泉窑青釉贴花莲花纹三足筒式炉

元

高 9.2 厘米　口径 15.2 厘米　足径 6.2 厘米

新安沉船出水

大韩民国国立中央博物馆藏

炉呈筒形，上宽下窄，底下承以三足，外底承一涩胎托饼。通体施釉，釉色青绿，釉面光洁。外底及足端涩胎无釉，可见灰白色胎。外壁贴饰模印的莲花纹。（蒋艺）

Longquan celadon cylindrical tripod incense burner applied with lotus design
Yuan dynasty, Height 9.2cm mouth diameter 15.2cm foot diameter 6.2cm, Excavated from the Sinan (Xin'an) shipwreck, South Korea, The National Museum of Korea, ROK

龙泉窑青釉贴花缠枝花纹三足筒式炉

元

高 9.2 厘米　口径 15.2 厘米　底径 6.2 厘米

新安沉船遗址出土

大韩民国国立中央博物馆藏

炉呈筒形，上宽下窄，底边承以三足，外底承一涩胎托饼。通体施釉，釉色青绿，釉面光洁。外底及足端涩胎无釉，可见灰白色胎。炉外壁贴饰缠枝花纹。（蒋艺）

Longquan celadon cylindrical tripod incense burner applied with floral scrolls design
Yuan dynasty, Height 9.2cm mouth diameter 15.2cm bottom diameter 6.2cm, Excavated from the Sinan (Xin'an) shipwreck, South Korea, The National Museum of Korea, ROK

龙泉窑青釉贴花菊花纹三足筒式炉

元

高 7.5 厘米　口径 13 厘米　足距 9.5 厘米

故宫博物院藏

炉呈筒形，口沿内折，腹壁略上宽下窄，底边均匀置三个兽蹄形足。炉内、外施青釉，内底刮釉，以便套烧小件器物。外底有一圈凸出，放在平面上圈形凸出着地，致使三个兽蹄形足悬空，此为元代陶瓷筒炉的特点之一。外壁近口沿和近底处各饰一道凸弦纹，腹部与三足对应处各贴饰一组菊花纹。（陈志鸿）

Longquan celadon cylindrical tripod incense burner applied with chrysanthemum design
Yuan dynasty, Height 7.5cm mouth diameter 13cm distance between feet 9.5cm, The Palace Museum

龙泉窑青釉鼎式炉

元

高 9.9 厘米　口径 10.2 厘米　底径 3.2 厘米

1989 年 4 月杭州市老东岳北部元代鲜于枢墓出土

杭州博物馆藏

炉平口，短颈，口沿至颈部对称置立耳，溜肩，微鼓腹，底部接圈足，圈足悬空，外侧置兽形三足，足外撇，呈三角形分布。内、外壁均施釉，釉层较透亮，呈艾青色，花纹均出白筋。耳上饰卷云纹，肩部饰弦纹。此炉为元代龙泉窑的典型器。（杭州博物馆）

Longquan celadon censer in form of bronze vessel *ding*
Yuan dynasty, Height 9.9cm mouth diameter 10.2cm bottom diameter 3.2cm, Excavated from the tomb of Yuan dynasty scholar Xianyu Shu in Hangzhou in Apr. 1989, The Hangzhou Museum

龙泉窑青釉露胎道士坐像

元

高 31.6 厘米

浙江省博物馆藏

　　道士像用露胎技法装饰，面容祥和，慈眉善目，衣带飘逸，仙风道骨，显露出超凡脱俗、不食人间烟火的神情。（江屿）

Longquan celadon figure of a Taoist with biscuit-fired face and chest
Yuan dynasty, Height 31.6cm, The Zhejiang Provincial Museum

龙泉窑青釉褐斑女子坐像

元

高 17.9 厘米

新安沉船遗址出土

大韩民国国立中央博物馆藏

坐像髻发，面容安详，双手持奉卷轴一捆，挺身端坐于台座之上。通体施青釉，釉色翠青，釉面光洁莹润，台座部分加点褐彩。外底中空，涩胎无釉。（孙悦）

Longquan celadon figure of a seated lady with iron brown splashes
Yuan dynasty, Height 17.9cm, Excavated from the Sinan (Xin'an) shipwreck, South Korea, The National Museum of Korea, ROK

龙泉窑青釉褐斑女子坐像

元
高 18.6 厘米　足径 7.5 厘米
新安沉船遗址出土
大韩民国国立中央博物馆藏

坐像髻发，垂耳，面容祥和，身着大袖宽袍，右手执灵芝，左手平举提花篮，赤足，挺身端坐于台座之上。通体施青釉，釉色翠青，釉面光洁莹润，台座部分加点褐彩。外底中空，涩胎无釉。（蒋艺）

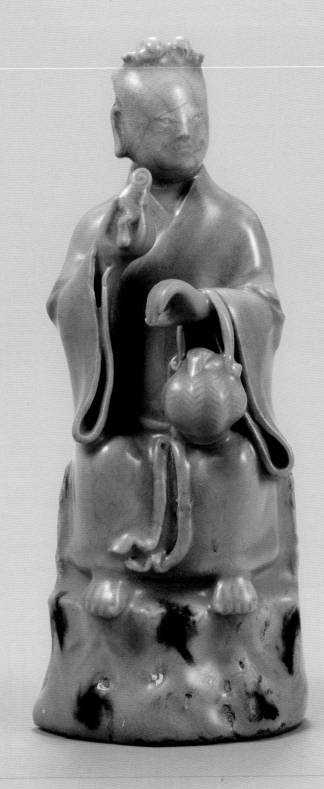

Longquan celadon figure of a person holding a flower basket with iron brown splashes
Yuan dynasty, Height 18.6cm foot diameter 7.5cm, Excavated from the Sinan (Xin'an) shipwreck, South Korea, The National Museum of Korea, ROK

龙泉窑青釉双环耳瓶

元中晚期至明初

高32厘米　口径8.2厘米　足径14.7厘米

故宫博物院藏

瓶撇口，束颈，垂腹，圈足。口镶铜釦，颈部对称置螭龙衔环耳。瓶内、外和圈足内均施青釉，釉面润泽，颈中部和腹中部均饰凸弦纹。

　　同类器物见于北京市昌平区出土元代中晚期器物、福建省南平市元代中晚期墓葬出土器物、福建省三明市出土元至明代器物等。综合各地出土和收藏情况看，这种双耳瓶应为元代中晚期至明初产品。（董健丽）

Longquan celadon vase with ring handles

From late Yuan dynasty to early Ming dynasty, Height 32cm mouth diameter 8.2cm foot diameter 14.7cm, The Palace Museum

龙泉窑青釉刻"沙阿·阿巴斯"铭
缠枝牡丹纹玉壶春瓶

14 世纪

高 43 厘米　口径 13.5 厘米　足径 15.3 厘米

伊朗国家博物馆藏

瓶撇口，凸梨形，圈足，外底内凹。颈部刻重叠菱形几何纹，透过复杂的花卉和植物图案可见器表。外底无釉。下腹刻方形印章，印文为波斯文，意为"圣王沙阿萨非之奴阿巴斯伏献于庙墀"。(Jebrael Nokandeh, Karam Mirzaei, Nina Rezaei)

Longquan celadon yuhuchun ('spring in a jade bottle') vase engraved with a dedicatory inscription of Shāh Abbas to a shrine and carved with peony scrolls design
14th century, Height 43cm mouth diameter 13.5cm foot diameter 15.3cm, The National Museum of Iran, Iran

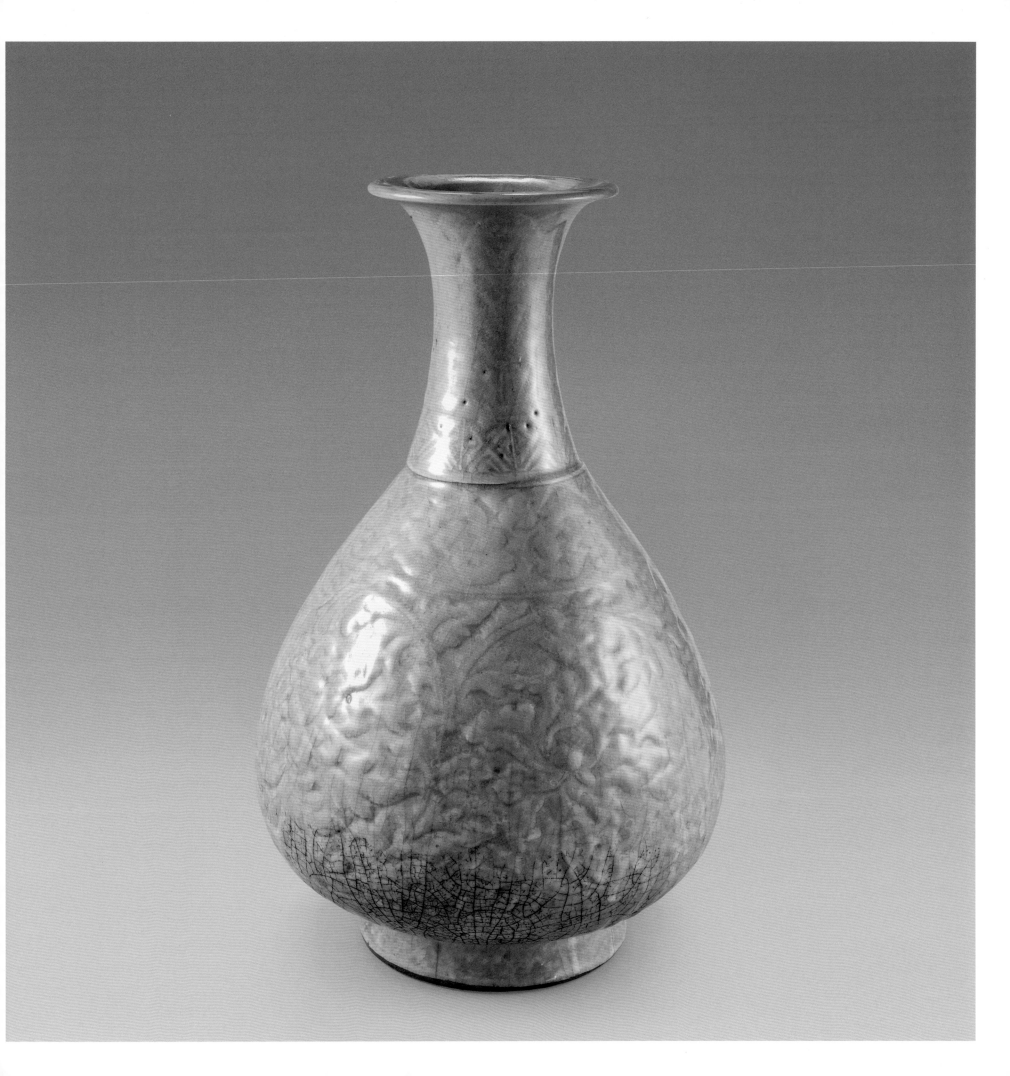

龙泉窑青釉刻划"清香美酒"铭盖罐

元末明初

通高 32.5 厘米　口径 23.6 厘米　足径 17 厘米

故宫博物院藏

罐短直口，丰肩，鼓腹，腹下渐收敛，近足处微外撇，圈足。罐附荷叶形盖，盖顶置花苞形钮。罐内、外均施青釉，内底不施釉，圈足内亦无釉。外壁通体刻划花装饰。腹部刻划四个菱花形开光，其内刻划锦纹，锦地上分别刻"清""香""美""酒"四字。开光之间刻划折枝花纹，胫部刻划细长仰莲瓣纹。盖面刻划缠枝花纹。（单莹莹）

Longquan celadon cover jar with the mark of Clear and Fragrant Fine Wine

From late Yuan dynasty to early Ming dynasty, Overall height 32.5cm mouth diameter 23.6cm foot diameter 17cm, The Palace Museum

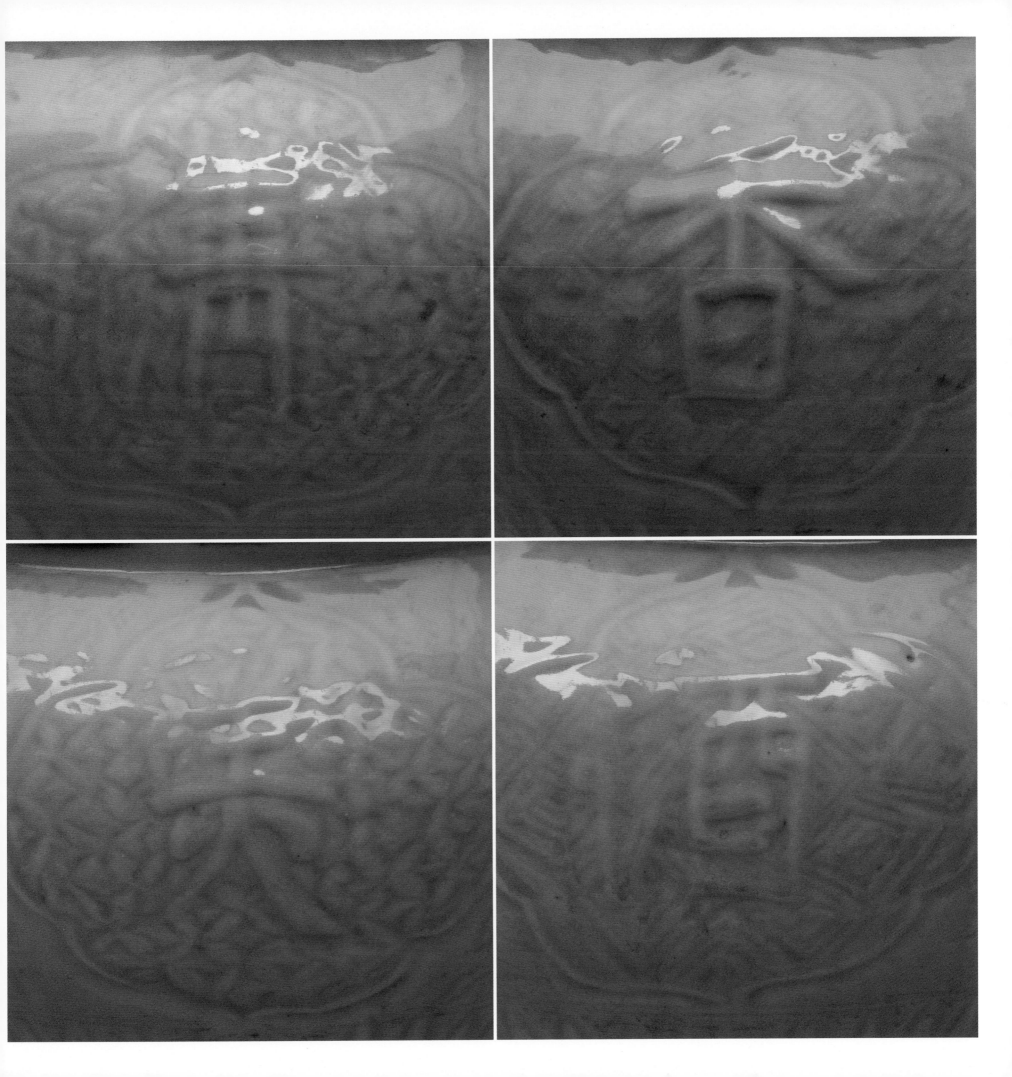

龙泉窑青釉菊瓣式罐

14 世纪

高 24.4 厘米　口径 25.7 厘米　足径 19 厘米

伊朗国家博物馆藏

罐直口，短颈，鼓腹向下渐收，圈足。器身满布竖向凹槽，如散射星光，形成凹凸效果。罐内外和圈足内均施青釉。口沿无釉呈褐色。圈足不规整，足底无釉。（Jebrael Nokandeh, Karam Mirzaei, Nina Rezaei）

Longquan celadon chrysanthemum petal jar
14th century, Height 24.4cm mouth diameter 25.7cm foot diameter 19cm, The National Museum of Iran, Iran

龙泉窑青釉刻"沙阿·阿巴斯"铭
缠枝牡丹纹凤尾尊

14 ~ 15 世纪

高 41.1 厘米　口径 19 厘米　足径 12.5 厘米

伊朗国家博物馆藏

尊尖唇，撇口，长颈，溜肩，鼓腹向下渐收，圈足，外底内凹。通体施透明釉，颈部刻密集弦纹，腹部刻缠枝牡丹纹，近足处刻细长莲瓣纹。颈部与器身应是分别成形后粘接而成。圈足壁及外壁中心有孔洞，可见内壁亦施釉。底足带衬。外壁近足处刻方形印章，印文为波斯文，意为"圣王沙阿萨非之奴阿巴斯伏献于庙墀"。(Jebrael Nokandeh, Karam Mirzaei, Nina Rezaei)

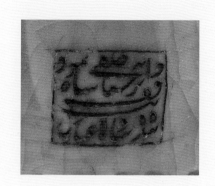

Longquan celadon *fengwei zun* ('phoenix tail vase') engraved with a dedicatory inscription of Shāh Abbas to a shrine and carved with peony scrolls design
14th to 15th century, Height 41.1cm mouth diameter 19cm foot diameter 12.5cm, The National Museum of Iran, Iran

龙泉窑青釉刻"沙阿·阿巴斯"铭
缠枝牡丹纹罐

14 ~ 15 世纪
高 23 厘米　口径 24.8 厘米　足径 18 厘米
伊朗国家博物馆藏

罐阔口，短颈，溜肩，鼓腹向下渐收，圈足。罐内、外和圈足内均施青釉。釉下有刻花装饰。肩腹部刻缠枝牡丹纹，近足处饰一周排列整齐的圆头长叶片。足底无釉，近足处刻方形印章，印文为波斯文，意为"圣王沙阿萨非之奴阿巴斯伏献于庙墀"。（Jebrael Nokandeh, Karam Mirzaei, Nina Rezaei）

Longquan celadon jar engraved with dedicatory inscription of Shāh Abbas to a shrine and carved with peony scrolls design
14th to 15th century, Height 23cm mouth diameter 24.8cm foot diameter 18cm, The National Museum of Iran, Iran

龙泉窑青釉刻划花卉纹碗

14 ~ 15 世纪

高 13 厘米　口径 30.8 厘米　足径 13 厘米

伊朗国家博物馆藏

锥形大碗，圆唇，敞口，深弧腹，圈足，外底内凹。通体内、外施青釉，外底仅中心脐状凹进处留釉，余处无釉。外壁近口沿处刻两道弦纹，其间刻卷云纹，内外壁均刻划卷枝花叶纹及波浪纹。器身纹饰排列对称而齐整，具有伊斯兰风格。（Jebrael Nokandeh, Karam Mirzaei, Nina Rezaei）

Longquan celadon bowl carved and incised with floral design
14th to 15th century, Height 13cm mouth diameter 30.8cm foot diameter 13cm, The National Museum of Iran, Iran

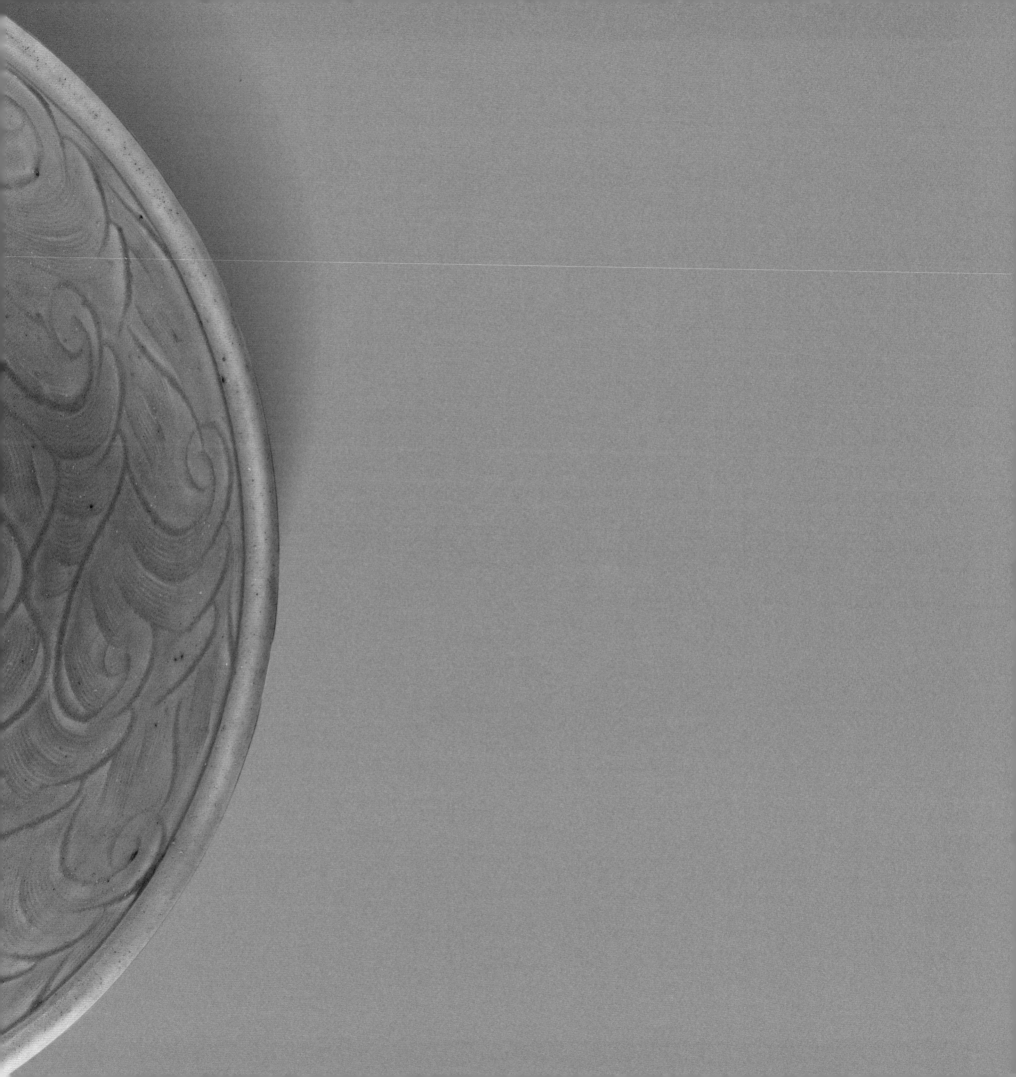

龙泉窑青釉刻莲瓣纹碗

14 ~ 15 世纪

高 7.5 厘米　口径 37.2 厘米　足径 7.5 厘米

伊朗国家博物馆藏

碗敞口，深弧腹，圈足。碗内、外和圈足内均施青釉。内部平素无纹饰，外壁刻细长莲瓣纹。足底无釉。(Jebrael Nokandeh, Karam Mirzaei, Nina Rezaei)

Longquan celadon bowl carved with design of lotus petals
14th to 15th century, Height 7.5cm mouth diameter 37.2cm foot diameter 7.5cm, The National Museum of Iran, Iran

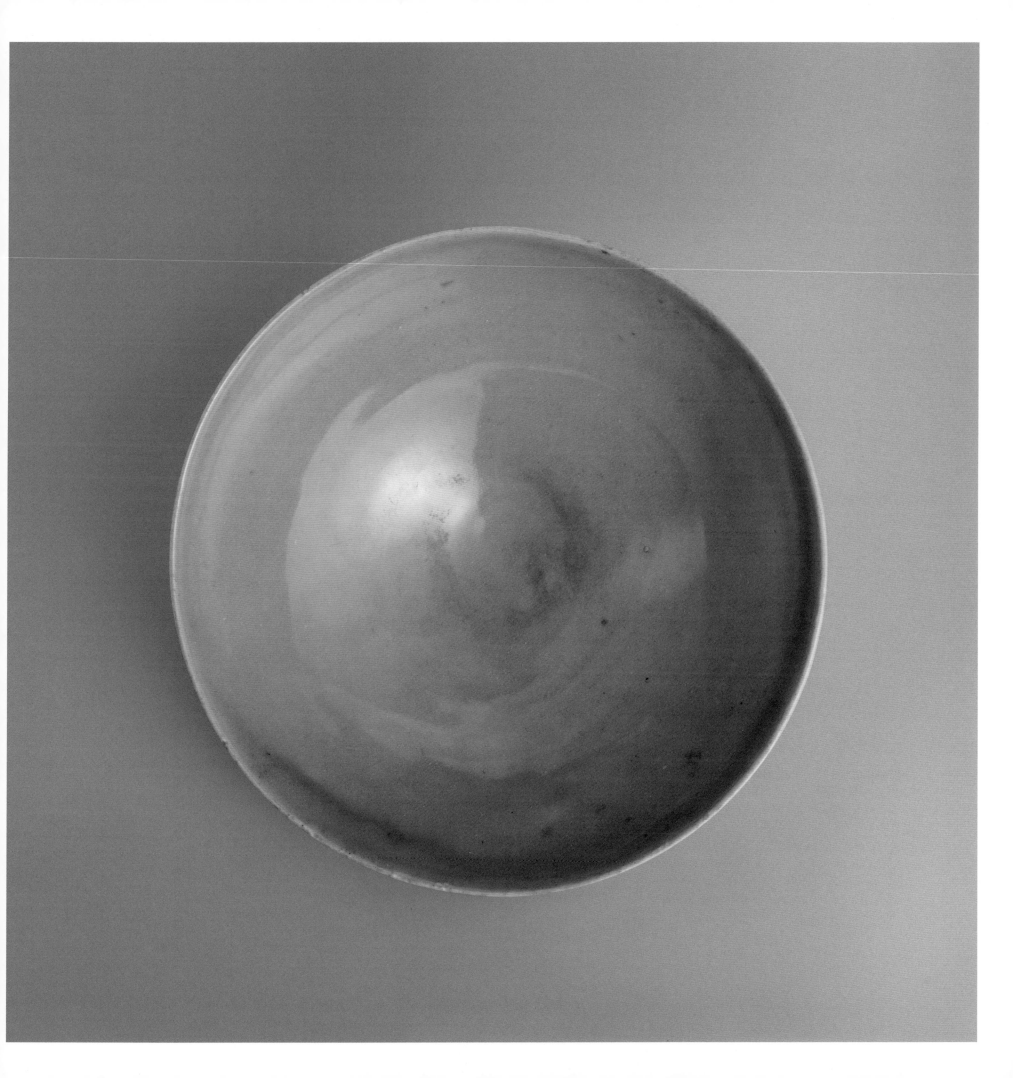

龙泉窑青釉刻"沙阿·阿巴斯"铭
缠枝花纹盘

14 ~ 15 世纪

高 7.2 厘米　口径 37 厘米　足径 19 厘米

伊朗国家博物馆藏

盘作挂盘使用。圆唇，撇口，浅弧腹，圈足。通体施青釉。口沿简单无装饰，内壁刻划缠枝花纹，内底为四个羽毛状花瓣互相连接组成的大型圆形图案的集合，外壁亦刻划缠枝花纹。外壁刻方形印章，印文为波斯文，意为"圣王沙阿萨非之奴阿巴斯伏献于庙墀"。（Jebrael Nokandeh, Karam Mirzaei, Nina Rezaei）

Longquan celadon dish engraved with dedicatory inscription of Shāh Abbas to a shrine and carved with floral scrolls design
14th to 15th century, Height 7.2cm mouth diameter 37cm foot diameter 19cm, The National Museum of Iran, Iran

龙泉窑青釉刻菊瓣纹折沿盘

14 ~ 15 世纪

高 8.5 厘米　口径 33.2 厘米　足径 13 厘米

伊朗国家博物馆藏

盘作挂盘使用。模制成形，折沿，弧腹，圈足。通体内外和圈足内均施青釉。折沿无装饰，内壁为条状棱形装饰，内底有团花装饰。（Jebrael Nokandeh, Karam Mirzaei, Nina Rezaei ）

Longquan celadon dish with everted rim and carved with chrysanthemum design
14th to 15th century, Height 8.5cm mouth diameter 33.2cm foot diameter 13cm, The National Museum of Iran, Iran

龙泉窑青釉刻"沙阿·阿巴斯"铭
水波纹折沿盘

14 ～ 15 世纪

高 10.5 厘米　口径 37.2 厘米　足径 20.5 厘米

伊朗国家博物馆藏

盘折沿，弧腹，圈足。通体施青釉。口沿刻划大小交错的三角形几何图案，内底饰蜂窝状图案，环以水波纹。外壁平素无纹。外壁刻方形印章，印文为波斯文，意为"圣王沙阿萨非之奴阿巴斯伏献于庙墀"。(Jebrael Nokandeh, Karam Mirzaei, Nina Rezaei)

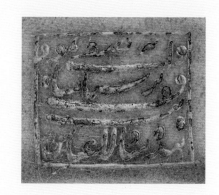

Longquan celadon dish engraved with dedicatory inscription of Shāh Abbas to a shrine and carved with wave design
14th to 15th century, Height 10.5cm mouth diameter 37.2cm foot diameter 20.5cm, The National Museum of Iran, Iran

龙泉窑青釉刻"沙阿·阿巴斯"铭 莲花纹菱花口折沿盘

14 ~ 15 世纪

高 8 厘米　口径 34 厘米　足径 21.5 厘米

伊朗国家博物馆藏

盘作挂盘使用。模制成型。菱花形敞口，折沿，浅弧腹，圈足。通体施青釉。内底刻划一朵莲花，内壁饰条状棱形装饰。器外壁刻方形印章，印文为波斯文，意为"圣王沙阿萨非之奴阿巴斯伏献于庙墀"。（Jebrael Nokandeh, Karam Mirzaei, Nina Rezaei）

Longquan celadon dish with barbed rim and engraved dedicatory inscription of Shāh Abbas to a shrine and carved with lotus design

14th to 15th century, Height 8cm mouth diameter 34cm foot diameter 21.5cm, The National Museum of Iran, Iran

龙泉窑青釉刻"沙阿·阿巴斯"铭 贴花缠枝花纹三足筒式炉

14～15世纪

高16厘米 口径17.7厘米 底径7厘米

伊朗国家博物馆藏

炉筒形器身，以三足承托，其中一足已残。器身有印花装饰。内部无纹饰。通体施釉。外壁环绕器身饰四朵缠枝花纹。炉底似悬浮的碟子。外壁錾刻方形印章，印文为波斯文，意为"圣王沙阿萨非之奴阿巴斯伏献于庙堰"。（Jebrael Nokandeh, Karam Mirzaei, Nina Rezaei）

Longquan celadon cylindrical tripod censer engraved with dedicatory inscription of Shāh Abbas to a shrine and applied with floral scrolls design
14th to 15th century, Height 16cm mouth diameter 17.7cm bottom diameter 7cm, The National Museum of Iran, Iran

099 龙泉窑青釉梅瓶

明洪武

高 30 厘米　口径 5.9 厘米　足径 10.4 厘米

1979 年南京市俞家山明洪武二十一年（1388 年）俞通海夫人於氏墓出土

南京市博物总馆藏

瓶撇口，圆唇，短颈，丰肩，腹下内收，圈足，近足处略外撇。白胎，青釉，修足露胎。形体线条柔和流畅，造型端庄优雅。所施青釉厚腴温润，晶莹似玉，表现出明代早期龙泉窑青瓷的审美趣味。

俞通海是明初著名将领，被封为虢国公。据墓志得知，其夫人於氏卒于洪武二十一年（1388 年）。（陈欣）

Longquan celadon *meiping* **('prunus vase')**
Hongwu period, Ming dynasty, Height 30cm mouth diameter 5.9cm foot diameter 10.4cm, Excavated from the tomb of Lady Yu (d. 1388), wife of general Yu Tonghai, Nanjing in 1979, The Nanjing Museum Administration

100 | 龙泉窑青釉盏、盏托

明洪武

盏：高 3.2 厘米　口径 7.2 厘米　足径 3.2 厘米

盏托：高 3 厘米　口径 15.7 厘米　足径 4.3 厘米

1992 年南京市铁心桥唐家凹明张云墓出土

南京市博物总馆藏

属于饮酒用具。盏口微敛，深弧腹，圈足。外底露胎，内、外其余部分施青釉，釉层厚润。盏托浅盘口，折沿，浅腹，矮圈足。盏托施青釉，唯圈足及内底露胎。釉层厚润，内底中央模印贴一朵盛开菊花，二重花瓣，花蕊作网格状。不着釉可使其微泛火石红的颜色与青釉形成色差对比，设计匠心独运。

墓主张云，史籍失载，据墓志，为明初昭勇将军、浙江都指挥佥事。（薛琛）

Longquan celadon cup and saucer

Hongwu period, Ming dynasty, Height 3.2cm mouth diameter 7.2cm foot diameter 3.2cm, Height 3cm mouth diameter 15.7cm foot diameter 4.3cm, Excavated from the tomb of an early Ming general Zhang Yun, Nanjing in 1992, The Nanjing Museum Administration

龙泉窑青釉刻划花卉纹菱花口盏托

明洪武

口径 19 厘米

英国大英博物馆藏

盏托为压模而成的，浅斜面，菱花口，扁平折沿，托槽处加厚，窄圈足，无釉。中间是一个凸起的圆形脊，用以盛放杯子。通体施青釉。凸起中心部分为菊花团花纹，围绕着这个同心圆的是另一组复合花卉图形。（英国大英博物馆）

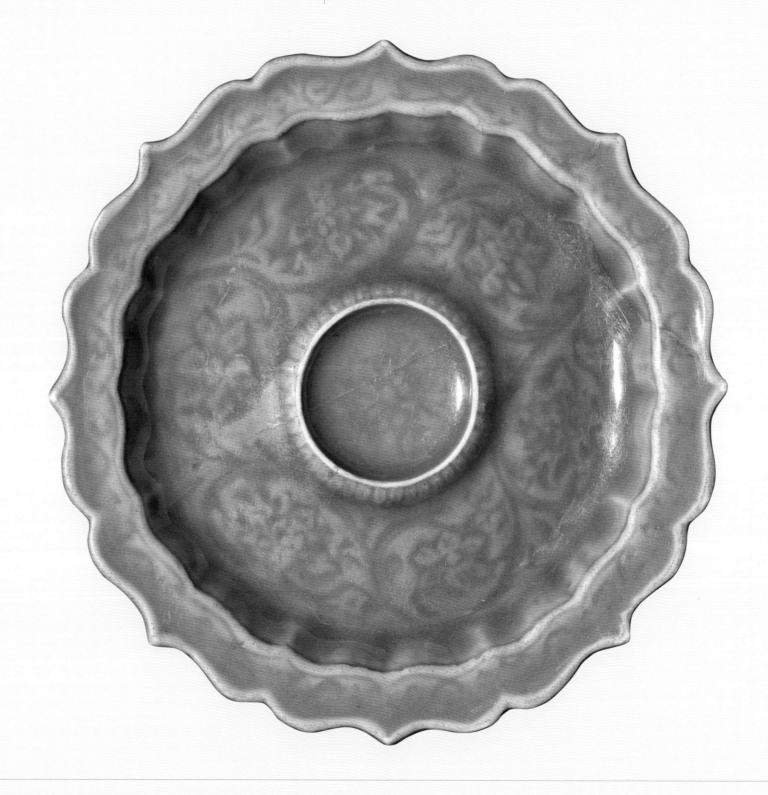

Longquan celadon cup stand with barbed rim and carved and incised floral design
Hongwu period, Ming dynasty, Mouth diameter 19cm, The British Museum, Britain

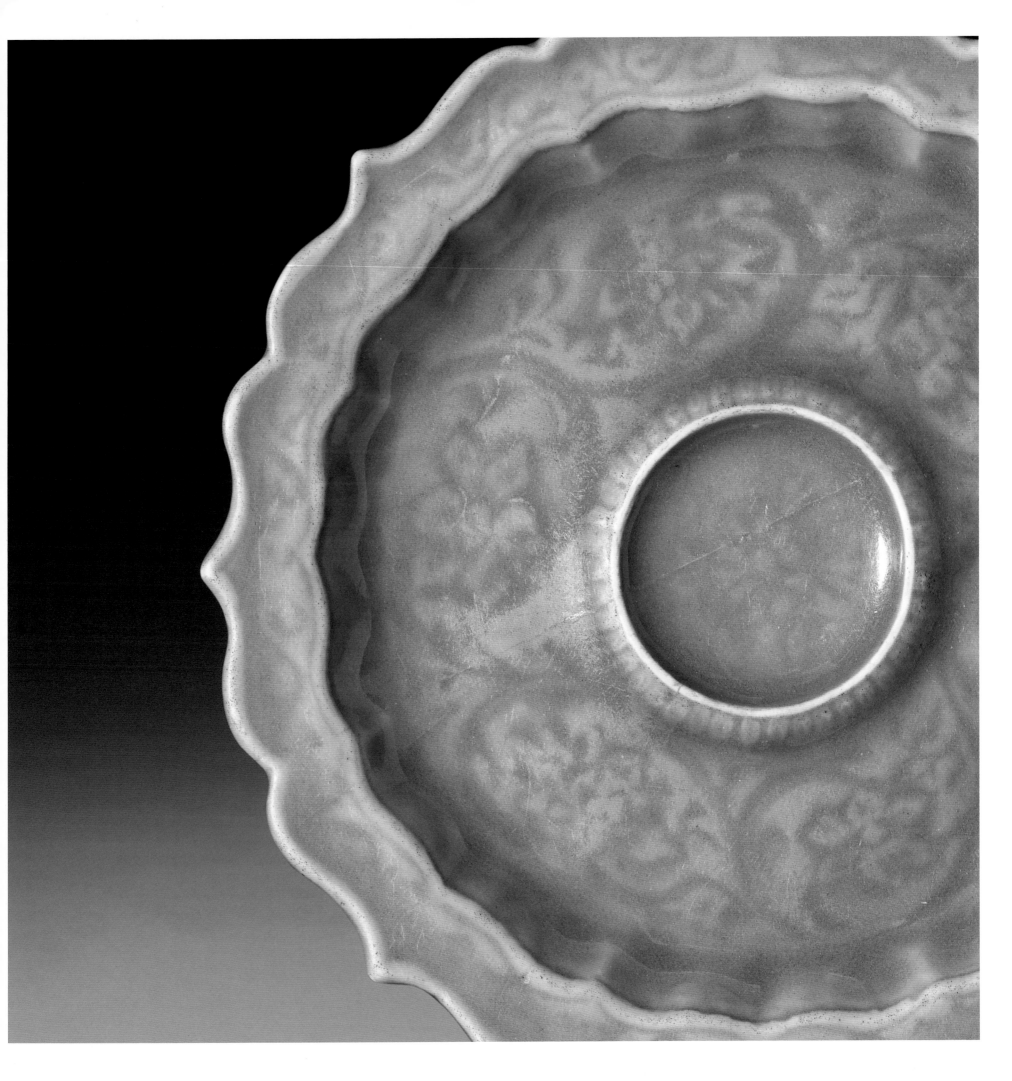

龙泉窑青釉玉壶春瓶

明永乐
高 24.4 厘米　口径 7.1 厘米　腹围 45 厘米　足径 8 厘米
1960 年南京市郎家山明永乐十六年（1418 年）宋晟夫人叶氏墓出土
南京市博物总馆藏

　　瓶喇叭口，长束颈，圆鼓腹，矮圈足微外撇。白胎，青釉，
釉层厚润，圈足底部露胎，下腹及圈足有开片，自然天成。造型
端庄优雅，线条柔和流畅。
　　墓主叶氏为明初西宁侯宋晟夫人。（杨竹）

Longquan celadon *yuhuchun* ('spring in a jade bottle') vase
Yongle period, Ming dynasty, Height 24.4cm mouth diameter 7.1cm belly circumference 45cm foot diameter 8cm,Excavated from the tomb of Lady Ye, wife of an early Ming marquis Song Sheng, Nanjing in 1960, The Nanjing Museum Administration

103 龙泉窑青釉印缠枝花纹执壶

明永乐

高 24 厘米　口径 8.5×7.8 厘米

底长 8.8 厘米　底宽 7.8 厘米

1960 年南京市郎家山明永乐十六年（1418 年）宋晟夫人叶氏墓出土

南京市博物总馆藏

执壶花形侈口，束颈，溜肩，杏核形圆腹，圈足。细长曲流，曲柄。长流与颈间以云板相连。白胎，满施青釉，足沿一周无釉。腹部以双线作杏仁形开光，开光内印缠枝牡丹纹，外绕缠枝花叶，圈足外辅以卷草纹。此执壶造型优美，纹饰雅致，模印而成。胎体厚重，釉质油润，反映出明代永乐时期龙泉青瓷的烧造水平。

宋晟为明朝开国功臣，曾随明太祖朱元璋征战，战功累累。明永乐三年（1405 年）封西宁侯，后被追封为宁国公。6 号墓为宋晟夫人叶氏，据墓志得知其卒于明永乐十六年（1418 年），育二子。长男宋琥，尚安成公主。（龙云）

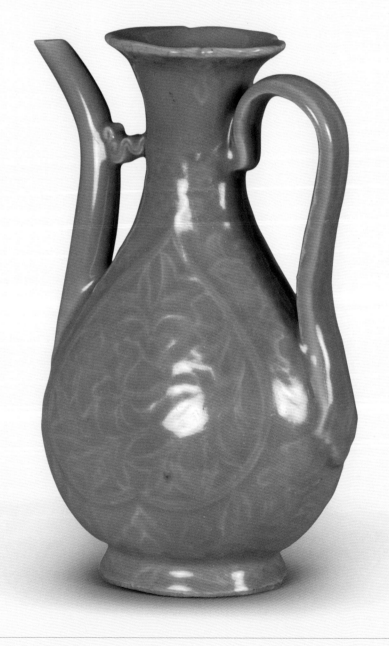

Longquan celadon ewer moulded with floral scrolls design
Yongle period, Ming dynasty, Height 24cm mouth diameter 8.5×7.8cm bottom length 8.8cm bottom width 7.8cm, Excavated from the tomb of Lady Ye, wife of an early Ming marquis Song Sheng, Nanjing in 1960, The Nanjing Museum Administration

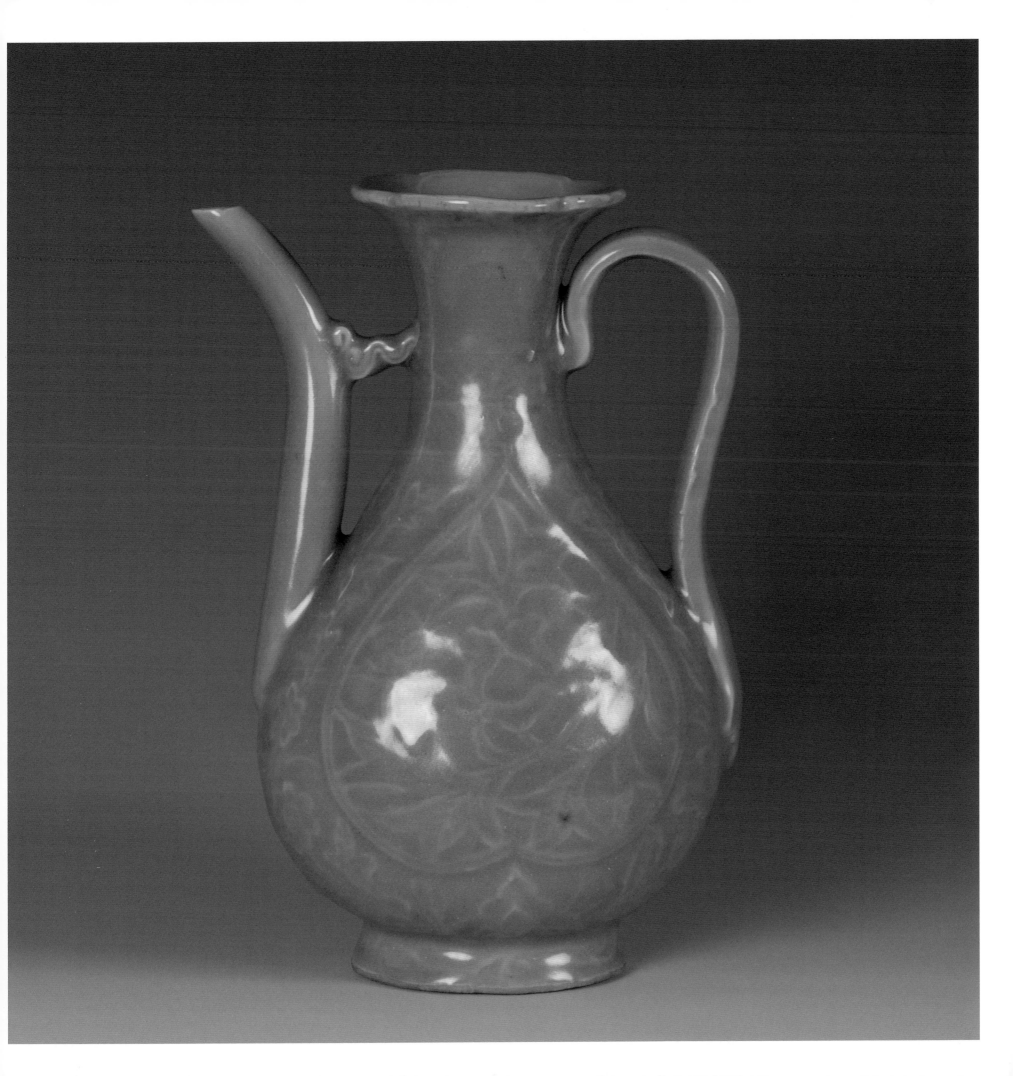

104 龙泉窑青釉刻卷草纹双环耳瓶残件

明早期

高 26.4 厘米　口径 10.6 厘米　足径 10.2 厘米

日本首里城遗址京之内地区 SK01 出土

日本冲绳县立埋藏文化财中心藏

瓶身为玉壶春瓶式，颈两侧对称置兽耳衔环。瓶身中部刻卷草纹，下部刻莲瓣纹。青绿色釉，可能是被火烧过的缘故，部分釉已经变色，釉面有较重裂纹。此瓶可能与明天顺三年（1459 年）发生的首里城王宫库房火灾有关。（日本冲绳县立埋藏文化财中心）

Fragment of a Longquan celadon vase with ring handles and carved classic scrolls design
Early Ming dynasty, Height 26.4cm mouth diameter 10.6cm foot diameter 10.2cm, Excavated from SK01, the Shuri Castle, Okinawa, The Okinawa Prefectural Archaeological Center, Japan

105 | 龙泉窑青釉刻牡丹纹凤尾尊

明早期
高 62.7 厘米　口径 26.7 厘米　足径 14.6 厘米
日本首里城遗址京之内地区 SK01 出土
日本冲绳县立埋藏文化财中心藏

　　尊形体高大，颈部和腹部各有一道接痕。颈部和上腹部均刻
缠枝牡丹纹，腹下部刻莲瓣纹。釉呈淡灰绿色，足底刮釉。釉面
有裂纹。此瓶可能在明天顺三年（1459 年）发生的首里城王宫
库房火灾中被烧过。（日本冲绳县立埋藏文化财中心）

Longquan celadon fengwei zun *('phoenix tail vase') carved with peony design*
Early Ming dynasty, Height 62.7cm mouth diameter 26.7cm foot diameter 14.6cm, Excavated from SK01, the Shuri Castle, Okinawa, The Okinawa Prefectural Archaeological Center, Japan

106 龙泉窑青釉刻牡丹卷草纹持壶残件

明早期
高 23.6 厘米　口径 6.4 厘米　足径 6.8 厘米
日本首里城遗址京之内地区 SK01 出土
日本冲绳县立埋藏文化财中心藏

执壶盘口，细颈，鼓腹，圈足。一侧肩部置弯流，流与颈部以云板相连；另一侧颈、肩之间置曲柄。深绿色釉。腹中部刻卷草纹，下部刻莲瓣纹。可能是被火烧过的缘故，部分釉已变质。此壶可能在明天顺三年（1459 年）发生的首里城王宫库房火灾中被烧过。（日本冲绳县立埋藏文化财中心）

Fragment of a Longquan celadon ewer carved with design of peony and scrolls
Early Ming dynasty, Height 23.6cm mouth diameter 6.4cm foot diameter 6.8cm, Excavated from SK01, the Shuri Castle, Okinawa, The Okinawa Prefectural Archaeological Center, Japan

107 | 龙泉窑青釉执壶

明早期

高 8.8 厘米　口径 3.7 厘米　足径 6.5 厘米

1960 年南京市郎家山明永乐十六年（1418 年）宋晟夫人叶氏墓出土

故宫博物院藏

执壶撇口，圆唇，短束颈，鼓腹，圈足。一侧置弯流，另一侧置曲柄。壶内、外和圈足内均施青釉，足端无釉。

此执壶 1960 年出土于南京市雨花台区中华门外郎家山明永乐十六年（1418 年）宋晟夫人叶氏墓。宋晟与其夫人叶氏墓共出土瓷器 200 余件，其中龙泉青瓷 80 余件，由此可见在明初功臣墓随葬瓷器中龙泉青瓷占有较大比例。（韩倩）

Longquan celadon ewer

Early Ming dynasty, Height 8.8cm mouth diameter 3.7cm foot diameter 6.5cm, Excavated from the tomb of Lady Ye, wife of an early Ming marquis Song Sheng, Nanjing in 1960, The Palace Museum

龙泉窑青釉刻划"清香美酒"铭盖罐残件

明早期

罐高 26.3 厘米　口径 25.5 厘米　足径 19 厘米
盖高 8.3 厘米　盖外径 30.2 厘米　盖内径 20.2 厘米
日本首里城遗址京之内地区 SK01 出土
日本冲绳县立埋藏文化财中心藏

罐短颈广口，在日本被称为"酒会壶"。口部略立起，肩部和底部内收，最大直径在腹部中间部位。近底处略外撇，与荷叶状盖对应，罐身在四面开有菱花形开光，开光内依次刻"清""香""美""酒"四字，腹下部刻莲瓣纹。釉呈淡青绿色。足底无釉。此罐可能在天顺三年（1459 年）发生的首里城王宫库房火灾中被烧过。（日本冲绳县立埋藏文化财中心）

Fragment of a Longquan celadon covered jar with the mark of Clear and Fragrant Fine Wine
Early Ming dynasty, Height 26.3cm mouth diameter 25.5cm foot diameter 19cm cover height 8.3cm cover outer diameter 30.2cm cover inner diameter 20.2cm, Excavated from SK01, the Shuri Castle, Okinawa, The Okinawa Prefectural Archaeological Center, Japan

龙泉窑青釉菊瓣式罐残件

明早期

高 23.3 厘米　口径 24 厘米　足径 19.8 厘米

日本首里城遗址京之内地区 SK01 出土

日本冲绳县立埋藏文化财中心藏

罐短颈广口，在日本被称为"酒会壶"。口缘部立起，肩部和底部内收，最大直径在腹部中间部位。外壁刻细密的菊瓣纹。釉呈青绿色，足底无釉。此罐可能在天顺三年（1459 年）发生的首里城王宫库房火灾中被烧过。（日本冲绳县立埋藏文化财中心）

Fragment of a Longquan celadon chrysanthemum petal jar

Early Ming dynasty, Height 23.3cm mouth diameter 24cm foot diameter 19.8cm, Excavated from SK01, the Shuri Castle, Okinawa, The Okinawa Prefectural Archaeological Center, Japan

龙泉窑青釉刻龙纹碗残件

明早期

高 8.2 厘米　口径 17.2 厘米　足径 7.4 厘米

日本首里城遗址东之了望台北地区出土

日本冲绳县立埋藏文化财中心藏

碗残，撇口，圆唇，深弧腹，圈足。外壁刻莲瓣纹，内壁刻五爪龙纹。釉呈橄榄绿色，外底釉刮釉后留下的涩圈，系垫圈垫烧处。从各方面特征看，此碗可能是明代早期龙泉官窑产品。

（日本冲绳县立埋藏文化财中心）

Fragment of a Longquan celadon bowl carved with dragon design
Early Ming dynasty, Height 8.2cm mouth diameter 17.2cm foot diameter 17.4cm, Excavated from the Shuri Castle, Okinawa, The Okinawa Prefectural Archaeological Center, Japan

111 龙泉窑青釉刻划缠枝牡丹纹碗

明早期

高 9 厘米 口径 18 厘米 足径 7 厘米

故宫博物院藏

碗撇口，深弧腹，圈足。内、外施青釉，圈足内亦施釉。外底有一刮釉后留下的涩圈，为垫圈垫烧处，中心留有一小撮釉。内、外壁均刻划缠枝牡丹纹，内壁近口沿处刻划回纹，内底印折枝牡丹纹。（李卫东）

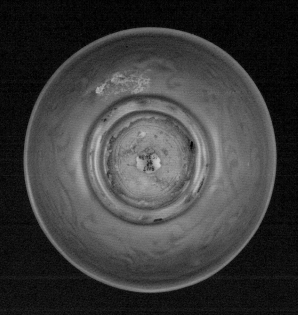

Longquan celadon bowl carved and incised with peony scrolls design
Early Ming dynasty, Height 9cm mouth diameter 18cm foot diameter 7cm, The Palace Museum

233

112 龙泉窑青釉印花卉纹盘

明早期

高 4 厘米　口径 14.6 厘米　足径 8.8 厘米

1960 年南京市郎家山明永乐五年（1407 年）宋晟墓出土

故宫博物院藏

盘撇口，圆唇，浅弧腹，圈足。内、外和圈足内均施青釉，外底有一圈涩胎无釉，系垫圈垫烧处。外壁光素，无纹饰。内底中心印花卉纹。

此盘 1960 年出土于南京市雨花台区中华门外郎家山明永乐五年（1407 年）宋晟墓，同墓出土的龙泉青瓷还包括玉壶春瓶、带托盏、花盆等，对研究元末明初龙泉青瓷特征和制作工艺具有重要参考价值。（张涵）

Longquan celadon dish impressed with floral design

Early Ming dynasty, Height 4cm mouth diameter 14.6cm foot diameter 8.8cm, Excavated from the tomb of early Ming marquis Song Sheng, Nanjing in 1960, The Palace Museum

龙泉窑青釉印十字杵纹盘

明早期

高 3.8 厘米　口径 14.6 厘米　足径 8.9 厘米

1960 年南京市郎家山明永乐五年（1407 年）宋晟墓出土

故宫博物院藏

盘撇口，圆唇，浅弧壁，圈足。内、外和圈足内均施青釉。外壁光素无纹饰，内底中心印十字杵纹。外底有一圈涩胎无釉，呈火石红色，系垫圈垫烧处。（张涵）

Longquan celadon dish impressed with cross vajra design
Early Ming dynasty, Height 3.8cm mouth diameter 14.6cm foot diameter 8.9cm, Excavated from the tomb of early Ming marquis Song Sheng, Nanjing in 1960, The Palace Museum

龙泉窑青釉刻花卉纹盘残件

明早期

残高 2.7 厘米　残长 13.7 厘米　残宽 6.7 厘米

日本冲绳县渡地村遗址出土

日本冲绳县立埋藏文化财中心藏

盘底部残片，整体形状不明，从器壁的厚度看，估计是底部直径为 30 厘米左右的大盘。内有刻花。在整个表面施青釉后，将外底一环状区域内的釉刮掉，形成涩圈。从各方面特征看，此盘可能是明早期龙泉官窑产品。（日本冲绳县立埋藏文化财中心）

Fragment of a Longquan celadon dish carved with floral design
Early Ming dynasty, Remaining height 2.7cm remaining length 13.7cm remaining width 6.7cm, Excavated from a village in Okinawa,
The Okinawa Prefectural Archaeological Center, Japan

龙泉窑青釉刻"沙阿·阿巴斯"铭
印莲花纹盘

15 世纪

高 4.5 厘米　口径 17.5 厘米　足径 11 厘米

伊朗国家博物馆藏

盘口微撇，圆唇，浅弧腹，圈足。通体施青釉，内底印莲花纹，外壁刻三朵莲花和荷叶纹。纹饰简洁。外壁刻方形印章，印文为波斯文，意为"圣王沙阿萨非之奴阿巴斯伏献于庙墀"。
（Jebrael Nokandeh, Karam Mirzaei, Nina Rezaei）

Longquan celadon dish engraved with dedicatory inscription of Shāh Abbas to a shrine and applied with lotus design
15th century, Height 4.5cm mouth diameter 17.5cm foot diameter 11cm, The National Museum of Iran, Iran

241

龙泉窑青釉刻"沙阿·阿巴斯"铭
花卉纹盘

15 世纪

高 6 厘米　口径 33.5 厘米　足径 22.5 厘米

伊朗国家博物馆藏

盘作挂盘使用。撇口，圆唇，浅弧腹，圈足。外底内凹。通体施青釉，有刻划和印花图案。内底心印花卉纹，周围环绕太阳光芒或火焰状纹饰。外壁平素无纹。外壁刻方形印章，印文为波斯文，意为"圣王沙阿萨非之奴阿巴斯伏献于庙墀"。（Jebrael Nokandeh, Karam Mirzaei, Nina Rezaei）

Longquan celadon dish engraved with dedicatory inscription of Shāh Abbas to a shrine and carved with floral design
15th century, Height 6cm mouth diameter 33.5cm foot diameter 22.5cm, The National Museum of Iran, Iran

117 龙泉窑青釉刻"沙阿·阿巴斯"铭花卉纹折沿盘

15 世纪

高 9 厘米　口径 44 厘米　足径 25.8 厘米

伊朗国家博物馆藏

盘作挂盘使用。折沿，浅弧腹，圈足。通体施青釉。内壁刻伊斯兰花纹，内底刻划花叶纹。口沿出筋映现白色胎体。外壁平素无纹。器身刻方形印章，印文为波斯文，意为"圣王沙阿萨非之奴阿巴斯伏献于庙墀"。（Jebrael Nokandeh, Karam Mirzaei, Nina Rezaei）

Longquan celadon dish engraved with dedicatory inscription of Shāh Abbas to a shrine and carved with floral design
15th century, Height 9cm mouth diameter 44cm foot diameter 25.8cm, The National Museum of Iran, Iran

龙泉窑青釉刻八卦纹三足筒式炉

明早中期

高 29 厘米　口径 32.6 厘米　足距 20 厘米

清宫旧藏

故宫博物院藏

炉敞口，方唇，上宽下窄筒式腹，平底、底下承以三个兽蹄形足。腹上下各饰两道凸弦纹，外壁刻划三层纹饰，上、下各两道弦纹内均刻划缠枝花纹，中间弦纹内凸刻八卦纹。外底有一圈刮釉露台，系垫圈垫烧处。（高晓然）

Longquan celadon cylindrical tripod incense burner carved with Eight Trigrams design
Early to middle Ming dynasty, Height 29cm mouth diameter 32.6cm distance between feet 20cm, Collected by the Qing Palace, The Palace Museum

龙泉窑青釉刻缠枝花纹碗

明

高 8.2 厘米　口径 16.3 厘米　足径 6.3 厘米

西沙群岛出水

中国国家博物馆藏

碗敞口，深弧腹，圈足。釉较厚且均匀，呈青绿色。内底刻划单线圈。内、外壁刻缠枝花纹，纹饰线条流畅。（赵玉亮）

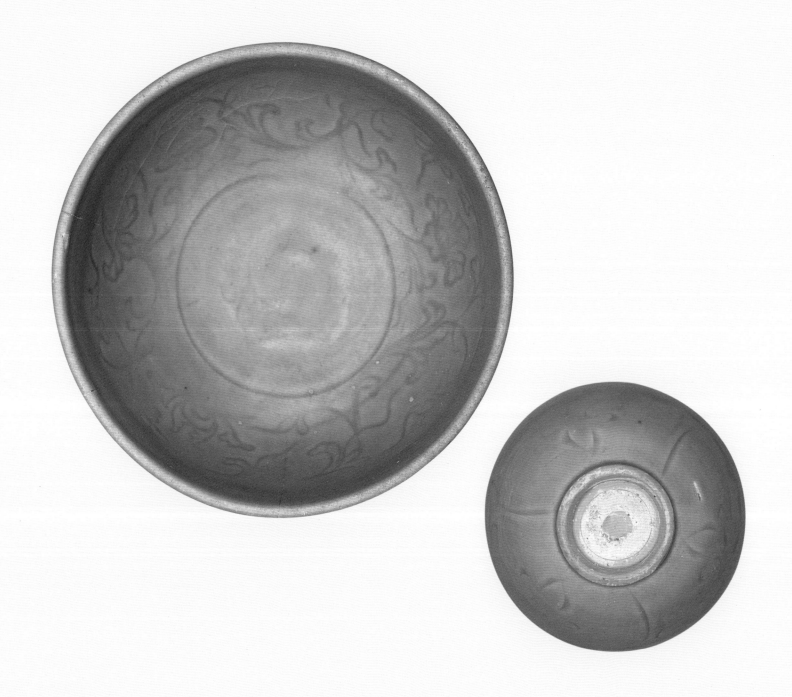

Longquan celadon bowl carved with floral scroll design

Ming dynasty, Height 8.2cm mouth diameter 16.3cm foot diameter 6.3cm, Excavated from Xisha Islands, The National Museum of China

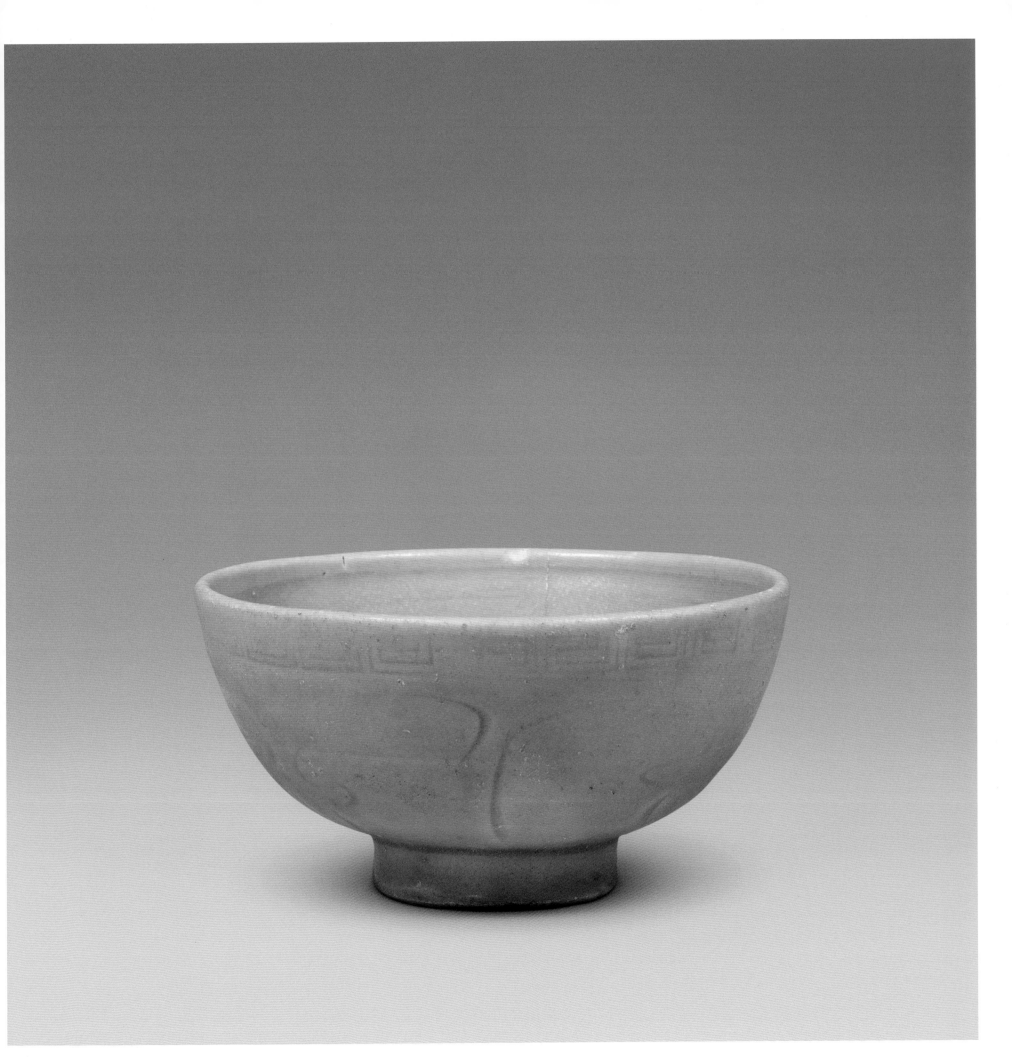

120 龙泉窑青釉刻花卉纹碗

明

高 7.6 厘米　口径 15.6 厘米　足径 6.2 厘米

2009 年北京市通州区郑庄出土

北京市文物研究所藏

碗圆唇，撇口，深弧壁，圈足。胎土灰白，胎质坚致。施青釉，釉层肥厚。外壁釉面有细密开片，局部有缩釉。外底有一涩圈。内、外壁刻花卉纹，内底印一株折枝花纹。制作精美，足脊有明显使用磨痕。（郭京宁）

Longquan celadon bowl carved with floral design
Ming dynasty, Height 7.6cm mouth diameter 15.6cm foot diameter 6.2cm, Excavated from Zhengzhuang, Tongzhou district, Beijing in 2009, The Institute of Cultural Relics of Beijing

121 龙泉窑青釉花口盘残件

明

高 2.8 厘米　口径 11.3 厘米　足径 5.4 厘米

西沙群岛出水

中国国家博物馆藏

盘部分修复。花口，浅腹，圈足较高。因海水侵蚀严重，白釉已经剥落，露出胎体，胎较厚。（王小文）

Fragment of a Longquan celadon dish with foliate rim
Ming dynasty, Height 2.8cm mouth diameter 11.3cm foot diameter 5.4cm, Excavated from Xisha Islands, The National Museum of China

龙泉窑青釉刻划花菱花口盘

明

高 4.3 厘米　口径 9.4 厘米

西沙群岛出水

中国国家博物馆藏

盘黏合修复。菱花口，折沿，浅腹，圈足。口沿处用篦画技法饰波浪线，釉色绿中泛黄，整体有灰黑色污迹，应为长期受海底淤积物侵蚀所致。（王小文）

Longquan celadon dish with foliate rim and carved and incised design
Ming dynasty, Height 4.3cm mouth diameter 9.4cm, Excavated from Xisha Islands, The National Museum of China

龙泉窑青釉露胎骑象普贤菩萨像

明

高 22 厘米　长 16 厘米

英国大英博物馆藏

骑象普贤菩萨像青釉露胎装饰。普贤菩萨面带微笑，盘膝坐于象上，右手高举一圆柱状物，左手自然下垂。身着裙装，腰部系腰带，头戴波浪形围巾。躯干赤裸，戴一条精致的项链，项链上有花边、钱币纹如意云头和丝带。大象身体微屈，每只脚由莲花支撑，托板呈椭圆形。大象的脚踝部分装饰华丽，其背部覆盖一块鞍布，上面装饰卷云纹和钱币纹。托板亦施青釉。

整件器物釉呈灰青色，但经烧成后，露胎部分呈火石红色，与青釉形成对比。（英国大英博物馆）

Longquan celadon figure of Bodhisattva Puxian (Samantabhadra, Universal Worthy) on elephant with parts fired in biscuit
Ming dynasty, Height 22cm length 16cm, The British Museum, Britain

龙泉窑青釉露胎布袋和尚像
明
高 22 厘米　宽 12 厘米　厚 5 厘米
英国大英博物馆藏

布袋和尚立像青釉露胎装饰。布袋和尚最具代表性的装饰是其珍贵的布袋，以及大肚、大耳垂、丰腴的脸部。特别是他的肚子很大，脸蛋丰满，耳垂拉长，还手拿一个大袋子。表情欢愉，身着僧侣长袍，手持念珠。脸、胸、手和脚等处露胎，其余部分施青釉。其耳朵和嘴有孔，以作为在窑内烧成时的排气孔。（英国大英博物馆）

Longquan celadon figure of Budai (Cloth Sack, believed to be an incarnation of the Maitreya, The Buddha of the Future)
Ming dynasty, Height 22cm width 12cm thickness 5cm, The British Museum, Britain

龙泉窑青釉出筋鬲式炉

民国
高 8.5 厘米　口径 11.8 厘米　腹径 11.5 厘米

龙泉市博物馆藏

炉平折沿，锐唇，短束颈，扁圆腹，圜底，三柱状足。腹部连足外侧有纵向出筋。釉色青绿，足端无釉，露灰白胎。民国时期的龙泉青瓷生产渐渐步入复苏期，宝溪、上垟、八都等地的制瓷作坊，纷纷仿烧宋元时期龙泉青瓷，仿技高超者，产品几近乱真。此风至今不绝。（裴晓翔）

Longquan celadon tripod incense burner in form of archaistic bronze vessel *li*
The Republic of China, Height 8.5cm mouth diameter 11.8cm belly diameter 11.5cm, The Longquan Museum

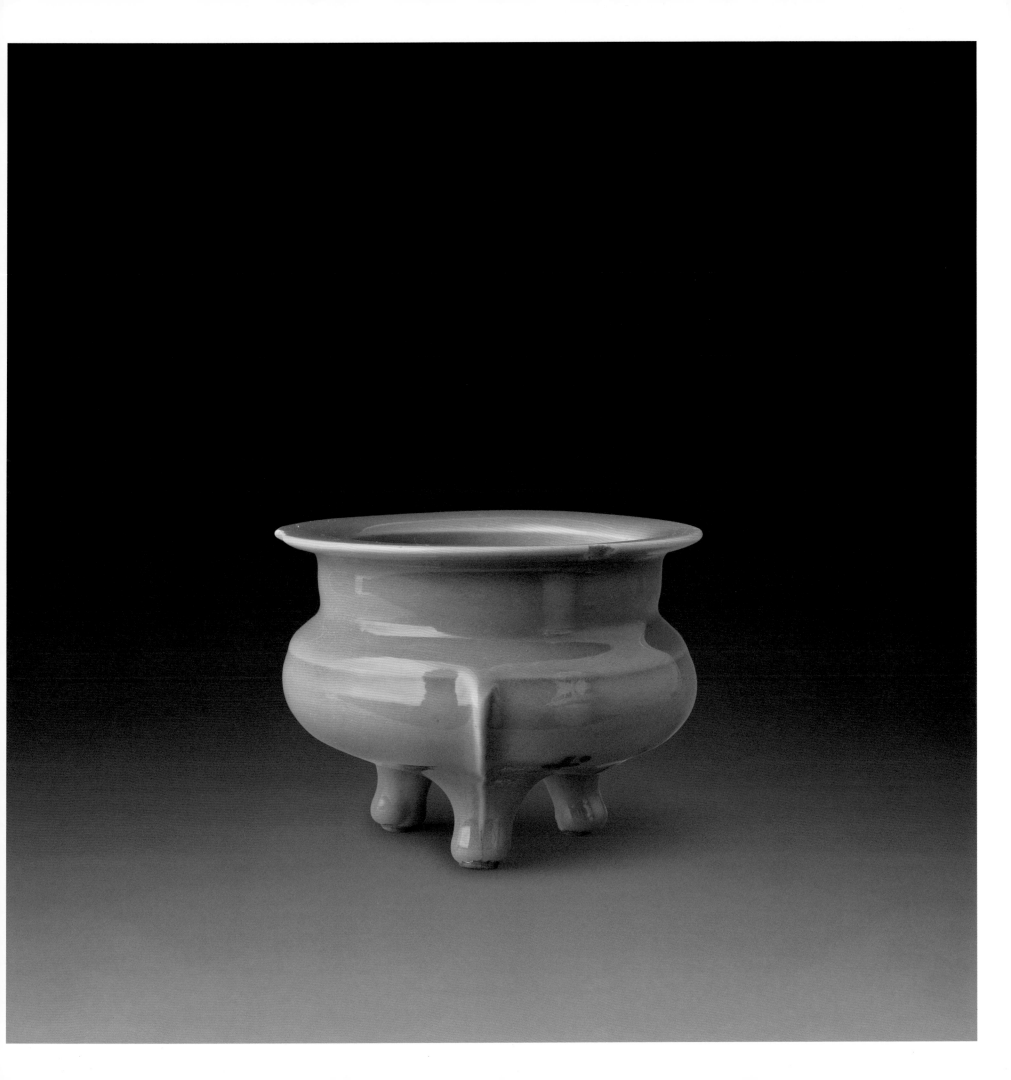

专论

Essays

从海外出土元代瓷器看龙泉窑外销的地位及相关问题讨论 *

秦大树　北京大学

　　中国古代大规模的海上贸易大体始于 8 世纪后半叶，从此相沿不断，直到 20 世纪初期。在这一千多年的时间里，外销的规模并非平稳均衡发展，而是波浪式的发展，既有高潮，也有低谷，外销的范围和地点在不断地拓展，外销的货物更是不断变化，呈现出明显的时代特点。在探讨各个不同时期外销的规模、特点及其在海上贸易整体发展阶段中的地位时，以各地经过考古发掘的、时代连续的古代遗址中出土的器物来观察，特别是对出土的陶瓷器物进行产地和时代判断后，进而开展统计分析，是一种比较可靠的办法。通过这些统计数据可以了解不同时期海上贸易规模和特点的变化，进而探讨海上贸易发展的阶段性。在这类研究中，遗址里出土的瓷器，常常可以出现与单个沉船的出水器物不同的统计数据，相比之下，时代连续的遗址中的统计数据比单个沉船出水的器物更具有代表性。

　　比较具有代表性的例子是，原曼谷大学东南亚陶瓷博物馆馆长罗科桑娜·布朗（Roxanna Brown）在她的博士论文中通过梳理截止到 2004 年东南亚水域发现的诸多沉船，特别是东南亚水域发现的沉船中出水的瓷器，说明明朝政府的海禁导致中国结束对陶瓷贸易的长期垄断，肯定了此前其他学者提出的"Ming Gap"的存在[1]。布朗博士的观点在学界引起了较大的反响和认同。但是，对东非肯尼亚沿海地区的古代遗址中出土的中国瓷器的研究和统计结果并不支持这一观点[2]，表明仅仅通过某些沉船来认定一个时期的外销特点的方法是不够全面的。

　　有元一代，是中国古代海上贸易的高峰时期，是大航海时代出现的 16 世纪以前外销规模最大、范围最广远的时期。这一高峰的发展和形成大体从 13 世纪中前期开始，一直延续到 15 世纪早期，大体结束于明朝政府开始严格推行海禁政策的宣德末年。

　　元代作为中国陶瓷外销的高峰时期，在从南中国海到环印度洋地区、以及东亚的朝鲜半岛和日本列岛的众多古代遗址中都出土了大量的中国古代瓷器。多年来各地开展的考古工作获得了大批系统的且不断丰富的资料，使我们今天可以按不同地区详细地探讨这些输入当地的中国瓷器的品种及各类器物在输入品中所占的比例等问题。厘清这些问题，可以了解这一时期外销的主要品种和特点，又可以进一步探讨输出方的港口、营销等深层次的问题，以及输入方的贸易模式和审美取向等问题。

　　本文拟将元代贸易路线所覆盖的区域分为环印度洋地区和马六甲海峡以东的东南亚、东亚地区，各选取几个具有代表性的遗址中出土的瓷器进行统计和研究。这两个地区在瓷器外销的特点上既有相似之处，又有一些明显的差别，了解了这两个地区出土中国瓷器的特点，就可基本掌握元代大的贸易特点和差别。本文目的是探讨龙泉窑在这一时期海上贸易的地位，但事实上当统计数据得出时，不同瓷器种类在外销中的地位就已跃然纸上。进而，本文还将探讨此时甚为活跃的庆元港（今宁波港）在海上贸易体系中的地位。

一　环印度洋地区出土的元代瓷器

通过检视海外发现的中国陶瓷，可以看到，北宋中晚期到南宋中期是海上贸易的低潮时期，特别是马六甲海峡以西的地区，尽管从南中国海到印度洋地区的贸易始终在持续进行，还有少量中国瓷器发现，但规模却相对较小[3]，这些零星的资料不足以说明当时有大规模海上贸易。这或许与宋代人的生活品味和宋代经济发展状况相关。北宋时期以文人士大夫阶层为代表的贵族阶层对风雅生活的追求，使人们对奢侈的舶来品的追求远不如唐代强烈，北宋的统一和发达的经济也使社会经济的发展和政府的运行并不过分依赖海上贸易。

同时，这种现象也与位于苏门答腊岛上，长期控制马六甲海峡的三佛齐王国发生的战乱紧密相关，从 990 年开始，三佛齐王国先后与爪哇岛的马打兰王国和印度的注辇王国经历了长期的战争，这些战争使沟通南中国海和印度洋的水道马六甲海峡处于交通不畅的状态[4]，从而阻滞了当时从南中国海到印度洋的海上贸易。在印度洋地区发现的这一时期的少量中国瓷器，很可能来自通过陆路穿过中南半岛的克拉地峡，从今马来西亚的吉达港驶往印度洋，以实现与印度洋地区的贸易。

海上贸易的再度兴起始于 13 世纪前半叶，并得到快速的发展。14 世纪达到了高峰。通过印度洋地区和东南亚、东亚的一些代表性遗址出土的中国瓷器可以清楚地看到这一现象。

图 1　肯尼亚出土元代龙泉窑瓷器
1. 曼布鲁伊遗址出土青釉器残件　2. 乌瓜纳遗址出土青釉碗残件
3. 尼构曼尼遗址出土青釉器残件　4. 上加遗址出土青釉器残件

（一）东非肯尼亚出土元代瓷器的规模和特点

2010 ~ 2013 年，由北京大学和肯尼亚国立博物馆组成的联合考古队分 3 次对肯尼亚沿海地区以往经过正式考古调查发掘的 37 个古代遗址和遗迹单位（包括沉船）中出土的中国瓷器做了详细的调研。共收集、调查了出土的中国瓷片 9552 件，还对中肯合作陆上考古发掘项目中出土的 1060 件中国瓷片进行了整理。共计调研肯尼亚沿海地区出土的中国瓷器 10612 件，这项工作是环印度洋地区第二大规模的中国瓷器调研工作，仅次于日本学者对埃及福斯塔特遗址开展的调研工作[5]。

图 2　肯尼亚出土元代景德镇窑瓷器
1. 格迪古城出土青花瓷残件　2. 蒙巴萨耶稣堡博物馆藏青花瓷残件
3. 格迪古城出土釉里红玉壶春瓶残件

通过对肯尼亚沿海地区出土中国瓷器的调查可以看出，从南宋后期开始，东非发现的中国瓷器进入了增长时期，尤其以元代的出土量最大，器物的品种主要是龙泉青瓷（图1），少量的景德镇产青白瓷和福建地区的青瓷、青白瓷产品，也有少量景德镇精美的元青花和釉里红产品（图2）。我们的调查表明，南宋晚期到元代早期的中国器物还较少，在总数 9552 件中只有 71 件，占 0.7%；到元代中晚期，中国瓷器开始大幅增加，总计 658 件，占总数的 6.9%；元末明初（14 世纪后半叶到 15 世纪第一个 25 年）是中国瓷器输往肯尼亚的高峰时期，共计 753 件，占总数的 7.88%[6]，部分器物的质量相当高，或许带有官方贸易的性质。一般认为，元代建立的发达的站赤和漕运系统，构成了发达的陆海交通体系，并与陆海相通的各国建立了广泛的联系，特别是在蒙古人第三次西征中建立的伊尔汗国与元政府基于血缘的亲情胶固关系，可能促成了中国与环印度洋地区间密切的海路交往。继之，新兴的并迅速强盛的奥斯曼帝国（Ottoman Empire）在印度洋上构建起发达而稳定的海陆贸易体系，使海上贸易变得顺畅、发达，从而掀起了中国与环印度洋地区海上贸易的高峰。

现在我们以肯尼亚沿海中部地区基里非省（Kilifi）著名的格迪古城（Gedi Ruin）遗址出土中国瓷器的统计数字来看元代到明初中国瓷器销往非洲的情况。格迪古城位于肯尼亚沿海地区中部城市马林迪市（Malindi）西南约 15 公

图 3　肯尼亚出土明早期官用龙泉窑瓷器

1. 乌瓜纳遗址出土青釉盘残件
2. 曼布鲁伊遗址出土青釉器残件

里处，是肯尼亚滨海地区最大、最重要的古代聚落遗址之一。从 1948 年开始，由英国学者詹姆斯·柯克曼（James Kirkman）负责，对这个遗址进行了为期十年的考古发掘及研究工作[7]。是肯尼亚沿海地区考古工作开展最充分的遗址之一。根据对遗址的发掘与研究，学者们认为其应有一个 3000 人左右的人口聚落，其兴建于 12 世纪或 13 世纪，随后成为一个繁荣的聚落，并持续了数百年，16 世纪末期突然消亡[8]。古城却被相当完好地保存了下来，大量的房屋、完整的城墙和道路体系依然屹立在阿拉布科·索寇科森林（Arabuko Sokoke Forest）当中。詹姆斯·柯克曼的发掘基本上全面揭露了古城，今天成为一个重要的遗址公园。

我们对古城发掘出土的全部中国瓷器进行了调研，共计 1257 件，对这些瓷器进行了产地和时代分析[9]：

从产地看，在总计 1257 件出土中国瓷器标本中，景德镇窑瓷器 469 件，占总数的 37.31%；龙泉窑瓷器 737 件，占总数的 58.63%；福建窑口瓷器 30 件，占总数的 2.39%；广东窑口瓷器 14 件，占总数的 1.11%；磁州窑瓷器 1 件，占总数的 0.08%；不明窑口瓷器 6 件，占总数的 0.48%。

从时代看，格迪古城出土的中国瓷器从 12 世纪晚期一直延续到 17 世纪初（明天启年间）。除去 6 件不明窑口和时代的瓷片，在其他 1251 件瓷器中：

南宋瓷器 2 件，均为景德镇窑青白瓷，占总数的 0.16%。

元代早中期瓷器共计 289 件，占总数的 23.1%。其中福建窑口瓷器 30 件，占该期瓷器总数的 10.38%；龙泉窑瓷器 256 件，占该期总数的 88.58%；广东窑口瓷器 2 件，占该期总数的 0.69%；磁州窑瓷器 1 件，占该期总数的 0.35%。

元代末期到明代初期（1333～1402 年）[10] 瓷器共计 217 片，占总数的 17.35%。其中龙泉窑（含龙泉窑系）瓷器 182 件，占该期总数的 83.87%，景德镇窑瓷器 35 件，占该期总数的 16.13%。

明代早期瓷器共计 292 件，占总数的 23.34%。其中景德镇窑明代洪武到天顺时期瓷器 2 件，占该期总数的 0.68%；龙泉窑瓷器 290 件，占该期总数的 99.32%。

从元代到明早期输往东非地区的瓷器，与东南亚地区不同，东南亚地区大量发现福建地区的产品，在东非地区相对少见，却以龙泉窑瓷器占绝对多数。这些龙泉窑器物中既有较粗的龙泉东区的产品，还有一些质量很好的器物，包括明代初年的官用龙泉青瓷（图 3）。这一点可能与郑和船队到达过这里有关[11]。

从上述统计数据可见，肯尼亚发现的元代到明早期的中国外销瓷主要是龙泉窑瓷器，龙泉窑在所有输往非洲的中国瓷器中占了 80% 以上的比例，特别是明代早期，龙泉窑几乎成为唯一的外销瓷器品种，居于绝对重要的地位，也是龙泉窑瓷器外销的高峰时期。

元早期与龙泉窑同出的还有少量福建窑口瓷器，元代末期则出现了一些景德镇窑瓷器，这与元代末期青花瓷的创制并较多用于外销有关[12]。许多西方学者和肯尼亚学者认为，中国人真正到达肯尼亚是在郑和第五次航海时，并带回一只长颈鹿（中国人称为麒麟）。而我们现在看到东非地区在元代到明早期持续而大量的输入中国瓷器，很难证明当时没有直接的贸易。元代旅行家汪大渊就曾经两次前往非洲，并到达过东非地区[13]。因此我们推测，元代已有中国商人直接介入了与非洲的贸易，并成为郑和船队远航非洲的技术基础。

（二）以埃及福斯塔特遗址为代表的中东地区出土的元代瓷器

尼罗河东岸的旧开罗城——福斯塔特（Al-Fusṭāṭ）遗址，是伊斯兰地区中心王朝都城巴格达以外的一个文化发达、财富集中和具有强大政治权力的中心，其影响辐射北非、东非、阿拉伯半岛、两河流域和地中海的东岸地区[14]。642 年，由阿穆尔·本·阿斯（Amr ibn al-'Āṣ）率领的阿拉伯军队占领了埃及，并在科普特人（Coptic）居住区的东北建立了福斯塔特，并将其定为伊斯兰帝国新的行政首都，这是穆斯林在非洲建立的最早的聚居区[15]。750 年，阿巴斯王朝建立，在福斯塔特北部建立了阿斯卡尔（al-'Askar），以分担福斯塔特的军事与行政职能。868 年，土伦王朝（Tuluniyyah）建立，又在福斯塔特与阿斯卡尔以北建立卡塔伊（al-Qatā'i'）作为行政中心。969 年，哈里发在土伦清真寺以北 1 公里的地方修建了皇室居所卡黑拉（Al-Qāhirah）[16]。在此期间福斯塔特一直延续其经济与社会中心的地位，围绕在阿穆尔清真寺一带的福斯塔特做为工商业中心，一直保持着重要的经济地位[17]。法蒂玛王朝时期的地理学家穆卡达西（Al-Muqaddasī）在其游记 *The Best Divisions for the Knowledge of the Regions*（985 年完成）中曾记录当地市场有贩卖西班牙、土耳其和中国产的器皿[18]。在王朝最繁荣的前 200 年，大量丝织品、玻璃器及釉陶从福斯塔特销往地中海各地的市场。1168 年，福斯塔特被法蒂玛总督 Shawar 焚毁。阿尤布王朝时期（Ayyūbid，1169 年至 15 世纪）曾试图重建这座城市，但再也不能使其达到以往的繁荣。进而，由于瘟疫流行、尼罗河改道等原因，使其失去了港口城市的地位。14 世纪中期以后，福斯塔特被废弃了。遗址被流沙和废墟覆盖，并被其北面新建的开罗城当做堆放垃圾的场所[19]，迄今仍是大开罗地区的一个荒芜地点，这为开展考古工作创造了有利的条件。

图 4　福斯塔特遗址出土元代龙泉青瓷瓷片

　　对这个重要遗址的发掘工作始于 1912 年，由"埃及古物协会"及伊斯兰艺术博物馆主持发掘。由阿拉伯艺术博物馆研究员阿里·巴赫伽特（Aly Bahgat）主持，1912 至 1925 年间，前后共发掘了 8 年，发掘面积约 50 英亩（303.5 亩），发现了一批重要遗迹，出土了众多古代文物。这是一次粗放式发掘，虽然出土物极丰富，但以获取遗物为主要目的，缺乏系统性，没有对地层的关注[20]。发掘者主要关心的是伊斯兰文物，对中国瓷器并不重视。1964 年和 1966 年，日本学者小山富士夫和三上次男等人对库存的这些出土瓷器进行了检视。据报道，共检视陶瓷器 70 余万片，其中挑选出的中国瓷片约 12705 片[21]。在此后 40 年间，埃及学者又开展了多次发掘，但基本没有相关的报告和研究文章发表。之后，1964～1978 年，由埃及美国研究中心（American Research Center in Egypt）组队，开罗美国大学乔治·斯坎伦（George T. Scanlon）教授主持，进行了 8 个年度的发掘[22]。1973 年，俞博（Bo Gylleusv Ård）报道发现了早期的中国瓷片约 4000 件，其中龙泉窑瓷片约 3000 件[23]，占总数的 75%。1994 年，斯坎伦教授告诉笔者，如将 8 年的发现总合，数量可达 5000 件左右[24]。1978 年至 1985 年，日本早稻田大学考古队也在此进行了多年的发掘[25]。1983 年至 1994 年，开罗法国考古研究所（IFAO）在罗兰·葛路（Roland Gayraud）博士主持下进行了多年的发掘，特别是在 1994 年的发掘中，在福斯塔特南部地区接近穆卡塔姆（Muqattam）山的坡地上，发现了福斯塔特早期居民的住址和墓葬，包括倭马亚王朝和阿巴斯王朝的遗迹[26]。

　　总体来看，福斯塔特遗址发现的年代最早的中国陶瓷是 9 世纪的长沙窑产品。由于这个遗址的规模巨大，在整个环印度洋贸易圈中的重要地位以及经过充分发掘得到的海量资料[27]，所以在这个遗址中出土了一些其他遗址中较少见到的遗物，如北宋早期（10 世纪中期 11 世纪中期）精美的越窑、定窑、耀州窑器物，虽然数量并不多。而北宋后期到南宋中期的器物就比较少见了，大体符合前述的东非地区 11～12 世纪中国瓷器外销低潮时期的特点。13～14 世纪时，出土中国瓷器开始增多，陶瓷品种有龙泉青瓷（图4）、景德镇窑青白釉、卵白釉和青花瓷（图5）及广东产棕褐釉四系罐（被称为"吕宋壶"），其中以龙泉青瓷为最多[28]。可辨的器形有刻莲瓣纹贴花碗、菱花口贴花大碗、双鱼纹洗及折沿盘等。

　　尽管日本考古队发掘中国瓷器数量不是很多，但有正式报告，可资统计。日本考古队的发掘地点在福斯塔特阿穆尔清真寺东南 300 米处，该地点与埃及开罗大学考古队 20 世纪 60 年代的发掘地点临近，据川床睦夫先生（Mutsuo Kawatoko）相告，他们选择的地点尽量接近当时福斯塔特中心的阿穆尔清真寺（Amr Ibn Al- 'As Mosque，亦称为土伦清真寺），因为这座清真寺被认为是埃及最早建立的清真寺，他们希望能找到早期的地层，遗憾是他们发掘所清理的地层主要属法蒂玛王朝（Fatimid，909～1171 年），未能找到倭马亚王朝（Umayyad，661～750 年）的地层。根据发表的考古报告，他们将出土中国瓷片分为五代至北宋初（10 世纪）、两宋时期（包括北宋中晚期、南宋早中期，约 11～12 世纪）、南宋晚期至元代（13 世纪至 14 世纪中期）三个时段。

　　报告对有特征的瓷片进行了断代，共 849 件，计青瓷 662 件、白瓷 148 件、青白瓷 37 件和青花 2 件，其他的十几件难以断代的主要是一些褐釉罐类产品，大体应为广东、福建地区所产储物罐[29]，据此，我们进行了一些统计，初步统计得出以下的结果：

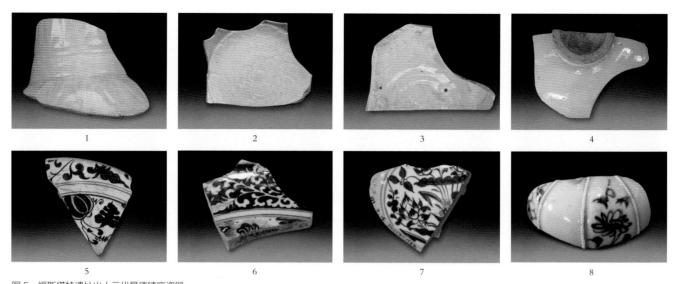

图5 福斯塔特遗址出土元代景德镇窑瓷器
1.青白釉长颈瓶残件 2.青白釉碗残件 3.卵白釉碗（内底）残件 4.卵白釉碗（外底）残件 5、6.青花盘残件 7.青花碗残件 8.青花罐残件

　　五代到北宋早期（10世纪），有27件瓷片，约占849件瓷片的3.1%。其中白瓷16件，约占该期总数的59.26%，主要是定窑或邢窑产品；青瓷11件，约占该期总数的40.74%，基本上是越窑产品。

　　北宋中期至南宋中期是中国海上贸易的低潮时期，海外发现的中国瓷器数量较少，特别是马六甲海峡以西的环印度洋地区。早稻田大学考古队发掘的这一时期的中国瓷片也比较少。根据报告，11～12世纪的瓷片125件，约占849件瓷片的14.72%。其中白瓷47件，占该期总数的37.6%；青瓷41件，占该期总数的32.8%，产地以龙泉为主，也有少量越窑、耀州窑或广东的产品；青白瓷37件[30]，占29.6%，主要是景德镇产品；此外还有少量产自广东的褐釉大罐残片。

　　南宋晚期至明早期（13～14世纪）的瓷片数量激升至697件，占849件瓷片的82.1%。其中龙泉青瓷约570件，占该期总数的81.78%；福建产青瓷40多件，约占该期总数的5.74%；报告中称为白瓷的器物包括了景德镇和福建窑口的产品85件，占12.2%；元代青花2件，约占该期总数的0.29%。

　　综合早稻田大学考古队1978～1985年发掘报告及近年公布的器物图片可知[31]，福斯塔特发现的13～14世纪的中国瓷器中，主要是龙泉窑产品，数量约占82%。可辨器形有刻莲瓣纹贴花碗、盘、盏、双鱼洗、菊瓣式贴花碗、蔗段洗、荷叶瓜棱盖罐、香炉等（图6）[32]，以小件日用器为主。这些福斯塔特遗址出土的资料中，菱花口底部贴花大碗、蔗段洗是龙泉大窑片区元代中晚期产品的典型产品[33]。这个时期龙泉窑产品数量激增，取代景德镇窑青白瓷成为最主要的外销产品，斯坎伦教授称之为"像洪水一般涌入埃及"[34]，各种尺寸和形状的器物几乎应有尽有。

　　1995～2001年，日本与埃及政府考古厅合作编辑福斯塔特遗址出土文物综合目录，中国陶瓷部分由长谷部乐尔、手冢直树和弓场纪知负责。东亚陶瓷器（包括中国、越南、泰国、日本产的陶瓷器）共计12705件。据弓场纪知的报道[35]，大体可知在这些陶瓷器中元代的瓷器约3300件，占东亚瓷器的23.61%。而在这些元代瓷器中，龙泉窑瓷器约为2400件，占总数的80%[36]。

　　此外，中国瓷片中有部分曾被用铜或铁锔钉修补过，是中国陶瓷曾被珍视的见证，包括北宋的白瓷和南宋至元代的龙泉青瓷等。福斯塔特城在1168年被焚毁后，阿尤布王朝（Ayyubid，1169～1250年）曾努力恢复防御工程，重建此城，使其作为商业港口的地位延续到14世纪以前，但再也没能恢复到战前的繁荣水平，直到14世纪中叶放弃此城，被今天的开罗完全取代。所以，13～14世纪是福斯塔特作为贸易都市和政治中心的衰退时期。而此时中国瓷器

    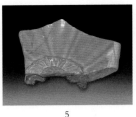 

图 6　埃及福斯塔特遗址出土元代龙泉窑瓷器　日本出光美术馆藏
1.青釉罐残件　2.青釉碗残件　3.青釉罐残件　4.青釉杯残件　5、6.青釉碗残件

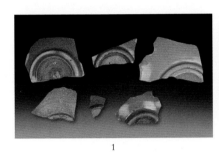 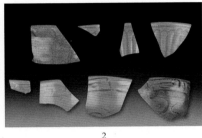  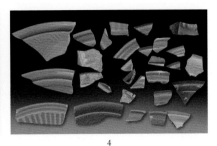

图 7　日本考古队发掘阿尔马塔夫遗址出土龙泉窑瓷器
1.青釉碗残件　2、3.青釉碗残件　4.青釉折沿盘残件

却大量发现，数量远远超过了 10 ~ 12 世纪，这恰恰表明 13 ~ 14 世纪的海上贸易规模进入了一个新的高峰时期，尽管福斯塔特的贸易地位有所下降。

　　阿拉伯联合酋长国（The United Arab Emirates）的拉斯海马酋长国（Ras Al Khaimah），地处波斯湾的中部西岸，与伊朗的霍尔木兹港隔海相望，构成了波斯湾中部最狭窄的水道——霍尔木兹海峡，是控扼波斯湾的咽喉要道，也是古代海上贸易的重镇，以祖尔法遗址（Julfar Site）为中心的遗址群所在地区，是古代海上贸易的核心港口之一。因此，20 世纪 70 年代以来，先后有伊拉克考古队、德国考古队、英国考古队、法国考古队和日本考古队在这一地区开展了多次成规模的考古发掘工作。2019 年，故宫博物院考古所与拉斯海马酋长国政府古物与博物馆部、英国杜伦大学合作在此区的阿尔努度德遗址（Al-Nudud）进行了考古发掘，出土了小型瓷片 404 件，并对此前发掘的资料进行了收集和研究[37]，得出的结论是这一地区出土的龙泉青瓷以元代、元末明初时期的产品为主，占全部外销瓷的三分之二[38]。具体到元代的输出瓷器情况，可以以 20 世纪 90 年代日本学者佐佐木达夫率领的考古队对阿尔马塔夫遗址（Al Mataf Site）的发掘资料为例[39]。日本考古队发掘出土的东亚外销瓷片共 1675 件，其中龙泉窑瓷片 1164 件（图 7），占到 71%，时代为元代到明中期。要强调的是，这个数据中作为基数的 1675 件东亚外销瓷片中，有 4% 是其他地区的，如泰国和越南的仿龙泉窑瓷片，而中国瓷器的数量为 1608 件。另外，此遗址出土的龙泉窑瓷片的时代是元代到明中期，其中元代到明早期的为 1001 件，比例为 86%，明宣德以后至明中期的龙泉窑所占比例为 12%，而在总数 1608 片中国瓷器中有多少属于这个时期不得而知，根据其他地区出土中国瓷器的统计数据，明宣德以后至明早期景德镇窑瓷器成为最重要的输出品，龙泉窑的数量应该很少。因此，如果排除上述两个干扰因素，龙泉窑在元代到明早期的出土中国瓷器中所占比例还应更高一些，大体应在 80% 以上[40]。

　　追寻中国陶瓷在中东地区的踪影，红海北部重要的港口城市遗址——al-Tūr 遗址的考古发现也不容忽视。al-Tūr 遗址位于西奈半岛西南端，地处来往于苏伊士运河的商船必经之地，是印度洋和地中海贸易的重要据点。1995 年至 2009 年，由川床睦夫带领的日本中近东文化中心和科威特国家文化委员会组成的联合考古队对该遗址进行了十余次调

查和发掘[41]。发掘表明,al-Tūr 遗址是继其南部 8 公里处的 Rāya 遗址(6 ～ 12 世纪)之后发展起来的港口城市,从 13 世纪起一直被使用至 20 世纪。1378 年,埃及马穆鲁克(Mamluk)王朝的高级将领 Salah al-Din al-Arram 对 al-Tur 城进行了扩建,之后该城达到其发展的顶峰[42]。al-Tur 遗址的发掘收获丰富,出土文物包括中国陶瓷、东南亚陶瓷及欧洲、土耳其等地的陶器、印度丝织品等。日本考古队的工作表明:该遗址南区第三层出土了不少 13 ～ 14 世纪的龙泉青瓷,包括刻莲瓣纹碗、双鱼纹洗、刻划花碗残片等。福建窑口的青瓷也有发现,惜未见照片。景德镇生产的青白瓷和青花瓷则未见报道[43]。al-Tur 遗址发现的中国陶瓷总数尚未公布,暂无法进行统计。但从日本学者了解到的以前有学者在该地发掘出土过大量中国瓷片的情况来看,该地 13 ～ 14 世纪的资料应该相当可观,颇值得进一步关注。

二 环南中国海及东亚地区出土的元代瓷器

东南亚和东亚地区是中国瓷器外销的主要目的地,时间早,规模大,输出的数量远多于环印度洋地区,输出产品的阶段性不及印度洋地区明显,中国商人参与的程度也比较深。总体上看,这一地区发现的中国瓷器数量远多于印度洋地区,但在质量上则有所不及。原因一方面是由于对瓷器的欣赏和好尚的不同,另一方面则是由于环印度洋地区中国瓷器的使用功能和使用阶层比较单一,而东南亚及东亚地区的使用阶层广泛,中国瓷器在这一地区的日常生活中扮演的角色也更加重要和广泛,因而对瓷器质量和特点的需求各有不同。

图 8　福康宁遗址出土元代景德镇窑瓷器
1. 青花指南针纹碗残件
2. 青白釉剧场形枕残件

(一)东南亚地区:以新加坡的考古发现为中心

14 世纪,新加坡取代南岸的旧港(Palembang)成为控扼马六甲海峡的重要港口,是中国陶瓷输向环印度洋地区和东爪哇满者伯夷王国(Majapahit Kingdom)的中转站,考古发现表明,至迟到 13 世纪末至 14 世纪初,这里已经产生了丰富的交易活动。

新加坡考古发掘出土的 14 世纪陶瓷数量惊人,约 4 吨,将近半数是中国陶瓷。目前经过发掘及资料整理的 13 世纪后半叶到 14 世纪前半叶的遗址主要有以下 4 个:福康宁遗址(Fort Canning Hill site)[44]、国会大厦遗址(Parliament House Complex site)[45]、皇后坊大厦遗址(Empress Place site)[46] 和圣安德烈教堂遗址(St Andrew's Cathedral site)[47]。在这四处遗址中,福康宁遗址发掘工作最多,材料也最为丰富,出土中国陶瓷从器形来看,大部分是碗、盘、杯、罐等日用饮食器具,还发现过元代青花带指南针纹饰的盘及景德镇青白瓷剧场形瓷枕残件等高等级器物(图 8)。产品主要来自以下几个窑口:浙江龙泉窑,江西景德镇窑,福建南部的德化窑、莆田庄边窑和闽清义窑等(图 9)[48]。各品类中,龙泉青瓷数量最多,据新加坡国立大学密西(John N. Miksic)教授 1989 年公布的统计数据,福康宁遗址出土了 8756 件中国瓷片,其中有 5862 件为龙泉青瓷,占 66.95%,器形以碗、盘为大宗,另有少量的罐、瓶类器物(图 10)[49]。景德镇窑产的青白瓷和白瓷数量居其次,还有少量的青花瓷。14 世纪大量涌入新加坡的中国陶瓷,无疑是这一时期中国—东南亚海上贸易活动繁盛的见证,而这一现象直接反映了新加坡作为港口城市的文明化进程。

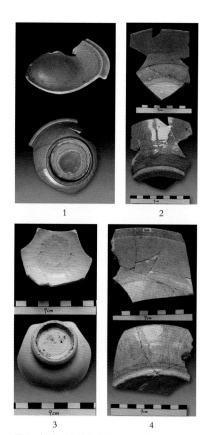

图 9　福康宁遗址出土的元代瓷器
1. 龙泉窑青釉折沿盘残件　2. 莆田窑青釉洗残件
3. 景德镇窑青白釉碗残件　4. 德化窑白釉洗残件

位于印尼爪哇岛东部的德罗乌兰(Trowulan)是满者伯夷国的王都,遗址坐落在今东爪哇省惹班市(Mojokerto)下属的德罗乌兰村落,布兰塔斯河(Brantas River)下游。1293 年,新柯沙里王国的政权覆亡,国王女婿 Raden Wijaya 先借助元军的力量平息叛乱后又成功击退元军,建立起新的王国满者伯夷。满者伯夷时期是东爪哇历史上非常耀眼的阶段,形成一个强大的海上王国,王国的势力范围较以前大幅扩展。虽然德罗乌兰是一个内陆城市,但附近有布兰塔斯河通向大海。满者伯夷王国持续的时间大约为 13 世纪末至 16 世纪初(明正德以前),14 世纪至 15 世纪前期是满者伯夷王国的强盛时期。在满者伯夷王都不远处,当时较为活跃的港口

图 10 福康宁遗址出土的龙泉窑瓷器
1~3.青釉碗残件 4.青釉盖罐残件 5.青釉钵残件 6.青釉罐残件

图 11 德罗乌兰遗址出土的元代瓷器
1.福建地区产青釉碗残件 2.龙泉窑青釉折沿洗残件 3.景德镇窑青花瓷残件 4.龙泉窑青釉碗
5.德化窑白釉盒残件 6.景德镇窑釉里红玉壶春瓶残件

城市有三个：图班 (Tuban)、锦石 (Gresik)、泗水 (Surabaya)。1976 ~ 1990 年，印尼国立考古研究中心在德罗乌兰进行了长达 15 年的考古工作。对这个遗址进行了大规模调查发掘工作，将德罗乌兰地区看作一个统一的文化单位，调查覆盖了 1 万米 ×1 万米的面积范围，发现了很多 14 ~ 16 世纪重要的遗迹遗物 [50]。

印尼国立考古研究中心将发掘出土的陶瓷器分别存放在德罗乌兰和雅加达两处仓库中。已有研究人员将两处的陶瓷样本整合，进行了系统的统计分析 [51]。结果显示，在总共 12684 片陶瓷片中，中国陶瓷约占 81% 的份额，东南亚陶瓷约占 17% 的份额。陶瓷片样本的年代跨度较大，从 9 世纪直至 16 世纪末（殖民时代）。9 ~ 12 世纪上半叶的陶瓷片数量不多，但可证明在满者伯夷以前德罗乌兰已经有人类活动。13 世纪晚期至 16 世纪初的中国陶瓷数量激增。此期的瓷器大体分为几类，其中质量一般的青瓷，很可能来自福建，在此期的中国陶瓷中所占份额最大，约达 33%；浙江龙泉青瓷约占 29%，主要器形有碗、盘、罐等（图11）。德化窑产品的器形包括洗、小罐、盒、香炉等。景德镇窑的产品有青白瓷、青花瓷、釉里红和铁锈花瓷器，器形包括碗、杯、小罐、瓶、人物雕塑等。德化窑和景德镇窑产品所占份额都较少，二者相加不及 10%。大罐包括"广东罐"和小口瓶等，数量较多，份额约占 27%[52]。还有一些其他窑口产品，如磁州窑类型的翠蓝釉、白地黑花瓷和南方酱釉瓷、黑釉瓷等，在此期的中国瓷器中仅占 1%。

德罗乌兰这个统计数据有两点值得注意，第一，统计的中国瓷器时代为 13 世纪末期到 16 世纪初，而龙泉窑输出的高峰到 15 世纪初就结束了，由于无法得到 13 世纪末到 15 世纪初百余年出土中国瓷器的具体数量，因此龙泉窑所占比例相对较少；第二，开展研究的学者是印尼一位对中国瓷器了解较多的学者，但她所统计的数据中将质量较为一般的青瓷都归为福建产青瓷，推测其中有部分质量相对较差的龙泉东区产品，33% 的比例应该是不很准确的。此外，较多的大罐类器物也弱化了龙泉窑的比例。根据这些因素，推测龙泉窑在元代到明早期（13 世纪末到 15 世纪第一个 25 年）这段时间中在所有出土的中国瓷器中所占的比例应该在 50% 以上。

（二）东亚地区：日本九州、冲绳出土的元代中国瓷器

日本九州出土的中国瓷器的时代涵盖了 9 ~ 16 世纪，几乎包括了日本发现中国陶瓷的全部品种，被日本学者视作"中国陶瓷的宝库"，基本反映了日本与中国海上贸易的全貌。日本在经历了 10 世纪末到 11 世纪后期的所谓陶瓷贸易的停滞期之后 [53]，从相当于北宋后期的 11 世纪末逐渐回温，博多等地发现的中国陶瓷有产自福建或广东等地的胎质、釉色粗糙的"南方白瓷"，精美的定窑白瓷和耀州窑青瓷及磁州窑瓷器、景德镇青白瓷、晋江磁灶窑的黄釉褐彩瓷、福建黑釉器等。在相关学者资料搜集的基础上 [54]，我们统计了几例遗址点出土瓷器的品种组合：大宰府条 60SE220

图12　博多遗址群出土的 13～14 世纪龙泉青瓷

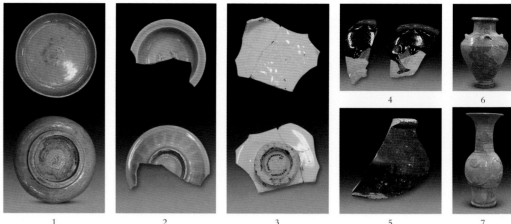

图13　博多遗址群出土元代瓷器
1. 龙泉窑青釉盘残件　2. 龙泉窑青釉折沿洗残件　3. 景德镇窑卵白釉折腰碗残件　4. 茶洋窑黑釉盏残件
5. 洪塘窑棕褐釉罐残件　6. 宜溪窑青釉四系罐残件　7. 龙泉窑凤尾尊残件

水井（11 世纪后期至 12 世纪中期）共出中国瓷片 26 件，其中白瓷 25 件，约占总数的 96.15%；耀州窑青瓷 1 件。博多遗址筑港线 1 次调查 SE21 水井（11 世纪后期至 12 世纪初）共出土中国瓷器 113 件，其中白瓷 95 件，约占总数的 84.07%；棕褐釉四耳罐等陶器 15 件，约占总数的 13.27%；青白瓷 3 件，约占总数的 2.65%；未发现青瓷。大宰府条 19SD001 灰沟（12 世纪后期至 13 世纪）共出中国陶瓷器 367 件，其中龙泉青瓷 74 件，占总数的 20.16%；福建窑口青瓷 31 件，占总数 8.45%；青白瓷 10 件，占总数的 2.72%；白瓷 161 件，占总数的 43.87%；陶器 91 件，占总数的 24.8%。通过统计看到的大体情况是：12 世纪中叶以前，"南方白瓷"占据绝对主流；12 世纪中叶以后，龙泉及福建同安、莆田等地烧造的青瓷开始登场，尤其是龙泉青瓷开始逐渐占据主流。

13～14 世纪，日本九州发现的中国陶瓷在使用地域的广泛程度上十分突出。不仅在著名的贸易集散地——博多遗址群和大宰府遗址中仍有发现，还遍布九州地区大大小小的数百处遗迹点。日本学者新里亮人对九州和琉球出土的 11～14 世纪陶瓷的遗址点制作了详细的登记表 [55]。据他搜集的资料，九州发现的 13 世纪初至 14 世纪前半叶的中国陶瓷的种类以龙泉青瓷占绝对的优势（图12），既出土于爱宕遗迹 1 号祭祀遗构等祭祀遗址，又发现于北九州市小仓遗址 8 号横穴墓等墓葬中。13 世纪中叶至 14 世纪初龙泉青瓷常与景德镇窑生产的青白瓷在同一地层单位中同出 [56]，如京都郡南原西门田遗址 341 号灰坑。博多遗址群出土的 14 世纪上半叶中国陶瓷中，可见龙泉窑、景德镇窑及福建各窑口的产品（图13）[57]，构成了东亚地区的一种较为独特的组合。但 14 世纪前半叶这一时段内出土中国陶瓷的遗址数量却比博多作为贸易中心最活跃的 11～12 世纪变得少了，使得我们不得不把目光投向日本最南端的冲绳。

纵观 13～14 世纪冲绳出土的中国陶瓷，一个重要现象是福建闽江流域各窑口的粗质青瓷、青白瓷集中发现，而同类产品在同时期的博多并不多见，由此现象可以推测，冲绳在此时已与中国大陆建立起了直接的海上贸易联系，对应的港口是福州港 [58]。在中山尚巴志王建立统一的琉球王国（1429 年）之前，琉球曾呈北山、中山、南山三国分立的态势。今归仁城是北山王国的中心，自 20 世纪 80 年代至今，这个遗址经过了多次发掘 [59]。遗迹中发现的青白釉敞口斜直腹碗，胎色灰或灰白，釉色青灰或灰白，外壁施釉至下腹部，内底多有涩圈，素面较多，有的外壁刻莲瓣纹，被日本学者称为"今归仁类型白瓷"[60]（图14.1）。近年的研究证实，所谓"今归仁类型白瓷"实际上是福建连江县浦口窑的产品 [61]。另一类侈口曲腹的粗质青白瓷碗则被称为"ビロースク（Birosuku）类型白瓷"（图14.2），胎色白或微黄，釉色青白或白色偏黄，外壁施釉近底，内底常有印花莲纹、双鱼纹或"福"等文字。它们实际上是闽清义窑、青窑及闽侯县鸿尾窑等闽江下游窑址的产品 [62]。据宫城弘树等学者的统计，13 世纪后半至 14 世纪前半叶的连江浦口窑产品在冲绳诸岛共 12 个遗址点中出土了 114 件，同时期的闽清义窑等产品在 16 个遗址点中共出土 56 件。在冲绳附近的奄美诸岛、

图 14 冲绳出土元代瓷器

1. 今归仁城址出土连江浦口窑青釉碗残件 2. 旧城边町内古墓出土闽清义窑青白釉碗残件 3. 今归仁城出土龙泉窑青釉碗
4. 今归仁城址出土龙泉窑青釉盖罐残件 5. 今归仁城出土龙泉窑青釉折沿洗残件

图 15 首里城京之内 SK01 出土中国陶瓷

八重山诸岛上也有少量发现 [63]。闽江流域窑口产品在冲绳各遗址广泛发现，表明与琉球产生贸易联系的港口是闽江下游的福州港。

经过对冲绳出土的 13 ~ 14 中国陶瓷时代和产地的统计可见，14 世纪中叶之后，输往冲绳的中国陶瓷的品类变为与环印度洋和东南亚的其他地区较为相似的品种组合，龙泉青瓷也发现较多（图14.3 ~ 图14.5），开始进入了一个高峰时期。今归仁城是 14 世纪后半至 15 世纪初的一处重要城址，城址位于冲绳北部的今归仁村，其在三山时代为北山王国的都城。中山国王尚巴志于 1416 年灭北山王国，之后就派人坚守今归仁城，持续到 1665 年。

1980 ~ 1982 年，对今归仁城志庆真门郭遗址进行了连续 4 次的考古发掘，出土了数量众多的中国、泰国、越南、朝鲜和日本产陶瓷器等遗物，其中中国陶瓷占出土遗物的 80% ~ 90%，共发现青瓷碗、盘、杯、香炉等计 7571 片，约占总数的 67.5%[64]；另有白瓷碗、盘、杯、钵等计 2037 片，及少量壶、瓶、盘等元青花，各类明代青花瓷器 1600 余片，此外还发现建窑黑釉盏、彩瓷、孔雀蓝釉等其他产品，时代跨越 13 世纪后半至 16 世纪，而其中 14 世纪后半至 15 世纪前半的产品占了绝大多数 [65]。1982 ~ 1985 年，今归仁村教育委员会连续 4 次对今归仁城主郭（俗称本丸）进行了调查、发掘。所出中国瓷器品种构成与志庆真门郭遗址出土的类似，但数量更为巨大，且此次发掘有较为清晰的地层序列，因此发掘者将出土的中国陶瓷分为 13 世纪后半至 14 世前期、14 世纪中期、14 世纪后半至 15 时期前半共三期 [66]。则确认了今归仁遗址从 13 世纪后半到 15 世纪前半的时代区间，与本文讨论的时间相同。今归仁遗址繁荣时期之后，中国瓷器依然大量输往冲绳。

1994 ~ 1995 年，冲绳那霸县首里城内西南部的著名的建筑遗址——京之内遗址中发现了一大批陶瓷器，出土器物来自一个失火倒塌的库房，年代在 14 世纪中叶至 15 世纪中叶，共计 518 件，以中国陶瓷为主，兼出日本、泰国、越南等地的陶瓷（图15）[67]。首里城曾是中山王国的都城，15 世纪前半叶琉球王国建立之后成为琉球王国的都城。从首里城中的京之内遗址的初步统计看 [68]，中国陶瓷共计 386 件，约占全部出土陶瓷的 74.5%，品种组合是龙泉青瓷、景德镇产青白瓷及青花瓷和少量的福建产品。其中龙泉青瓷计 289 件，占总数的 74.87%，器形有碗、盘、碟、注壶、凤首壶、香炉、花盆等；青白瓷 33 件，约占总数的 8.5%，可见碗、杯、碟、注子、壶、瓶等器形。见诸报道的还有 2 件元青花，分别是高足杯和盖罐。

福建窑口产品的数量也在 14 世纪中叶之后激增，在冲绳诸岛 65 个遗址点中出土了 2002 件。从文献史料来看，直至 14 世纪中叶，中国史料中的琉球才呈现出详细立体的面貌。成书于 13 世纪中叶的南宋赵汝适所撰《诸蕃志》"流求国"条记载："曝海水为盐、酿米曲为酒……无他奇货，尤好剽掠，故商贾不通。土人间以所产黄蜡、土金、牦尾、

图16 半洋礁一号沉船出水瓷器

1、2. 东张窑黑釉碗　3. 青白釉碗残件　4. 青白釉盘残件　5. 青白釉碗残件
6. 青白釉碟残件　7. 青釉褐彩盆残件　8. 磁灶窑棕褐釉执壶
9. 磁灶窑棕褐釉四系瓶

豹脯，往售于三屿。"[69] 但并不具体，也并未明确言及与中国的贸易联系。而成书于14世纪中叶的汪大渊《岛夷志略》"琉球"条载："地产沙金、黄豆、麦子、硫磺、黄蜡、鹿、豹、麂皮。贸易之货，用土珠、玛瑙、金珠、粗碗、处州磁器之属。"[70] 明确记载贸易货物是处州磁器（即龙泉青瓷），龙泉窑瓷器成为输入琉球的重要贸易品之一。相应地，至14世纪中叶，冲绳那霸港才开始形成一定规模，为随后更大规模的贸易做好了准备[71]。

三　元代沉船出水的瓷器

近年来，随着水下考古的发展，在中国沿海地区和东南亚水域发现、发掘了许多沉船，其中从南宋末期到元代后期是大航海时期以前发现沉船数量最多的时期，对这些沉船资料，已经有学者先后做过一些梳理工作[72]，并且从中国瓷器输出的比例、与东南亚陶瓷输出的对比、外销瓷器生产窑场分布等方面做了探讨。从各地古代遗址中出土的中国瓷器与相应地区发现的这一时期的沉船中出水的器物相比较，可以看到，这一时期的中国外销瓷器的输出特点大致是相同的，但遗址中的器物表现出更加多样和全面性，而沉船中的船货表现出相对的单一性。刘未在讨论中将元代分为两个时期，即南宋末到元早期、元代中晚期，认为前一阶段表现出福建窑场的全面繁荣，成为主要的外销品种，后一阶段表现出龙泉窑臻于鼎盛，福建窑场全面萎缩。这些都是十分有价值的讨论，但如前所述，沉船资料毕竟具有局限性，特别是这些讨论都忽视了沉船可能的出海港口的地理位置，这可能成为沉船出水瓷器特点的主要决定因素。现仅以几条沉船为例，根据船货的情况，探讨其可能的出海港口。中国沿海地区到东南亚海域已发现并调查发掘的元代沉船有许多，根据资料发表情况和典型特征，现选择几条比较典型的元代沉船进行探讨。主要有半洋礁一号沉船[73]、石屿二号沉船[74]、爪哇海沉船(Java Sea Wreck)[75]、调查员礁沉船(Investigator Reef)[76]、图里昂沉船(Turiang Shipwreck)[77]、玉龙号沉船(Jade Dragon Wreck)[78] 和韩国新安沉船。

半洋礁一号沉船（图16），发现于福建龙海市隆教乡镇海村水域的半洋礁北面，2010年发现并开展了调查发掘，出水的器物主要是陶瓷器，另有少量漆木器、铜器、锡器和铜钱等。陶瓷器主要有福建南部莆田灵川窑和三明建宁一带窑场、蒲城大口窑等福建北部窑场生产的青白釉碗、盘、碟等器具，还有推测为福清东张窑黑釉碗和青釉褐彩盆等，以及晋江磁灶窑产的棕褐釉陶瓶等。根据出水器物的对比，推测此船的时代为南宋末期到元代初年[79]。半洋礁一号沉船的特点是船货基本都来自福建地区，不论是闽南还是闽北，都在五岭以南的区域内，不涉及与内陆地区的交通联络。

石屿二号沉船，位于西沙群岛永乐环礁东部的石屿礁盘内侧，2010年全国水下文物普查中发现并进行了调查[80]，根据调查报告，此船发现于礁盘之上，船体已失，船货散布在礁盘之上，调查所得均为陶瓷器，共计405件。其中景德镇青花瓷133件，卵白釉瓷50件，德化窑白瓷170件，福建沿海地区产的灰青釉瓷器38件，晋江磁灶窑产棕褐釉瓶罐类物14件(图17)[81]。这条沉船的时代由于出水了较多的元青花瓷器，可以准确地判定年代在14世纪30年代到14世纪末（即元末明初）。这条船上的船货只有福建地区和景德镇窑的产品，其中福建地区的产品占到54.8%，而没有当时外销瓷器中最多见的龙泉窑青瓷，表明其可能是从福建地区的港口，最有可能是福州出发西行的海舶，因此没有装载龙泉窑的产品。

爪哇海沉船，遗址位于邦加岛和雅加达之间的爪哇海水域，于20世纪80年代晚期被渔民发现。1996年，由打捞公司"太平洋海洋资源"进行了系统的打捞和复原[82]。目前已打捞出水约12000件陶瓷器（预计船货中陶瓷在10万件左右）[83]。主要的器物是福建产的青白瓷，约占70%左右。其中绝大部分是闽清义窑的产品，以及福建德化、华家山等窑址的青白瓷粉盒和小瓶。精致的青白瓷有景德镇的龙柄葫芦形执壶、贴塑龙瓶、印花盘

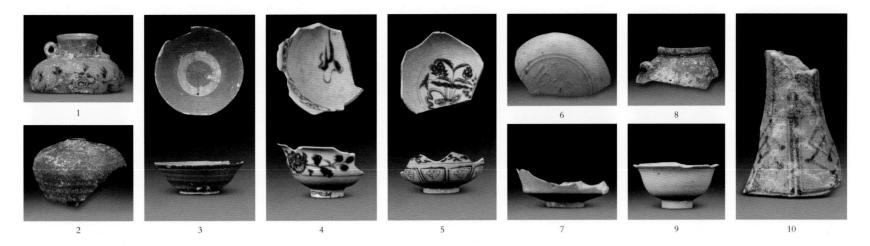

图 17　石屿二号沉船出水瓷器
1.磁灶窑酱釉罐残件　2.磁灶窑酱釉小口瓶残件　3.福建窑口青灰釉碗残件　4.景德镇窑青花杯残件　5.景德镇窑青花大碗残件　6.德化窑白釉盒盖残件
7.景德镇窑卵白釉折腹碗残件　8.景德镇窑青花小罐残件　9.景德镇窑卵白釉碗残件　10.景德镇窑青花玉壶春瓶残件

等[84]。此外还有少量福建武夷山五渡桥窑的低温绿釉剔花填黑彩器[85]、福建窑口的黑釉茶盏、福建磁灶窑的棕褐釉带系罐等，比较独特的是此船还出水了一些耀州窑刻花青瓷（图18）[86]。此外，沉船上还装有200吨铁，以及少量的象牙、香料和锡锭。

爪哇海沉船的年代至今仍是一个争议问题，布朗博士根据船上陶瓷的纹饰分析，判断沉船年代为13世纪末[87]。弗莱克（Michael Flecker）博士则认为是一艘13世纪中期的沉船（即南宋晚期到元早期），他曾送过一个乳香的样品做碳十四测定，得出的结果是1215～1405年[88]，后来芝加哥富地自然历史博物馆（Field Museum）社会科学研究中心又进行了碳十四测定，重新校订了弗莱克所送的乳香样品，结果是1189～1405年（可靠性为95.4%，68.2%可能性为1225～1388年）。他们又送了一些新样品进行测试，计有2件乳香标本和1件象牙标本，得出的结果比旧样品大大提前，同时标本间的差别也很大，时间区间为889～1204年，提前了约200年。因此，最终他们也没有凭借碳十四测定给出一个准确的断年[89]。而且，就乳香和象牙这两种样品，本身就可能出现较大的断年误差，因为进入品香消费领域的树脂香料以在地下埋藏了一段时间的为佳，又以埋藏了200年左右的为最佳，更受买家的追捧；象牙本身就具有收藏价值，可以长期保存和使用。正因为如此，笔者以为，排除了测试过程中的误差，在通过4件样品测定的年代中，沉船的年代应取最晚的结果，正如考古地层应以最晚的出土物断年一样。沉船中出水的褐釉带系包装罐有"丙辰年""丙子年"的干支款，也被学者对应为早到12世纪，晚到14世纪的不同公元年[90]，根据出水的耀州窑瓷片的风格看，笔者以为将丙子年定为嘉定九年（1216年）或至元十三年（1276年）比较合理。刘未则将其断为南宋早期，但所举证据皆有疏漏[91]。笔者以为，将其定为13世纪前半叶（南宋晚期）比较合理。不过本文在介绍元代海上贸易船货特点时选用

图 18　爪哇海沉船出水瓷器
1.闽清义窑白青釉花口长颈瓶　2.莆田窑青釉碗残件　3.闽清义窑白釉碗
4.福建窑口黑釉盖残件　5、6.武夷山五渡桥窑绿釉剔花填彩盒　7.耀州窑刻花碗残件
8.景德镇窑青白釉执壶残件　9.景德镇窑青白釉玉壶春瓶残件　10.景德镇窑青白釉梅瓶

图 19　新安沉船出水各式龙泉窑瓷器
1. 青釉荷叶盖罐　2. 青釉葫芦形执壶　3. 青釉点褐斑高足杯　4. 青釉褐斑匜
5. 青釉折沿洗　6. 青釉折沿洗　7. 青釉碗　8. 青釉"使司帅府公用"铭盘

图 20　新安沉船出水的尺寸各异的龙泉窑青釉炉、瓶

这艘沉船的资料，实际并不介意其具体的时代，而是希望提供一个 13 ～ 14 世纪从不同港口放洋出海所载船货的不同特点的案例。这艘沉船可能是从福建沿海的港口出发的，所以是比较单一的福建地区窑口的船货。

以上三艘沉船的船货都表现出福建地区产品的单一性，而且多有当时最重要的外销产品——龙泉窑瓷器缺位的现象，与本文特别要关注的龙泉窑外销问题并不十分相关，但恰恰是因为没有龙泉窑瓷器，才显得十分特殊，这三艘沉船的出海港口都可能在福建沿海，最有可能的是泉州港。如果说半洋礁一号沉船开展的是近岸航行和贸易，而后两艘沉船则已真正放洋远航，开展的是远洋贸易。这一问题的关注点将在后面详述。

新安沉船，20 世纪 70 年代发现于朝鲜半岛西南部的新安海域，1976 年开始正式的水下考古发掘工作，至 1984 年开展了 10 次发掘，出水了大批的文物，并成功打捞起船体的主体部分。新安沉船是迄今发现的元代沉船中出水文物数量最多、学术意义最重要的沉船。新安沉船出水了大量文物，主要有铜钱、陶瓷器、金属器、石材、墨书木简、紫檀木、香料、药材、胡椒和果核等，这些出水文物得到了长时间广泛、深入的研究。有三点对判定新安沉船的性质和时代非常重要：第一，沉船上出水了刻有"庆元路"铭文的铜权，以及带有"使司帅府公用"铭的龙泉窑青釉盘，表明了此船的出海港口是庆元港。第二，沉船出水了墨书木简 364 支，应为沉船的货物装船的标签或订货信物，其中一件墨书有"至治三年"（1323 年），为准确判定沉船年代提供了重要依据。第三，木简墨书铭文还有"东福寺""钓寂庵""答琦宫"等日本寺社名，以及"纲司"等字样，表明了船的目的地应为日本的博多港，货物到岸后将提供给订货的寺社。根据出水文物的特征、墨书文字，并结合文献，可以推断新安沉船应该是元至治三年或此后不久从庆元港（今宁波）出发，前往日本博多港进行贸易的海船，由于遇风暴偏航而沉没于朝鲜半岛西南端。

据《新安海底遗物》"综合篇"的报告，新安船的载重量在 200 吨左右，其最主要的货物是中国陶瓷，有青釉、白釉、青白釉、黑釉、乳浊釉及白地黑花等品种。与多年来发现的元代沉船出水的龙泉窑瓷器相比，新安沉船中出水的龙泉窑瓷器质量最高，器物种类最丰富（图 19），大小器物互见（图 20）。新安沉船出水的中国陶瓷又与日本以外的其他遗址出土的中国瓷器有一些差别，比如大量的容器类黑釉大、小瓶和罐，在其他遗址中较少出现，或许与

容放药物或茶末的需求有关（图 21）。新安沉船船货中香炉、瓶、烛台等与佛事供养有关的茶具、酒具、花具、香具（图 22）和文具较多（图 23），器物也很有特色，与这艘船的船货主要供应日本的寺庙有关。而同一时期日本博多遗址群出土中国陶瓷则显示出与新安沉船相近的面貌，或可作为新安沉船曾计划驶向博多的证明。新安沉船打捞出水的 22040 件遗物中，20691 件是陶瓷器[92]，其中有 20661 件是中国陶瓷[93]，约占打捞遗物总量的 93.74%。在中国瓷器中，青瓷共计 12359 件，约占出水中国陶瓷总数的 59.73%；白瓷和青白瓷 5303 件，约占出水中国陶瓷总数的 25.67%；黑釉瓷与乳浊釉瓷 694 件，约占出水中国陶瓷总数的 3.36%。余下应该是包装用釉陶质、陶质瓶或罐[94]。据统计，在青瓷中，有 10627 件产自龙泉窑，约占出水中国陶瓷总数的 51.44%；白瓷和青白瓷中绝大部分是景德镇窑的产品，共计 4100 多件，约占出水中国陶瓷总数的 19.84%。还有部分为闽清义窑等闽江流域窑场烧造的产品[95]。黑釉瓷大部分产自建窑、晋江磁灶窑、南平茶洋窑、福州洪塘窑、德化窑等福建地区的窑场，这在其他遗址和沉船中也几乎

图21 新安沉船出水棕褐釉小瓶、紫檀木和铜钱

图22 新安沉船出水的龙泉窑花具、香具
1. 青釉双龙耳纸槌瓶 2. 青釉瓶 3. 青釉凤尾尊 4. 青釉双环耳长颈瓶
5. 青釉六方形花盆 6. 青釉渣斗式花盆 7. 青釉簋式炉 8. 青釉三足筒式炉
9. 青釉圆形花盆托 10. 青釉鬲式炉

图23 新安沉船出水文具、茶具
1. 青釉鱼形砚滴 2. 青白釉童子牧牛砚滴 3. 铜蟾形砚滴 4. 铜龙形笔架 5. 石莺形砚
6. 石双牛镇纸 7. 墨条 8. 黑釉茶盏 9. 银茶铫 10. 石茶磨

不见。乳浊釉瓷来自浙江金华铁店窑。此外，磁州窑的黑釉器、白地黑花器，吉州窑的黑釉器、白釉彩绘瓷器及赣州
七里镇窑的黑釉露胎乳钉纹罐也有发现(图24)。沉船中还出水了 1000 多根紫檀木(见图21)和 28 吨铜钱。从上述统计看，
新安沉船中以龙泉窑瓷器为大宗，与东亚、东南亚元代遗址中出土的中国瓷器中龙泉窑所占的比例大体相同，略低于
环印度洋地区的古代遗址出土的龙泉窑瓷器。可见，新安沉船的船货具有这一时期海上贸易产品的典型特点。

调查员礁沉船，位于巴拉巴克海峡（Balabac Strait），船货有福建窑口的瓷器，器形以碗、罐、军持为主，同时，
也发现了较多的龙泉青瓷和景德镇窑青白瓷。这条船的时代比较早，可能在南宋末到元代前期，其产品明显具有复杂
性，似乎是从福建地区以外的港口出发的[96]。

图里昂沉船，沉船地点靠近新加坡海岸，历史上曾遭到破坏，只打捞出水了部分船货。船体结构显示该船是中
国所造，船货中的大部分是泰国陶瓷，占船货的 57%；中国陶瓷仅占船货的 35%；还有 8% 的越南陶瓷[97]。目前所见到

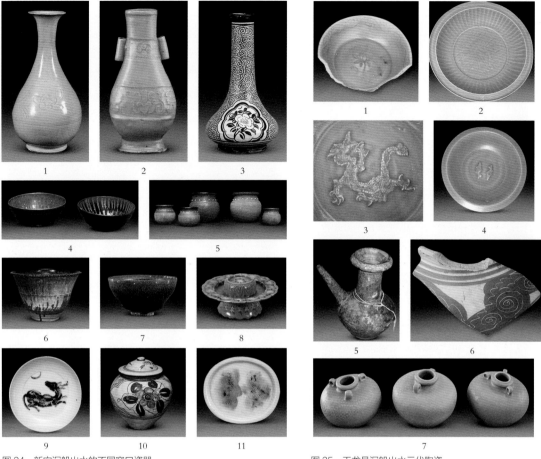

图 24　新安沉船出水的不同窑口瓷器
1. 景德镇窑青白釉玉壶春瓶　2. 景德镇窑青白釉贯耳壶
3. 吉州窑白釉彩绘长颈瓶　4. 磁州窑黑釉铁锈花碗
5. 七里镇窑黑釉露胎乳钉纹罐　6. 铁店窑乳浊釉花盆
7. 建窑黑釉盏　8. 高丽镶嵌青瓷酒台
9. 景德镇窑白釉铁绘盘　10. 鹤壁集窑白地黑花加棕彩盖罐
11. 景德镇窑釉里红椭圆形盘

图 25　玉龙号沉船出水元代陶瓷
1. 龙泉窑青釉碗残件　2. 龙泉窑青釉折沿盘
3. 龙泉窑青釉盘　4. 龙泉窑双鱼洗
5. 磁灶窑绿釉军持　6. 磁州窑白地黑花罐残件
7. 龙泉窑青釉三系罐

的中国陶瓷主要有两大类：龙泉窑青釉盘、盖罐和广东产棕褐釉大罐、盘等。并没有见到景德镇窑口的青白瓷或青花瓷。这条船也明显不是从泉州一带离港的，而是从一个汇聚了龙泉窑产品、广东陶罐和东南亚陶瓷的港口出发的，这个港口应该具有贸易集散地的性质。

玉龙号沉船，发现于加里曼丹岛（Borneo）沙巴州（Sabah）最北端的地角附近 500 米的海域，2010 年被渔民发现，并遭到严重的破坏和盗捞，亚庇（Kota Kinabalu）的古董商从渔民手中获得一批棕褐釉罐和青釉的龙泉窑盘，引起了人们的关注，由于出水了一些盘心有贴塑龙纹的龙泉窑折沿盘，被称为"玉龙号"。随后，沙巴州博物馆与海洋探险公司（Maritime Explorations）于当年 11 月进行了调查发掘工作，出水文物现存沙巴博物馆。根据船体结构，推定其为一艘东南亚拼板船，出水的文物包括陶瓷器、铁器、木器和石器。陶瓷器当中主要为龙泉窑瓷器，包括直径达 40 多厘米的有贴塑龙纹或刻花的折沿盘、双鱼洗和素面洗，青釉莲瓣碗及素面小碗（报告中特别提到这几样器物质量很高，似为龙泉南区的产品），大罐和小个的印有龙纹的小口罐。报告中还提到了有一些发黄色的、质量较低的龙泉窑器物，推测可能有一些福建地区的仿龙泉器物。其次是各种尺寸和造型的棕褐釉罐，小到十几厘米，大到

50 厘米，有四系和不带系的，部分系旁有戳印的文字，应该是广东佛山奇石窑所产的储物罐。此外还有福建磁灶窑的绿釉军持和磁州窑白地黑花罐残片(图 25)[98]。根据瓷器的年代，可初步判断玉龙号沉船遗址年代为 13 世纪末到 14 世纪初。玉龙号的船货与新安沉船有相似之处，包括龙泉窑和沿海的广东、福建窑口的产品。

由于玉龙号沉船的主题船货是龙泉窑瓷器，所以报告的编撰者弗莱克（Michael Flecker）认为此船是从温州出海，其航线是经过台湾岛西岸，直航菲律宾，经马尼拉、巴拉望岛（Palawan），目的地是加里曼丹岛的文莱（brunei）或山都旺（Santubong）[99]。笔者同意弗莱克关于航线和目的地的推测，但不认为其出海港为温州，此船的出海港应为庆元港（详后述）。则庆元港放洋的路线有三条：一为东行往日本九州；二为沿中国沿海经中南半岛东岸到马六甲海峡，前往爪哇或印度洋；三是玉龙号所走的航线，直航菲律宾的航线出现较晚，大约在 12 世纪以后，出发的港口随时代不同有一个从庆元转换为福建月港的变化。有一点值得注意，这条航线并不经过福建和广东，所以船上的福建和广东窑口的器物应该是从庆元装载的，这与新安沉船也相似。

四　元代海上贸易的规模、特点及相关问题讨论

以上我们集中梳理了从东非、中东、东南亚到东亚的几个重要遗址中出土的中世纪中国瓷器的情况，所据均为考古发掘资料，特别是对有条件的遗址进行了统计分析，了解了元代瓷器在较长时间段内发现的中国瓷器中所占的比例。还收集了部分南宋后期到元代的沉船资料。从中了解到了元代到明初，特别是14世纪海上贸易，瓷器外销的情况，得出这时段的几个主要特点。

第一，元代是中国古代海上贸易的高峰时期，是大航海时期以前从南中国海到印度洋地区海上贸易最发达顺畅的时期。

从中国瓷器开始大规模外销的8世纪后半叶，海上贸易经历了几次发展的高峰时期。第一次高峰时期大体在9～10世纪，外销的规模很大，范围广远，品种覆盖了中国南北方的众多窑场[100]。11～12世纪是外销的低潮时期，特别是马六甲海峡以西的地区，少见这一时期的产品，东亚地区发现的这一时期的产品在规模上也无法与随后的高峰时期相比拟。

第二个高峰时期为13世纪中期前后到15世纪初期，即南宋后期到明宣德年间。这个高峰时期又可以分为三个小的阶段：（1）南宋晚期到元代早期（13世纪后三个25年），是第二次贸易高峰的开创和发展时期。（2）元代晚期到洪武早期（14世纪前三个25年），是繁荣的顶峰时期。（3）明代早期（14世纪第四个25年到宣德末年），是持续繁荣并走向衰落的时期。其中第二个阶段又是这三个阶段中海上贸易最繁盛的时期，在中国周边地区的东亚、东北亚及南中国海到环印度洋地区的众多遗址中都发现了大量元代晚期的中国贸易瓷器。其数量是大航海时期出现以前最多的时期，不仅是此前的南宋后期到元代前期所不及，就是大航海时期开始以后的葡萄牙人控制的海上贸易的早期阶段（16世纪前半叶）也无法与之相比拟，直到葡萄牙人开埠澳门以后，甚至到17世纪初荷兰东印度公司开始的大规模海上贸易时期才被超过。这个高峰时期一直平稳发展到明初，此后，东亚地区各国之间的贸易就走向了衰落，而中、日和朝鲜半岛地区成为整个环球贸易体系中具有共性的贸易端点。

第二，这个时期海上贸易的品种具有极鲜明的特点，突出的表现就是龙泉窑瓷器在世界各国受到了广泛的欢迎，成为最主要的外销产品。从南中国海到印度洋区域内各地遗址出土中国瓷器的统计数据看，龙泉窑产品在此期外销的中国瓷器中所占的比例超过半数，其中在环印度洋地区的遗址中一般达到80%～90%，甚至更多；东南亚和东亚地区一般占比在50%～70%。东亚和东南亚地区还略有差别，东亚发现的龙泉窑瓷器比例更高一些，有些地方超过了70%。龙泉窑瓷器成为元代到明初最重要的外销器物，在这一外销的高峰中成了主角。

与龙泉窑瓷器伴出的大体有两类器物，第一类是景德镇窑所产的瓷器，包括青白釉、卵白釉和青花瓷。其中从南宋晚期到元代早期主要以青白瓷为外销的主要产品，元代中晚期则以卵白釉瓷取代了青白釉瓷，元代晚期（14世纪第二个25年）又较多地增加了青花瓷器用于外销。另一类则是福建地区各窑口的产品，在元代中晚期主要有以泉州为中心的莆田窑、晋江磁灶窑等闽南地区窑场以及以福州为中心的连江浦口窑、闽清义窑等闽北地区窑场的产品，元代晚期大体是二者并重[101]，这种现象应与泉州港和福州港的发展与兴盛有关。可以看到，马六甲海峡以西的西亚、中东和东非地区出土的景德镇产品较多，东南亚地区和日本出土的福建地区的产品相对较多。这种现象是从事海上贸易的商人们对产品质量的一种选择，通常商人们会把质量较好的产品运往较远或生产中国需要的高价值产品的地区。福建地区的瓷器作为质量较差的产品主要运销东南亚地区和日本。

第三，由于龙泉窑在元代到明初时期在外销的船货中占据了绝对重要的地位，输出量占了外销瓷器的一半以上，乃至五分之四强。由此可以得出，龙泉窑瓷器外销的主要港口应该是13世纪中叶到15世纪初，特别是14世纪时中国开展海上贸易的最重要的港口。不论从其吞吐量的大小，还是其所具有的交通地理位置和作为商业中心城市所拥有的腹地范围，在当时都应是首屈一指的。

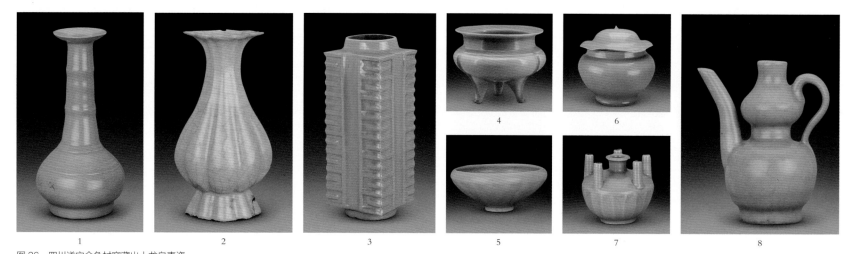

图26　四川遂宁金鱼村窖藏出土龙泉青瓷
1.青釉折沿瓶　2.青釉瓜棱瓶　3.青釉琮式瓶　4.青釉鬲式炉　5.青釉敛口碗　6.青釉荷叶盖罐　7.青釉五管器　8.青釉葫芦形执壶

图27　内蒙古集宁路古城出土龙泉青瓷
1.青釉菊瓣式折沿盘　2.青釉折沿洗　3.青釉高足杯　4.青釉荷叶盖罐　5.青釉蔗段洗　6.青釉折沿洗　7.青釉三足筒式炉

　　龙泉窑作为宋元时期生产规模巨大的瓷器产区，产品流通范围至为广大，在国内的四川（图26）[102]，北方的蒙古高原（图27）[103]以及西北地区（图28）和东北地区，都发现了大量的龙泉窑瓷器，器物传播的范围和数量同时期的其他瓷器产区无出其右。同时，在海外也有大量的发现，正如前面所述，从东亚到东非，所有的此期遗址中出土的此期的中国瓷器中龙泉窑瓷器都占有过半的比例。而关于龙泉窑瓷器是如何从地处浙南山区的崇山峻岭之中外运到国内外广大地区的路线，是迄今尚未得到充分研究的课题。从地理上的对外通道来看，龙泉窑有三条可能的外运路线：

　　1. 从瓯江顺流而下，从瓯江的入海口温州外运。这是一般人都会想到的外运路线，龙泉窑在元明时期繁荣生产的东区窑区，窑场大多分布在瓯江边的丘陵上，使人无法不相信这是龙泉窑外运的主要路线。然而，迄今的考古工作在温州一带并未发现足以支持龙泉窑外销规模和数量的遗迹和遗物，即便是温州作为转运港，不直接面对海外市场，而是将龙泉窑瓷器再转运到其他中心港口，也应在当地留下足够数量的遗物，考古发现恰恰不支持这一观点。

　　2. 龙泉市的小梅镇从地理位置上看，是沟通龙泉南区几个生产片区的集散地，从洋岙头、高际头、大窑等片区经

图28　西北地区出土的龙泉青瓷

1. 新疆高昌古城出土青釉折沿盘　2. 新疆阿力麻里古城出土青釉花口碗　3. 新疆阿力麻里古城出土青釉菱花口折沿盘　4. 新疆阿力麻里古城出土青釉刻划莲瓣纹盘
5. 新疆阿力麻里古城出土釉高足杯　6. 甘肃漳县汪世显家族墓出土青釉匜

图29　从大窑岙底通往小梅镇的石板古道

金村的石板古道就通往小梅镇（图29）。因此，一条可能的外运路线就是从小梅镇经陆路到福建浦城，然后下建溪，经闽江从福州外运。福州港的一个重要的贸易目的地是琉球王国，13世纪后半至14世纪前半叶闽江流域窑口的产品在冲绳各遗址中广泛发现，表明与琉球产生较密切贸易联系的港口是闽江下游的福州港[104]，所以冲绳出土的中国元代瓷器具有福建产品的单一性，这种情况作为一个财富并不丰富的离岛，是可以理解的。这也从另一个角度说明，元代的福州港不是一个重要的商品集散地。其聚集的产品主要是本地，即闽北地区的产品。这种情况在元末明初时发生了变化，冲绳开始大量发现龙泉窑瓷器，表明这时在福州港开始聚集了除闽北地区产品以外的龙泉窑瓷器。从浙南的龙泉经陆路到蒲城，再经建溪到闽江，最后抵达福州的运输路线此时成熟了，成为龙泉窑一条重要的外运路径。可见，这是一条明代初年龙泉窑外运的重要路线，但元代时还没有开通。

3. 第三条路线向不被人们关注，即龙泉窑瓷器从瓯江下行，在丽水一带起岸，走一段陆路后在龙游到金华一带下新安江，经钱塘江到元代海上贸易的大港庆元港，也可以沿钱塘江北岸到长江口。这条路线尽管比较复杂，但从庆元放洋的新安沉船上出水的大量龙泉窑瓷器，成为庆元是龙泉窑瓷器最重要输出港的无可否认的证据[105]。另外，近年来发现并发掘的苏州太仓樊村泾遗址，是一个明确的瓷器仓库，出土的龙泉窑瓷器多达150余吨，数量惊人，全部是元代中期到明初的遗存（图30）[106]。大量的龙泉窑瓷器有可能是沿钱塘江北岸到达长江口的太仓的，并在这里集中存放，需要时转运他方。太仓有可能扮演了庆元港的一个附属港和仓储的角色。从考古发掘资料的角度，这条路线尽管还需要更多的考古证据，但应该是最有可能的龙泉窑外运路线，庆元港是当时海上贸易最重要的港口。

第四，我们在前文介绍了部分南宋后期到元代的沉船资料，有中国近海发现的，也有远洋航路上发现的。我们看到，沉船的船货大体分为两类：第一类以福建地区的产品为主，同时还有不少景德镇窑的产品，但没有当时最重要的外销产品龙泉窑瓷器以及广东地区所产的储物罐。这类沉船的代表有半洋礁一号沉船、石屿二号沉船和爪哇海沉船。这类船货看上去与本文讨论的龙泉窑关系并不密切，但实际上也有着非常重要的意义，这类以福建地区的瓷器产品为主要船货的沉船，其出海港可能是福建的泉州或福州，主要聚集了五岭以南地区的产品，也应有一条通道与江西景德镇联系。最有可能的通道是从景德镇溯赣江而上，从闽北入闽，这条道路直到17世纪都还比较常用。第二类船货以新安沉船为典型代表，此外还有玉龙号沉船、调查员礁沉船和图里昂沉船等。这类船货以龙泉窑为主要船货，其他船货则包罗万象，包括内陆地区的景德镇窑、吉州窑、赣州七里镇窑和金衢盆地铁店窑的产品，福建和广东等沿海地区的产品，特别是广东产的储物罐类包装用具，还有一些北方地区的产品。其出海的港口最有可能是浙江的庆元港。这

图30　苏州太仓樊村泾遗址出土龙泉窑瓷器的情况
1. 用龙泉窑瓷片堆砌的地基　2. 地面上用龙泉窑瓷片铺垫　3. 龙泉窑瓷片堆积　4. 地层中出土龙泉窑瓷片

两类船货的构成有明显的区别。第一类船货都具有小范围窑口产品的单一性特点，即这些沉船的船货都以福建地区产品，甚至以闽南地区的产品为主，少有其他地区的产品。第二类船货则表现出货物来源十分丰富，产地分布广远。多年来发现的元代沉船数量很多，前文所举的例子只是一小部分，简单梳理，在众多的元代沉船中，属于第二类船货的占了所有已发现沉船的四分之三到五分之四，从一个侧面说明庆元港更加繁忙，也说明龙泉窑在海外有更多的需求。

在港口城市的发掘尚不充分的情况下，我们还难以像新安沉船那样准确地判断出所有这些沉船具体的离岸港口，目前对各沉船的离岸港口仅仅是推测。

前述各使用地点的种类丰富的中国外销瓷（各国沿海地区遗址出土的器物）来源可能有两种情况：一种是有从不同地点驶来的货船于不同的时间来到当地，形成了多样的输入品；另一种则可能当时在不同的地方有一些海上贸易的集散地，或称为中间港，接受不同地方来的货船，将不同船货储存于当地的仓库，对应贸易地点来的商船可以在中间港得到来自各不同地点的货物。因此，这些分布在环印度洋和南中国海的众多使用地点所对应的贸易港口可能只是个别的贸易中间港。早期海上贸易的中间港可能是位于苏门答腊岛的室利佛逝王国的都城旧港[107]。元代的中间港则分别是泉州、庆元、新加坡等港口。

如果我们将具有中心港地位的港口作为第一等的海上贸易港口，这样的港口至少应具有三个特点：（1）接纳来自不同地区的商船来港贸易，包括内河商船、从国内来的内贸商船和国外来的远洋贸易商船，换言之，这样的港口要有地域广大、经济发达的腹地。（2）要有便捷、通达的交通网络，可以联系属于腹地区域内的各个生产地点和更广远的地区，形成获取产品和提供生产资料的供销关系。（3）拥有一定容积的仓储设施，可以将不同地区的货物储存起来，供其他商户选择各类商品，完成几乎全部的贸易活动。而将只是面向一个区域，以较小范围地区作为腹地的港口作为第二等的海上贸易港口，其主要功能是向作为第一等的中间港的港口输送本地的产品，同时，由于交通的地位，也汇集了一些较远地区的产品，因而也从事一些远洋的贸易。第三等的港口则只对应某些特定区域的产品，只负责向第一、第二等的港口输送这些特定的产品，温州在某种程度上就属于这样的港口。

目前我们可以确定沉船与港口对应的就是新安沉船，一般认为其放洋出海的港口就是庆元港。而新安沉船船货的特点就是物品的来源十分丰富，出水的大宗产品来自浙南山区的龙泉窑，部分青瓷器物是杭州老虎洞窑元代时期的产品，具有仿官窑的特点[108]，同时还有来自浙江内陆的金华铁店窑的乳浊釉瓷器和大口黑釉罐[109]，还有大批来自长江流域景德镇窑的器物，少量吉州窑和赣州七里镇窑的器物。此外，还有来自北方地区磁州窑、鹤壁集窑的瓷器以及一些高丽青瓷。新安沉船丰富多样的船货反映了庆元港当时汇聚了来自各地的货物。庆元港在元代时应该是一个具有中间港地位的第一等的海上贸易港口。首先，庆元港是当时最重要的外销产品——龙泉窑瓷器的外销港口。其次，庆元作为元代京杭大运河的端点[110]，也有发达的内贸航运[111]。再次，庆元港也是重要的对海上贸易港口，包括中国境内的近海航运和对海外的远洋航运。最后，庆元港所拥有的腹地主要是浙东地区，这是当时全国农业和手工业最发达的地区，尽管不长于生产瓷器，但纺织业、漆器制作、金银细工乃至印刷业等都是全国的生产中心，所以庆元港的腹地经济实力十分雄厚。新安沉船为庆元港的地位提供了重要的证据。沉船中不仅发现了中国南北方各地的瓷器，特别是南方内陆地区不常见于外销的吉州窑、赣州窑等，还出水了大批东南亚地区的紫檀木、高丽青瓷。从现代的商业模式和博弈论的角度看[112]，一艘重载的商船采用"巡回贸易"[113]或"中介式"航行贸易的模式是不合理的[114]。结论只能是作为新安沉船出发地的庆元港是具有中间港地位的第一等的海上贸易港口。而当时胡商云集的泉州港，尽管表现出文化和宗教交汇的复杂的多元文化现象，但由于其腹地限于岭南，与五岭以北地区的交通不便。同时，从新安沉船也可看出，泉州也向庆元港输送本地产品，因此，泉州港应该属于一个第二等的港口。如果大胆的推测，庆元港在内外贸易体系中的地位应该比泉州港要高，是当时中国沿海地区最重要的海上贸易港口。

致谢：

本文撰写过程中，在资料收集和插图编辑等方面得到了范佳楠、王筱昕、辛光灿、徐文鹏、张蓉荣、陆文琦等同仁的大力协助；有些资料尚未发表，原作者翟毅、王光尧慷慨提供原始资料，文章中已有标注。在此对上述同仁表示衷心感谢！

注 释

* 本研究为国家社会科学基金重大项目"非洲出土中国古代外销瓷与海上丝绸之路研究"（项目批准号：15ZDB057）和"龙泉窑考古学研究"（项目批准号：19ZDA230）的成果之一。

1 Roxanna Maude Brown, *The Ming Gap and Shipwreck Ceramics in Southeast Asia: Towards a Chronology of Thai Trade Ware*, The Siam Society under Royal Patronage, 009, Bangkok. 布朗博士一共搜集了从 12 世纪到 20 世纪初的 167 条沉船，当中 128 艘来自东南亚海域。通过研究，布朗博士指出两种瓷器缺失情况：第一种是中国瓷器在 1325～1380 年出现缺失状况。第二种主要是中国青花瓷器在 1325～1380 年出现严重短缺的迹象。她把这一缺环称为"明代间隔期（Ming Gap）"。Ming Gap 的概念最早是由汤姆·哈里森基于在加里曼丹岛上的调查提出的概念，参见 Harrison, T., The Ming Gap and Kota Batu, Brunei (With an appeal for help), *The Sarawak Museum Journal*, June Vol. 8, No 11 (New Series), 958, pp. 273-277. 布朗博士基于沉船的研究将这一概念具体化，并得到了广泛的认同。

2 Qin Dashu, *Ming Ceramics Discovered in Kenya and Some Related Issues*, Craig Clunas et al., Eds., *Ming China: Courts and Contacts* 1400-1450（1400-1450，明代中国：宫廷与交流），Chapter 28, The British Museum, 2016, pp. 245-252, London.

3 Zhao Bing, *Global Trade and Swahili Cosmopolitan Material Culture: Chinese-Style Ceramic Shards from Sanje ya Kati and Songo Mnara (Kilwa, Tanzania)*, *Journal of World History*, Vol. 23, No. I, 2012, pp. 41-85. 秦大树：《肯尼亚出土中国瓷器的初步观察》，载秦大树、袁建《2011：古丝绸之路——亚洲跨文化交流与文化遗产国际学术研讨会论文集》，第 47～66 页，世界科技出版公司（新加坡），2013 年。

4 王任叔著，周南京、丘立本整理：《印度尼西亚古代史》第 29 页，中国社会科学出版社，1987 年。

5 [日] 弓场纪知：《福斯塔特遗址出土的中国陶瓷：1998－2001 年研究成果介绍》，《故宫博物院院刊》2016 年第 1 期。这项工作始于 1964 年，以小山富士夫和三上次男为首的出光中东调查团，对福斯塔特遗址保存的 1912～1925 年由阿拉伯艺术博物馆研究员阿里·巴赫伽特（Aly Bahgat）主持的 8 次发掘出土的中国陶瓷进行调查。存放于仓库的陶瓷残片约 70 万件，日本学者拣选出中国瓷片大概有 1.2 万件。1995 至 2001 年，日本与埃及政府考古厅合作编辑福斯塔特遗址出土文物综合目录，长谷部乐尔、手冢直树和弓场纪知负责中国陶瓷部分的记录。东亚陶瓷器经过分类挑选确认为 12705 件。

6　实际上，在环印度洋地区的古代遗址中出土的中国瓷器，最主要的是大航海时期以后的明晚期到民国时期的器物，比如我们在肯尼亚调研的 9552 件中国瓷器中，明晚期及其以后的瓷片就有 7688 片，占总数的约 80.5%，可见早期的贸易规模是远远比不上大航海时期的。因此，如果我们把这 753 件放在明中期以前的总数中计算百分比，在所有调研的中国瓷器中，除去 114 片难以判断时代和窑口，明中期以前的共计 1750件，则元晚期到明初的比例可达到 43%，而元代整体到明初则可达到 80.6%。可见，从 8 ～ 15 世纪中，元代到明初无愧于高峰时期之称。

7　J.S. Kirkman, *Introduction, The Arab City of Gedi*, Oxford University Press, 1954, Oxford.

8　根据柯克曼的研究，格迪灭亡的时间在 16 世纪后半叶，而我们在调查中发现了大量的万历时期的瓷片，甚至还有一些天启时期的瓷片。所以格迪古城废弃的时间有可能会晚于柯克曼的推测。

9　由于格迪古城出土中国瓷器的资料保存较好，我们已刊布了初步的调查报告，见刘岩、秦大树、齐里亚马·赫曼《肯尼亚滨海省格迪古城遗址出土中国瓷器》，《文物》2012 年第 11 期。报告发表以后我们在进一步的调研中又发现了一些新资料，因此这里的统计数据与以前发表的有所不同，以此次为准。

10　由于元末到明初的龙泉窑瓷器十分相似，目前我们还不能做到准确的划分，因此此期包括了可以明确判断为元末的龙泉窑瓷器和一部分难以区分是元末还是明初的器物。景德镇的青花瓷从这时开始生产，并在肯尼亚有一定的出土，因此将青花瓷的出现到明初的洪武时期作为一期，这一期的时代与后面的明确定为明初的器物在时代上有交集，但主体还应属于元末。

11　同注 2。

12　关于元青花产生的时间，我们另有专文进行了讨论。见秦大树、徐文鹏《从景德镇落马桥窑址发掘资料看元代青花瓷的生产年代》，载张柏、姚兢《大观·元末明初青花瓷海上巡礼论文集》第 148 ～ 166 页，江西美术出版社，2017 年。

13　（元）汪大渊著，苏继庼校释：《岛夷志略校释》，中华书局，1981 年。

14　金宜久：《伊斯兰教史》，中国社会科学出版社，1992 年。

15　Wladyslaw B. Kubiak, AL-FUSTAT: *Its Foundation and Early Urban Development*, The American University in Cairo Press, 1987, Cairo.

16　George. T. Scanlon, Preliminary Report: Excavations at Fustat, 1964, *Journal of the American Research Center in Egypt*, Vol.4, 1965, pp. 6-30.

17　Wladyslaw B. Kubiak, AL-FUSTAT: *It's Foundation and Early Urban Development*, The American University in Cairo Press, 1987, Cairo.

18　转引自 George T. Scanlon, Preliminary Report: Excavations at Fustat, 1964, *Journal of the American Research Center in Egypt*, Vol.4, 1965, p. 8.

19　Tsugio Mikami, Chinese Ceramics From Medieval Sites in Egypt, *Bulletin of the Middle Eastern Culture Center in Japan*, Vol. II,1988.

20　Aly Bahgat Bey, et Albert Gabriel, *Fouilles d'Al Foustat*, De Boccard, 1921, Paris. Hansan Muhammand al-Hawāri, al-Fusṭāṭ, al-Qāhira, Musée de l'Art Arabr, *Fouilles d'al Foustāt*, Album de Photographies, 1927, Cairo.

21　[日] 三上次男著，李锡经等译：《陶瓷之路》，文物出版社，1984 年。[日] 弓场纪知：《福斯塔特遗址出土的中国陶瓷：1998 ～ 2001 年研究成果介绍》，《故宫博物院院刊》2016 年第 1 期。后者的工作是对 20 世纪 60 年代调研工作的复查，上引数据为经过核对的最终数据。

22　关于埃及美国研究中心的发掘，现已按发掘季度发表了简报 12 篇。由 George T.Scanlon（或与 Wladyslaw B.Kubiak 合著）发表于 *Journal of the American Research Center in Egypt* (JARCE). 见：G. T. Scanlon, Fustāt Expeditions: Preliminary Report, 1964, *Journal of American Research Center in Egypt (JARCE)*, Vol.4, 1965, pp.7-28; Idem, Fustāt Expeditions: Preliminary Report, 1965-I, JARCE, Vol.5, 1966, pp.83-110; Idem, Fustāt Expeditions: Preliminary Report, 1965, *JARCE*, Vol.6, 1967, pp.65-86; Idem, Fustāt Expeditions: Preliminary Report, 1966, *JARCE*, Vol.10, 1973, pp.11-25; Idem, Fustāt Expeditions: Preliminary Report, 1968-I, *JARCE*, Vol.11, 1974, pp.81-91; Idem, Fustāt Expeditions: Preliminary Report, 1968-II, *JARCE*, Vol.13, 1976, pp.69-80; Idem, Fustāt Expeditions: Preliminary Report, 1971-I, *JARCE*, Vol.16, 1979, pp.103-124; Idem, Fustāt Expeditions: Preliminary Report, 1971-II, *JARCE*, Vol.17, 1980, pp.77-96; Idem, Fustāt Expeditions: Preliminary Report, 1972-I, *JARCE*, Vol.18, 1981, pp.57-84; Idem, Fustāt Expeditions: Preliminary Report, 1972-II, *JARCE*, Vol.19, 1982, pp.119-125; Idem, Fustāt Expeditions: Preliminary Report, 1978, *JARCE*, Vol.21, 1984, pp.1-38. 1993 年发掘简报刊于 Annales Islamologiques, Vol.XVI. 另发表正式报告两本，见：George T.Scanlon, *Fustat Expedition:Final Report, Volume 1, Filters*, Winona Lake, 1985, Indiana. George T.Scanlon, Wladyslaw B.Kubiak, *Fustat Expedition: Final Report, Volume 2, Fustat-C*, Winona Lake, 1989, Indiana.

23　Bo Gyllensv Ard, Recent Finds of Chinese Ceramics at Fustāt, I and II, *Bulletin of the Museum of far Eastern Antiquities*, Vol.45, 1973, pp. 91-119&Vol. 47, 1975, pp.93-117. 这里应该注意的是，俞博所说的早期中国瓷器是排除了大航海时期的景德镇青花瓷及其他品类的瓷器。因此他的统计数字与后述的日本考古队发掘出土的中国瓷器的统计数据大致相同。

24　秦大树：《埃及福斯塔特遗址中发现的中国陶瓷》，《海交史研究》1995 年第 1 期。

25　[日] 樱井清彦、川床睦夫：《アル＝フスタート遺跡：エジプト·イスラーム都市：発掘調査 1978-1985 年》，京都早稲田大学出版部，1992 年。

26　R.P.Gayraud, Istabl 'Antar (Fostat) 1985. Rapport de Fouilles, *Annales Islamologiques (AI)*, Vol.22, 1986, pp.1-26; Idem, Istabl 'Antar (Fostat) 1986. Rapport de Fouilles, AI, Vol.23, 1987, pp.55-71; Idem, Istabl 'Antar (Fostat) 1987-1989. Rapport de Fouilles, AI, Vol.25, 1991, pp. 57-87; Idem, Istabl

'Antar (Fostat) 1990. Rapport de Fouilles, AI, Vol.27, 1993, pp.225-232; Idem, *Istabl 'Antar (Fostat) 1992. Rapport de Fouilles*, AI, Vol.28, 1994, pp.1-27; Idem, *Istabl 'Antar (Fostat) 1994. Rapport de Fouilles*, AI, Vol.29, 1995, pp.34-37.

27 据笔者统计、推算，目前这个遗址各次发掘出土的中国瓷器的数量应超过 2 万件，其中还不包括开罗大学考古队 10 年发掘的资料和 1990 年代以后埃及文物局开展的考古发掘出土的资料。参见秦大树《埃及福斯塔特遗址中发现的中国陶瓷》，《海交史研究》1995 年第 1 期。

28 Mutsuo Kawatoko, Yoko Shindo ed., *Artifacts of the Medieval Islamic Period: Excavation in the Al-Fustāt, Egypt*, Research Center for Islamic Area Studies of Organization for Islamic Area Studies, Waseda University, 2010, p.9, Tokyo.

29 同注 25，第一分册，本文编，第 280 ~ 284 页；第二分册，图版·写真版编，第 435 ~ 439 页。

30 在樱井清彦和川床睦夫的报告中，青白瓷都列入北宋景德镇窑产，没有 1 件划入到 13 世纪至 14 世纪中叶，可能是白瓷和青白瓷的认定不明确导致的。我们称作青白瓷和卵白釉瓷的产品，日本学者很多时候描述为白瓷，比如东京国立博物馆 1978 年编的《日本出土的中国陶瓷器》中把青白瓷当作是白瓷当中的一类，迄今在日本发表的许多遗址报告也是这么写的。因此白瓷和青白瓷的统计数据是比较模糊的。

31 同注 25，第二分册，图版·写真版编，435-519 页；Mutsuo Kawatoko, Yoko Shindo ed., *Artifacts of the Medieval Islamic Period: Excavation in the Al-Fustāt, Egypt*, Research Center for Islamic Area Studies of Organization for Islamic Area Studies, Waseda University, 2010, p.9, Tokyo.

32 本组照片来自日本出光美术馆藏品，是 1964 ~ 1966 年日本学者从 Aly Bahgat 发掘出土器物中拣选出带回日本的，现藏东京出光美术馆。参见出光美术馆《陶磁の东西交流》，文化印刷株式会社，1984 年。

33 浙江省文物考古研究所、北京大学考古文博学院、龙泉青瓷博物馆：《龙泉大窑枫洞岩窑址出土瓷器》第 70 ~ 71 页，文物出版社，2009 年；浙江省文物考古研究所、北京大学考古文博学院、龙泉青瓷博物馆：《龙泉大窑枫洞岩窑址》，文物出版社，2015 年。

34 George T.Scanlon, Egypt and China:Trade and Imitation, in D. S. Richards ed., *Islam and the Trade of Asia*, Brnno Cassirer and University of Pennsylvania Press, 1970, Oxford.

35 [日] 弓场纪知：《福斯塔特遗址出土的中国陶瓷：1998 ~ 2001 年研究成果介绍》，《故宫博物院院刊》2016 年第 1 期。日本学者仅对这些瓷器做了粗略的产地确定，未能细致地按时代进行划分。如只是统计了龙泉窑的数量，未能分出宋元明不同时代龙泉窑的数量。

36 这是根据弓场纪知文章所做的一个非常粗略的统计分析，如日本学者未报告有景德镇产青白瓷和卵白釉瓷器，而是笼统地报道发现了 2069 件白瓷器。据别的地方的统计数据，我们大体划分出元代青白瓷和卵白釉瓷可能的占比和元代龙泉窑的数量，大体得出这一结果。更准确的统计数据仍应以早稻田大学考古队发掘出土中国瓷器的统计数据为准。

37 故宫博物院考古研究所、拉斯海马酋长国政府古物与博物馆部、杜伦大学考古系：《阿联酋拉斯海马出土的龙泉青瓷之观察》，未刊稿。承王光尧、翟毅惠示资料，谨致谢忱。

38 这一数据是针对所有出土中国瓷器计算的百分比，而不是仅仅统计元代的龙泉窑。因此与本文前面统计的肯尼亚、福斯塔特遗址出土元代龙泉窑瓷片的统计数据并不完全相同，不能直接比对。

39 SASAKI, Tatsuo & SASAKI, Hanae, Japanese Excavationsat Julfar: 1988, 1989, 1990 and 1991 Seasons, in *Proceedings of the Seminarfor Arabian Studies*, 1992, 22, pp. 105-120.

40 故宫博物院考古所考古队对日本考古队的出土资料进行了再研究，本文所述之统计数据均来自故宫博物院考古所考古队的统计数据，见注 37。

41 Mutsuo Kawatoko, Yoko Shindo ed., *Artifacts of the Islamic Period: Excavation in the Raya/al-Tur Area, South Sinai, Egypt*, Research Center for the Islamic Area Studies Organization for Islamic Area Studies, Waseda University, 2009, Tokyo.

42 同上，p.3.

43 同上，pp.30-31.

44 John N. Miksic, *Archaeological Research on the 'Forbidden Hill' of Singapore: Excavations at Fort Canning, 1984*, National Museum of Singapore, 1985, Singapore; *Beyond the Grave: Excavations north of the Keramat Iskandar Syah, 1988*, Heritage, Vol.10, 1990, pp.34-56; Alexandra Avieropoulou Choo, *Report on the Excavation at Fort Canning Hill Singapore*, National Museum of Singapore, 1986, Singapore.

45 Lewis, B. A., *The Singapore Parliament House Complex Organic Material*, Unpublished Manuscript, 1996. 转引自 Xin Guangcan, *Chinese Ceramics and Trade in 14th Century Southeast Asia: A Case Study of Singapore*, Ph. D. Thesis, National University of Singapore, 2015, pp.13-14& p.370.

46 Heng, D.T.S., *Classification of coarse stoneware ceramic shards: Empress Place Site Excavation 1998*, 2004, Unpublished Report on File at Fort Canning Archaeology Laboratory, 转引自 Xin Guancan, ibid., 2015, p.87&365.

47 Miksic, J. N. and Lim Chen Sian, *Archaeological Research on the Padang and in the St. Andrew's Cathedral Churchyard: St. Andrew's Cathedral Archaeological Research Project Progress Report Summary, September 2003-June 2004*, Asia Research Institute, National University of Singapore, 2006, Singapore.

48 Xin Guangcan, Chinese Ceramics and Trade in 14th Century Southeast Asia: A Case Study of Singapore, Ph. D. Thesis, National University of Singapore, ibid., 2015, pp.18-19.

49 Miksic, J.N., *Recent archaeological excavations in Singapore: a comparison of three fourteenth-century sites*, Paper presented at the 16th Conference of the Indo-Pacific Prehistory Association, 1998, Melaka, pp.34-56. 1984 ～ 2010 年，福康宁遗址经过多次发掘，主要集中在三个发掘地点：Keramat Iskandar Shah, Percival Steps 以及 Spice Garden，其中以第一个点的发掘次数最多，达 10 次以上。这里密西教授公布的仅为一次发掘出土资料的统计数据。但大体可以代表这个遗址出土中国瓷器的概貌。

50 辛光灿：《浅谈满者伯夷与德罗乌兰遗址发现的中国陶瓷》，《考古与文物》2016 年 6 期。

51 DUPOIZAT M F, HARKANTININGSIH N., *Catalogue of the Chinese style ceramics of Majapahit- tentative inventory*, Association Archipel, 2007, Paris, p.12.

52 釉陶和瓷罐在印尼的爪哇岛地区具有超出一般盛储器的特殊含义，是一类代表了财富和具有宗教、神祇意义的器物，因此这里的大罐类器物较多是有特殊意义的。参见 Boedi Mranata and Handojo Susanto, *Ancient Martavans: A Great Forgotten Heritage*, Himpunan Keramik Indonesia, 2012, akarta.

53 [日]长谷部乐尔、今井敦：《日本出土の中国陶磁》第 104 页，东京平凡社，1995 年；芟岚：《7~14 世纪中日文化交流的考古学研究》第 25 页，中国社会科学出版社，2001 年。

54 据芟岚搜集的《日本出土的南方白瓷、龙泉·同安窑系青瓷、景德镇青白瓷系及其他一览表》附表统计。见芟岚《7~14 世纪中日文化交流的考古学研究》，第 89 ～ 91 页，中国社会科学出版社，2001 年。

55 [日]新里亮人：《九州·琉球列岛出土の中国陶磁一覧》，载木下尚子等《13 ～ 14 世紀の琉球と福建：13 ～ 14 世紀海上貿易からみた琉球国成立要因の実証的研究：中国福建省を中心に》，熊本大学文学部，平成 17 ～ 20 年度科学費補助金基盤研究(A)(2) 研究成果報告書，2009 年，附録 CD 中 Excel 表格；[日]新里亮人：《琉球列島における中国陶磁器 11 ～ 14 世紀を中心に》，《貿易陶磁研究》35 卷，2015 年。新里亮人作为研究报告附录公布出来的表格只是列表记录了有哪些遗址点出土了中国陶瓷，以及这些中国陶瓷都是什么时期的，大体只分青瓷、白瓷、陶器三类，只标明了是否出土，而没有数量。在他进一步发表成果之前，我们没法看到他的统计数据。

56 新里亮人只分了青瓷和白瓷两类。将我们称作青白瓷的统称为白瓷。从新里亮人所做的表中看到的是，与出土龙泉青瓷的遗址点相比，出土“白瓷”的遗址点显然很少。他把灰坑、墓葬这样的最小的考古单位定为遗址点，他的表中可以看到一长串小遗址点中都有龙泉青瓷，所以即使他没有标明数量，也可推测龙泉青瓷的数量占绝对优势。

57 [日]日本国立历史民俗博物馆等：《东アジア中世海道海商·港·沉没船》第 90 页，日本国立历史民俗博物馆，2005 年。

58 尽管有日本学者认为南宋到元代时琉球王国所联系的港口是福建泉州港，并有从泉州港向福州港的转移过程，但其主要是根据元明时期市舶司的设立等文献出发。见冈本弘道：《琉球王國海上交涉史研究》，第 206 页，冲绳榕树书林，2010 年。另见赤岭守：《琉球王国》，51 页，东京讲谈社，2004 年。实际上，从冲绳考古发现的中国瓷器看，南宋到元代发现的中国瓷器，如“今归仁”类型和所谓的“ビロースク类型白瓷”，都是福建北部闽江流域的产品，因此，实际的情况是琉球王国始终与福州港有密切的联系，福州港是琉球王国最主要的对应贸易港。

59 [日]今帰仁村教育委员会：《今帰仁城跡発掘調査報告書》I，冲绳今归仁村教育委员会，1983 年；[日]今帰仁村教育委员会：《今帰仁城跡発掘調査報告書》II，冲绳今归仁村教育委员会，1991 年；《今帰仁城跡外郭発掘調査報告書》第 26 集、第 29 集、第 32 集，今归仁村教育委员会：《今帰仁城跡発掘調査報告書》4 ～ 6，冲绳今归仁村教育委员会，2009 年。

60 [日]金武正纪：《今帰仁タイプ白磁碗》，《南島考古》26 号，2007 年，第 187 ～ 196 页。

61 [日]木下尚子等：《13 ～ 14 世紀の琉球と福建：13 ～ 14 世紀海上貿易からみた琉球国成立要因の実証的研究：中国福建省を中心に》，熊本大学文学部，平成 17 ～ 20 年度科学費補助金基盤研究（A）（2）研究成果報告書，2009 年。

62 [日]田中克子、森本朝子：《沖縄出土の貿易陶磁の問題点：中国粗製白磁と磁とベトナム初期貿易陶磁》，《グスク文化を考える世界遺産国際シンポジウム〈東アジアの城郭遺跡を比較して〉の記録》第 357 页，东京新人物往来社，2004 年。

63 [日]宫城弘树、新里亮人：《琉球列島における出土状況》，载木下尚子等《13 ～ 14 世紀の琉球と福建：13 ～ 14 世紀海上貿易からみた琉球国成立要因の実証的研究：中国福建省を中心に》，熊本大学文学部，平成 17 ～ 20 年度科学費補助金基盤研究（A）（2）研究成果報告书，2009 年。

64 这批资料由于报告没有给出出土中国瓷器的总数，因此龙泉窑瓷器所占比例是将青瓷、白瓷和青花瓷的数量相加得出总数，尽管不十分准确，但大体代表了龙泉窑所占比例。

65 [日]今归仁村教育委员会：《今帰仁城跡発掘調査報告書》I“志慶真門郭の調査”第 8 页，冲绳今归仁村教育委员会，1983 年。

66 [日]今归仁村教育委员会：《今帰仁城跡発掘調査報告書》II“主郭（俗称本丸）の調査”，冲绳今归仁村教育委员会，1991 年。

67 [日]冲绳县立埋藏文化财中心：《首里城京の内展：貿易陶磁からみた大交易时代》第 1 页，那霸冲绳县立埋藏文化财中心，2001 年。

68 笔者据《首里城京の内迹出土陶瓷器指定一览表》统计，参见冲绳县立埋藏文化财中心《東南アジアと琉球——平成 23 年度重要文化财公开首里城京の内跡出品展》第 12 页，那霸冲绳县立埋藏文化财中心，2012 年。

69 （宋）赵汝适著，杨博文校释：《诸蕃志校释》卷上“流求国”，第 147 页，中华书局，1996 年。

70　（元）汪大渊著，苏继庼校释：《岛夷志略校释》"琉球"，第 17 页，中华书局，1981 年。

71　[日] 新岛奈津子：《港市那霸の形成と展開》，《亀井明德氏追悼·貿易陶磁研究等論文集》第 216 ~ 217 页，亀井明德追悼文集刊行会，2016 年。

72　Roxanna Maude Brown, *The Ming Gap and Shipwreck Ceramics in Southeast Asia: Towards a Chronology of Thai Trade Ware*, The Siam Society under Royal Patronage, 2009, Bangkok. 戴柔星：《东南亚发现的宋元时期沉船出水陶瓷研究及相关问题》第 95 ~ 97 页，北京大学博士论文，2012 年。刘未：《中国东南沿海及东南亚地区沉船所见宋元贸易陶瓷》，《考古与文物》2016 年第 6 期。

73　栗建安：《闽海钩沉——福建水下考古发现与研究二十年》，《水下考古研究》2012 年第 1 期，科学出版社，2012 年。福建沿海水下考古调查队：《福建沿海水下考古调查》，《文物》2014 年第 2 期。

74　中国国家博物馆水下考古研究中心、海南文物局：《西沙群岛石屿二号沉船遗址调查简报》，《中国国家博物馆馆刊》2011 年第 11 期。

75　Michael Flecker, The Thirteenth-century Java Sea Wreck: A Chinese Cargo in An Indonesian Ship, *The Mariner's Mirror*, Vol.89-4, 2003, pp.388-404.s

76　Marie-France Dupoizat, The Investigator Shipwreck, Paper presented at *the Symposium on the Chinese Export Ceramic Trade in Southeast Asia*, March 2007, Singapore.

77　Brown, R. M. and S. Sjostrand,*Turiang: A Fourteenth-Century Shipwreck in Southeast Asian Waters*, Pacific Asia Museum, 2000, California.

78　Michael Flecker, The Jade Dragon Wreck: Sabah, East Malaysia, *The Mariner's Mirror*, Vol.98-1, 2012, pp.9-29.

79　刘未：《中国东南沿海及东南亚地区沉船所见宋元贸易陶瓷》，《考古与文物》2016 年第 6 期。承刘未先生提供彩色图版，谨致谢忱！

80　孟原召、符洪洪：《2010 年西沙群岛水下考古调查再获丰硕成果》，《中国文物报》2010 年 6 月 4 日第 4 版。

81　同注 74。

82　Flecker, Michael, *Interpreting the ship*. In William M. Mathers and Michael Fleckereds, *Archaeological recovery of the Java Sea Wreck*, Annapolis, MD: Pacific Sea Resources. 1997. pp. 67-76.

83　Mathers, William M., and Michael Flecker, eds., *Archaeological Recovery of the Java Sea Wreck*, Annapolis: Pacific Sea Resources, 1997.

84　Xu Wenpeng, Lisa C. Niziolek, and Gary M. Feinman, Sourcing Qingbai Porcelains from the Java Sea Shipwreck: Compositional Analysis Using Portable XRF, *Journal of Archaeological Science* 103:57-71.

85　中国国家博物馆水下考古研究中心等：《武夷山古窑址》第 177 页，科学出版社，2015 年。

86　Brown, Roxanna M., Ceramics inventory, *In Archaeological recovery of the Java Sea Wreck*, edited by William M. Mathers and Michael Flecker. Annapolis, MD: Pacific Sea Resources. 1997. pp.116-181; Niziolek, Lisa C. 2015, A Compositional Study of a Selection of Song Dynasty Chinese Ceramics from the Java Sea Shipwreck: Results from LA-ICP-MS Analysis, *Journal of Indo-Pacific Archaeology* 35 (Special Issue: Papers from the Conference *Recent Advances in the Archaeology of East and Southeast Asia*): pp. 48-66.

87　Roxanna M. Brown and Pariwat Thammapreechakorn ed., Earliest China-built Ship in the Philippines, *Southeast Asian Ceramics Museum Newsletter*, Vol.2, No. 2 (January-February 2005): 1,4.

88　William M. Mathers and Machael Flecker, Archaeological Report: *Archaeological Recovery of the Java Sea Wreck (Annapolis: Pacific Sea Resources, 1997)*, p.75.

89　Lisa C. Niziolek, et al, *Revisiting the data of the Java See Shipwreck from Indonesia*, Journal of Archaeological Science：Reports 19 （2018）781-790. 新测的一号乳香标本的结果是 1033 ~ 1204 年，二号乳香标本的结果为 889 ~ 1022 年；象牙标本的结果为 897 ~ 1152 年。这些数据比船的实际年代明显偏早。

90　戴柔星：《东南亚发现的宋元时期沉船出水陶瓷研究及相关问题》第 97 页，北京大学博士论文，2012 年。

91　同注 79。

92　据《新安海底遗物》"综合篇"中揭载的遗物种类数量表统计而成，参考韩国文化公报部、文化财管理局：《新安海底遗物》"综合篇"，第 144 页，汉城同和出版公社，1988 年。但同书前后数据不统一，第 368 ~ 370 页的表格中记录共打捞 20850 件陶瓷器。

93　同注 92，第 541 页。

94　数据来源于《新安海底遗物》"综合篇"，第 541 页，比例为笔者计算。

95　[日] 森达也：《新安船發見中國陶瓷器組成研究：中國，日本，東南아시아西아시아에서出土된元代陶瓷器와의比較를통해》，《미술자료》，Vol.90, 2016, p.113. 森达也的统计结果所使用的是《新安海底遗物》"综合篇"第 368 ~ 370 页的数据，若采用第 144 页的数据计算，龙泉窑的产品比例还更高，可达 59.5%，景德镇窑产品的比例为 24%。

96　Marie-France Dupoizat, The Investigator Shipwreck, paper presented at the Symposium on the Chinese Export Ceramic Trade in Southeast Asia, Singapore, 12-14 March 2007.

97　同注 48, p.160.

98　Michael Flecker, The Jade Dragon Wreck: Sabah, East Malaysia, *The Mariner's Mirror*, Vol.98-1, 2012, pp.9-29. 另见 Michael Flecker 的个人网站 http://

www.maritime-explorations.com/jade%20dragon.html. 图中的彩图承弗莱克博士提供，谨致谢忱。

99　同上，Figure 21.

100　秦大树：《肯尼亚出土中国瓷器的阶段性讨论》，《海洋文化财》（韩国）2017 年第 10 期。

101　同注 79。

102　四川发现了数十个窖藏，大多数一半以上的出土品为龙泉窑瓷器，并且出土的龙泉窑瓷器质量都很高，以元代初年的遂宁窖藏为代表，见成
　　　都文物考古研究所、遂宁市博物馆《遂宁金鱼村南宋窖藏》，文物出版社，2012 年。

103　从中国的内蒙古地区到蒙古国的哈拉和林，都出土了大量的龙泉窑瓷器，其中具有代表性的遗迹是内蒙古集宁路发现的百个左右的窖藏，出
　　　土物中龙泉窑瓷器的数量也超过半数。见内蒙古自治区文物考古研究所《内蒙古集宁路古城遗址出土瓷器》，文物出版社、2004 年。

104　[日] 赤岭守：《琉球王国》，第 51 页，东京都讲谈社，2004 年。

105　[韩] 金英美：《新安船发现的龙泉青瓷》，载釜山博物馆《龙泉青瓷》(Make jade out of clay-Longquan Celadon)，2011 年；[韩] 金英美：《新
　　　安船与陶瓷之路》，韩国国立中央博物馆，2005 年。

106　任林梅：《太仓樊村泾遗址东区出土龙泉窑瓷器分期研究》，北京大学硕士学位论文，2019 年。

107　Qin Dashu, Xiang Kunpeng, Sri Vijaya as the Entrepot for Circum-Indian Ocean Trade: Evidence from Documentary Record and Materials from
　　　Shipwreck of the 9th-10th Centuries, *Études océan Indien*, Vol.46-47, 2012, Institute National Des Language et Civilizations Orientales, pp. 307-336. 也
　　　有学者认为早期的具有中间港性质的地点还有中南半岛西安的吉达港和广州港。参见项坤鹏：《管窥 9—10 世纪我国陶瓷贸易的域外中转港现
　　　象——以东南亚地区为焦点》，《东南文化》2018 年第 6 期。

108　韩国学者金英美认为沉船中出水的青瓷贯耳瓶、簋式炉、胆瓶属于老虎洞窑元代早期的产品，甚至可能早到南宋后期。金英美《新安沉船与
　　　海上丝绸之路》，载沈琼华《大元帆影——新安沉船出水文物精华》第 22 页，文物出版社，2012 年。

109　贡昌：《略论南朝鲜新安沉船出土钧窑系瓷器的窑口》，《考古》1988 年第 6 期。金英美指出沉船出水的大口黑釉罐亦为铁店窑的产品，见金英
　　　美《新安沉船与海上丝绸之路》，载沈琼华《大元帆影——新安沉船出水文物精华》第 22 页，文物出版社，2012 年。

110　包括了元代京杭大运河南端的杭州到宁波的浙东运河。

111　元代后期大都的供给大多仰仗海漕，重要的港口就是庆元。元末方国珍以浙东为据点，也仰仗庆元港的海漕地位。

112　秦大树、侯琰霖：《9 至 10 世纪陶瓷输出模式的博弈论分析》，待刊。

113　故宫博物院研究室编译：《新安古沉船之航路及其有关问题》，《中国古外销陶瓷研究资料》第一辑第 5 页，中国古外销陶瓷研究会，1981 年。

114　韩国学者金炳堇从木质文物入手，推测新安船可能从福州出发，到达过东南亚，装上紫檀木，回到泉州，留下部分物品，然后北上，经福州、
　　　温州、庆元，进行中介式贸易，最后驶向目的地日本博多。见金炳堇《新安船装载的紫檀木和国际贸易》，《海交史研究》2009 年第 2 期。不
　　　过不论是古代还是现实中，这样的贸易模式是很不经济的，古代的贸易基本不采用这种方式。

Discussion on the Exporting Status and Related Problems of Longquan Kiln through Excavated Overseas Yuan Porcelain

Qin Dashu, Peking University

The Chinese seaborne trade developed to the first peak from 9th century to the 10th century and declined from the 11th century to 12th century, then it reached the developmental epochs again from the 13th century to 15th century. Especially in the beginning of the 14th century (the Yuan dynasty in China), the Chinese seaborne trade reached the high peak like situation in the age of exploration. The big development of that period was reflected in the huge number and outstanding feature of products. The typical ruins in coastal Asia and Africa excavated large quantity of Longquan celadon, Jingdezhen bluish white porcelain, the Luanbai porcelain and a few white porcelain, bluish white porcelain of Fujian province, Jingdezhen blue-and-white porcelain, products of Cizhou kilns and Guangdong kiln. The Longquan celadon took the highest percentage of those excavated porcelain. According to statistics about the proportion of Longquan porcelain in excavated porcelain of the Yuan dynasty in various regions, the Longquan porcelain accounted for 80%-90% in the ruins of region around the Indian Ocean and accounted for 50%-60% in the ruins of Southeast Asia and East Asia. The quantity of Longquan porcelain exceeded more than half of the excavated Chinese porcelain and became the most important export products in that period. Therefore, it can be speculated that the port for exporting Longquan porcelain was the most important port in that time and had extended market to gather products from different regions. The port maybe the intermediate port and distributing centre for products. The Qingyuan port (Ningbo city) maybe the most important delivery and intermediate port for Longquan porcelain in that period and its status maybe higher than Quanzhou port.

霍尔木兹岛所见中国瓷器及该岛
在中伊贸易中的作用

[伊朗] 唐内希普　德黑兰大学

本文分为四个独立部分，力图根据考古发掘出土的文物来展现古代伊朗和中国的贸易往来，尤其是霍尔木兹岛和那个遥远的亚洲国家——中国。

不同的部分提供了重要的信息内容，包括霍尔木兹岛及其地理位置、历史概况，古代伊朗和中国间的文化、艺术联系等，都将是本文讨论的对象。随后谈及了古代中国瓷器的重要性及艺术简史、制作工艺、传播方式，并以一件商品的流转为例，它到达了霍尔木兹岛或其他岛屿，乃至伊朗别的区域。最后，由霍尔木兹岛发掘出土的瓷器，得出这样的结论：伊朗和中国在明代（等同于伊朗帖木儿和萨法维时代）即有直接的贸易往来。

一　霍尔木兹岛地理位置和历史沿革

霍尔木兹岛占地 41.9 平方公里，位于阿巴斯港东南 18 公里的地方。由于特殊的地理位置，即地处波斯湾和阿曼湾咽喉之地，这个岛具有重要的贸易和经济地位。在整个伊斯兰历史时期，霍尔木兹岛一直是东部和西部的超级大国们针对和侵略的目标，在战争和流血中度过了很多混乱的时期。

该岛面积小却环境优美，由于富含赭石矿物，所以地貌呈玫红色。在太阳光的照射下，一些黑色的微粒因化学凝结作用变为块状。结晶的盐山伫立在光滑的硫黄岩石旁边，令观者为之迷恋。难怪英国诗人弥尔顿（John Milton）在他的诗集《失乐园》中也描述了霍尔木兹。在东部百姓中一直流传着这样的传说："如果这个世界是一枚戒指，那么霍尔木兹就是戒指上的宝石。"这个岛最初的名字是加隆[1]（jarun），根据现存史料显示，伊斯兰历 8 世纪初（14 世纪），霍尔木兹岛的名字从老霍尔木兹岛变更而来[2]。

老霍尔木兹曾经是一个重要的商业中心，地处古代伊朗、阿拉伯半岛及印度海岸中间。中国的货物通过印度进入伊朗的港口。历史上这个老港口曾隶属于 7 个专制王朝政权，并以诸位霍尔木兹国王而闻名于世[3]。霍尔木兹国王是法尔斯和克尔曼两个地区纳税人的统治者，统治者有时会为了巩固政权而加倍地使用血腥暴力。直到一个历史性的重要事件出现，那就是老霍尔木兹港口中心向加鲁恩岛（新霍尔木兹）转移。

伊斯兰历 699 ~ 700 年间（13 世纪），契丹蒙古人[4]从阿姆河以北地区直侵霍拉桑省、克尔曼以及法尔斯，一路抢劫掠夺，所过之地一片荒凉，老霍尔木兹又处于新的危机中。当时统治老霍尔木兹的领袖是埃米尔·拜哈艾丁·阿亚兹（Bahāaddināyāj）。伊斯兰历 701 年（13 世纪），为了消除蒙古人进攻老霍尔木兹的隐患，拜哈艾丁·阿亚兹同行政长官、士兵以及一定数量的市民迁徙到了加鲁恩岛。随后，即在那里定居、并建设新的城市。为了纪念故土，他们将加鲁恩岛命名为霍尔木兹。因此，从拜哈艾丁·阿亚兹时期开始，老霍尔木兹的统治王朝坚守在了加鲁恩岛。虽然老霍尔木兹的地位飘摇不定，从前辉煌的声望也丧失殆尽，但老霍尔木兹岛的统治者尽其所能保留了该岛。从伊斯兰历 8 世纪初期（14 世纪）到后来，新霍尔木兹岛一直繁荣昌盛。其重要巴扎（集市）流通着来自雷伊[5]、霍拉桑省、印度、亚美尼亚以及所有岛屿码头中心、波斯湾沿岸的商品，并很快就取代了老霍尔木兹的地位。从这一时期到其后的两个世纪，这个岛都是东西方交通的重要贸易中心，能够有效地稳固自己在波斯湾区域的作用。

直到伊斯兰历 912 年（1507 年），霍尔木兹岛的贸易地位依然极高。在这一年，葡萄牙侵略者在阿方索·德·阿尔布克尔克[6]领导下残忍粗暴地对待岛上土著和居民，占领了岛屿，并在长达 117 年的时间里控制着波斯湾的贸易事务。岛屿统治者不仅要臣服于葡萄牙政府，有时还要继续服从于伊朗管辖。伊斯兰历 1031 年（1622 年），伊玛目库里汗（Imam-Quli Khan），阿巴斯一世时著名的将军，借助英国的船舰和军队驱逐了葡萄牙的侵略和压迫，但同时英国贪婪的目光也逐渐盯上了这个岛屿。在同一年里，霍尔木兹的统治政权被彻底倾覆。

二　古代伊朗和中国的交往

伊朗和中国从古代开始就有了文化、贸易、政治、艺术和宗教上的联系。中国和伊朗的各种史料显示，从中国的汉代、伊朗的帕提亚王朝[7]开始，这种联系就变得稳固且持续发展。根据考古资料和已有的研究，中国和西亚之间的文化联系应该更早于汉代和帕提亚王朝。从帕提亚王朝直到后世，通过陆上和海上丝绸之路，我们与中国建立了颇为广泛的政治、贸易和艺术交流，这成了思想及文化传播的有效方式。

雄才大略的汉武帝为了和西域国家建立联系，开拓相关道路，派遣张骞和其他使者出使西域，考察这些地方，其目的之一是使中国西域的部分中亚邻国归顺，并扫清道路，以便中国商品，尤其是丝绸，能够运输到西亚和地中海沿岸国家，而不受任何侵犯和困扰。这条路线后来就成了鼎鼎有名的丝绸之路。

张骞的记录中也包含了伊朗的帕提亚王朝。那些关于印度河、费尔干纳、帕克特里亚以及受伊朗文化影响的周边地区的资料也被收集起来。张骞的记录中包含了帕提亚王朝的详细资料，这使得汉武帝对启动建立东西方交通道路的决心更为坚定。因此，从帕提亚密特里达特斯二世[8]后，丝绸之路渐趋繁荣。帕提亚王朝的伊朗人控制着这条要道，并从需要经过这里运往西方的商品中攫取了大量利益。实际上，帕提亚王朝人充当着中国和古罗马贸易中间人的角色。

在唐代，相当于伊朗萨珊王朝末 33 年以及之前几个独立王朝，伊朗和中国间的政治、贸易联系进一步拓展。由于海上丝绸之路的延伸和连接，希拉夫港口（塔赫里[9]）也加入了贸易阵营，其在连接伊朗、波斯湾周边国家、印度和中国贸易上发挥了重要作用。在中国的扬州和广东地区的港口，外国商人云集。在广东地区的港口考古所获得的萨珊钱币及在希拉夫港口的考古所获得的中国钱币，确证了中国和伊朗之间的陆上及海上的联系。

希拉夫港口荒芜之后，基什岛取代了其地位。随后，老霍尔木兹无意中成了贸易开路者，并从伊斯兰历 8 世纪初期（14 世纪）起，新霍尔木兹岛成为世界上著名的贸易地。在元代（蒙古），伊朗和中国间的联系逐步加深。蒙古统治者的目标之一就是通过东西方之路来实现经济上的成功，因此极力争取维护这条国际路线的运行和安宁。

这一时期，波斯文化成功地打开了中国之门，伊斯兰知识在这个国度传播开来。值得一提的是，忽必烈可汗将部分中国重要区域的事务管理和穆斯林的事宜委托给伊朗人。在很长一段时间内，两个国家间商业互通，除了丝织品，瓷器出口也占有特殊一席之地。

明代，相对于伊朗的帖木儿和萨法维时代，除却帖木儿晚期，总体说来，伊朗和中国之间的关系还是很友善的。这一时期，进口的商品中，瓷器特别是驰名的青花瓷，在伊朗的某些特殊地方得以观赏到。霍尔木兹岛成了中国瓷器的重要贸易中心。

三 中国瓷器艺术、工艺的记载和简史

中国向世界输出的重要商品之一就是瓷器，毫无疑问，中国是世界上最早有能力烧造出瓷器的国家。

瓷是陶器艺术的传承和发展，陶和瓷的原材料都是土，但是土的类别、制作方式和窑的温度标准有着很大的差异。陶器的发展导致了瓷器的产生，涂有釉层的陶可视为瓷的开端。制作陶器的黏土随处可得，但是由于制瓷要用高岭土这一局限，瓷器作坊的工作就会受到一定的限制。瓷器不仅制作工艺复杂，而且需要特别精细地控制窑温。

制作瓷器的首要原料是高岭土，即一种白色瓷土，从长石中获取；第二种材料是石英矿，一种白色岩石，熔点低。汉代末期，陶开始向瓷过渡，从这一时期开始，陶器工艺就不再有很大的进展。尽管铅釉陶比这一时期其他釉陶更有光泽，但是瓷器时代依然还没到来，人们将这样的器物视作原始瓷。虽然"瓷"字从秦时就已在文字书写中出现了，但至汉时，文章里尚没有哪个词真正含有"瓷"的含义。在这一时期，有些地区开始用高岭土代替黏土来制作器具，烧制出漂亮的青灰釉代替铅釉。

唐代，真正有特色的瓷器出现了，瓷窑数量不断增加。隋唐时期瓷器的釉料都来自长石。

宋代，瓷器烧造进入大发展时期。不同的窑口烧制出了各种尺寸和颜色相宜的瓷器，这些瓷器在艺术方面享誉全球。景德镇窑较为活跃，产量可观。青瓷品质优良。宋瓷已出口到世界上许多地方，也包括伊朗。比鲁尼[10]在他的一个雷伊[11]朋友家里看到了几个宋朝人，这个记录提供了颇为有趣的信息。

元代，因为战争，很多宋时的窑口或遭到破坏，或被废弃。只有几个宋时存留下来的民窑和景德镇窑继续生产。此时，一种名为"青花"的带有釉下蓝色图案的瓷器出现了。钴是制作蓝色图案的必要材料，而钴料是由外国进口到中国的。该时期，相当多的青花瓷图案设计是花、叶和龙纹。这一重要商品很快出口到当时其他的国家。伊朗阿德比尔寺即收藏有元代瓷器，这批瓷器如今存放在伊朗国家博物馆（伊朗古代馆）里。

明代，景德镇窑的地位变得特别重要，生产了大量器物，包括不同器形的青花瓷。景德镇官窑受到宫廷和皇帝的庇护，这种窑的监管大部分由宫廷中的宦官来承担。官窑成品大部分为皇宫、朝臣以及上层人物所使用，其余的则作为礼物馈赠给他国首脑，特别是穆斯林。景德镇民窑产品，就质量和造型、图案来说，要次一等级。这些民窑产品销往中国各地，同时也大批量出口到了中亚、东南亚、西亚、印度、尤其是伊朗，以及欧洲。郑和是一名穆斯林宦官，他曾在一段时间里监管官窑。这位宦官兼政客曾在两位中国皇帝的指示下，七次搭乘装备齐全的巨轮，载着沉重的货物前往西边的国家，在光明中看到了海洋。第四、五、七次航行来到了霍尔木兹岛。霍尔木兹岛是当时波斯湾重要的贸易中心。

毫无疑问，郑和下西洋是出于政治目的，但从商业和贸易的角度而言，他在贸易拓展中起着重要的作用。在他那艘巨大的船里，装载着大量瓷器和物品，并作为礼物赠送给了沿途的国家元首和岛屿统治者。在明永乐和宣德朝，官窑或受皇家保护的窑场数量有所增加。明代陶瓷器，包括五彩和三彩，供应给世界市场，尤其是青花瓷，在釉下蓝彩和纹饰种类方面达到了巅峰，臻于完美，吸引着世界范围内的买主和艺术爱好者。

这一时期流传下来的青花瓷如今装饰着世界上大多数博物馆。中国人将某一时期青花瓷的青色称之为"回青"，因为在一段特殊的时期，伊朗的钴料曾出口到中国。明代晚期，由于内战和骚乱，景德镇窑日益荒凉。

清代，相当数量的瓷窑由明窑改建，也有很多是新建的。康熙时期，瓷窑产品丰富。清晚期，"太平天国"运动导致了社会动乱，也削弱了清政府，景德镇窑日趋衰败。

1840年，英国人在广东的瓷器窑场开始使用机器，生产出质量不好的瓷器，并运往欧洲。低成本的生产导致了在世界范围内中国出口货物信誉的破产。

（一）明代瓷器烧制方法

正如前文所指出的那样，制作瓷器的原料是高岭土加上白色的石英矿。制作瓷器的工匠将它们碾碎，在民间，将它们混合入一个有水的类似小水池的地方，然后用器具不停地搅动，直到原料在水中完全溶解。将混合在一起的材料放入到另一个小水池中，再一次重复第一次的操作。第三个阶段，材料完全溶解了，让它长久晾干，直到泥团中多余的水分蒸发出来。最后练泥，这个最难，也耗时最长，所得到的成果是一个合适的泥团。练泥操作可能需要花费好几年，泥料准备好后，父亲使用它，也可把它作为遗产留给儿子。

愿真主怜悯，萨迪如是说：我听说在东方的一个国度，制造一个瓷杯需要四十年。西方每天能出一百件瓷器，但东方瓷杯的价值无可比拟。[12]

泥料准备好后，根据泥料类型（粗糙、中等、细腻）制作成不同器形的东西。然后，将成型的泥坯放入由黏土制成的匣钵中，再置于高温窑中烧炼。这些匣钵有若干空隙，空气可以进入。

实际上，窑内的温度在1250℃～1450℃之间，瓷泥中的石英溶解，使得高岭土中的成分转变为非常白的瓷。瓷器比较昂贵，一个质量上乘的瓷器具备以下三种特征：

（1）坚硬、坚固，只有金刚钻可以钻破它。

（2）晶莹透明。

（3）有图案装饰。

（二）施釉及绘画

钴是一种无色、透明的玻璃质矿物，通过添加金属氧化物，可以获得有色釉料。釉下彩中使用的釉有两种类型：透明的和半透明的。透明釉里氧化铅的成分多些，半透明釉里氧化锡的成分多些。霍尔木兹岛出土瓷器中透明釉和半透明釉都有。

元代和明代，钴料的生产方式通过伊朗人和阿拉伯人传入中国。一些研究者认为，钴是通过新疆和田地区进入到中国的。和田地区毗邻巴达赫尚省和克尔曼[13]。中国从江苏、云南、福建、浙江所获得的钴料并不是那么纯。

因此，基于中国进口和可用的钴，会获得不同呈色的蓝。工匠将从伊斯兰国家进口的钴称为"回青"。回青在明宣德和嘉靖时期使用较为广泛。在中文文献中，也将一种非常有光泽的蓝色誉为"苏门答腊青"。

在明代，氧化钴的呈色包括有光泽的明亮蓝、深蓝、灰蓝、紫蓝、黑蓝。这些呈色的变化和钴料的类型、化合物中颜料的浓度以及最后窑内温度及温度变化都有关联。

施釉方法如下：

（1）将釉涂在做好的器具坯胎上，放入窑内焙烧，直至外表的釉被泥坯吸收。

（2）有时，将泥坯放入窑洞高温烧制前，先贴上各种色彩的釉纸，然后才放入窑洞中焙烧。

（3）在施釉前，在泥坯表面装饰以图画和肖像，随后贴上一张釉纸，再放入窑内焙烧。这种釉下彩技术很有名，大部分霍尔木兹岛的瓷器属于这种技术。

（4）至于釉上彩，所使用的是一种玻璃质层。首先在泥坯上涂釉，再放入窑洞中烧制，后在上面绘画。有时为了不同的釉和绘画，瓷坯要被多次放入窑内焙烧。

四 霍尔木兹岛考古发掘的瓷器残片

考古学家在古代遗址和山丘发现了各种各样的从中国进口的瓷器标本，这表明了这种重要的贸易商品在伊朗的流通。霍尔木兹岛是研究古代伊朗和中国瓷器最古老的中心之一。不同器形和纹饰的瓷器残片散布在霍尔木兹岛，考古发掘表明了伊朗和中国在 14 ~ 16 世纪有直接的贸易往来。尽管通过发掘得到了完整的瓷器，但是大部分是残片，有些被修补起来。这些瓷片的图案值得研究。纹饰、商标、汉字、波斯文、阿拉伯文等给我们提供了有关贸易、艺术和宗教等方面的信息。

伊历（太阳）1355 ~ 1356 年，由侯赛因·拜赫提亚里（حسین بختیاری）负责，考古中心的考古学家们在霍尔木兹岛的几个古山丘上开始了发掘工作，随后对地表的瓷器和陶器进行了调查与采集。在探沟里获得了数量巨大的瓷器残片。笔者当时在考古队中负责研究这些瓷器残片。

伊历（太阳）1372 ~ 1373 年，第二次国家文化遗产考古发掘在霍尔木兹城堡开始进行，此次考古工作队伍的大部分成员是女性，仁慈的法蒂玛女士管理了一个月。后来，笔者收到正式通知，获国家文化遗产单位邀请，荣幸地加入此团队。在表层调查和沟槽勘探中，发掘出土了大量陶瓷器残片。关于它们的研究正在进行中，将来还将提供有关瓷器残片的研究报告，亦包含上述考古队的工作报告。

1. 汉字

汉字以 4 ~ 6 个字的方式书写在一些瓷器足底。这些汉字有四种用法：

（1）皇帝的标记和符号，用以表示皇帝年号和统治朝代。

（2）有些瓷器上的字表达了美好祈祷、愿望，如长命百岁、青春永驻、富贵昌盛、太平安康等。

（3）有些在瓷器上或内底写一个字。

（4）有些足底有一个字，为标识作坊商标。

2. 波斯文

有波斯文的仅找到一个例子，但由于瓷器的损坏只能看清楚两个单词：نگهدار تو [14]，这两个单词是出自某诗歌的一句。阿卜杜拉·古乔尼在《苏莱曼座椅瓷砖上的波斯诗》一书的第 84 页有一句同类型的诗：خداوند بادا نگهدار تو（真主佑护着你），به کام تو بادا همه کار تو（一切顺心遂意）。

同时，他指出这句诗在《吉兰和迪勒姆斯坦史》[15] 的第 474 页也有记录，但是没有关于作者的记录。

3. 阿拉伯文

在一个相对比较完整的瓷器上写着单词：الله（安拉）。

4. 藏文

有三个瓷器内部都重复写着一个藏文词语，具有装饰意义。

5. 八卦

中国哲学有个重要的元素，称之为"八卦"，这个哲学图案是由长横和短横组成的。这个玄机的始祖是文王，在文王之后，他的儿子继承了他的位置。经贤者和圣人的帮助，文王推演创造出了六十四卦。

长横是天的符号，即"阳"；短横是地的奥秘，即"阴"。

八卦代表八种创世元素：天、地、光 [16]、火、水、山、风、泽。八卦图中间的阴阳是创世的密码。八卦是《易经》这本书的根基，这是一本神圣的书，有 3000 余年历史，中国人用这本书逢凶化吉、指引人生。《易经》里的横道和人的潜意识有关，指出问题症候，提出解决途径。这本书的宗教和神秘主义色彩吸引了很多信徒。

6. 龙

龙是一种传说中的生物，在世界上大多数神话中它都扮演着重要的角色。在中国古代，龙是一种重要的符号。直到现在，各种各样龙的含义、形象、图像在中国人的神话、生活、传统风俗中依然存续着。

除中国人之外，世界上很多地方认为龙是丑恶的，是人类的杀手、动植物的破坏者，它的存在造成了邪恶和危机，英雄可以打败这种有毒的生物。但是对中国人来讲，龙既不邪恶，也不吓人，而是幸运、吉祥的，它是万神之一，它的出现是一种吉兆，是风调雨顺、农业丰收的标志。龙是中国百姓和帝王的守护者，也是中国人幸福昌盛的保证。

这个强大的具有神性的图腾诞生于新石器时代（农耕时代）。它第一次出现的形象是长着两前肢的长蠕虫。农民祈祷降雨的多少取决于龙的仁慈和恩典，它和雷、电、冰雹都有关系。春天，它从海里出来，飞行穿过云层带来了春雨。

龙的图案和形象被应用到中国所有的艺术形式中，包括建筑、绘画、丝织品、雕刻、镶嵌、陶器、瓷器等。

从新石器时代到汉代，龙的形态和组成发生了很大变化。汉以后，龙是皇帝统治和维护者的象征，为了体现它的形态制定了具体的标准。所确定的龙的形象是由以下各种各样的动物组成的：像鱼一样有鱼鳞的身体及马鬃、鹿角、虎爪、牛耳、牛头（或骆驼头）、兔眼、蛇颈。

中国文化中的龙可以被划分为各种类型，这里仅举三例：

（1）神龙，这种龙是神圣的，可以降雨。

（2）地龙，是一种能控制河流和海洋水流的龙。

（3）福龙，这种龙是隐匿秘密宝藏的守卫者。

龙也是阳的象征，具有上天的威力，生气勃勃。龙的住所有海、山、地、云或者洞穴。每一种龙在世间担任着特殊的职能。

可以根据龙爪对其进行分类，五爪龙是皇帝及皇权的象征。最初描绘的龙是三爪的，后来龙爪数量增多。在元代早期，大多数绘画的是三爪龙，后来才有四爪龙、五爪龙。而在明代，大部分龙是五爪的。

翻译：陈彬彬

注 释

1 译者案：在古代，该岛本名是زرون (zarun)，古代伊朗南部居民很多为阿拉伯人，他们不习惯发 z 音，于是变音为جرون (jarun)。زرون (zarun) 意为金子。

2 译者案：原本米纳卜河汇入波斯湾的地方被称为霍尔木兹岛，后人们称呼加鲁恩岛为霍尔木兹岛。

3 译者案：在伊朗萨珊王朝时期有 6 位名为霍尔木兹的国王，分别是霍尔木兹 I (270 – 271A.D.)、霍尔木兹 II (303 – 309A.D.)、霍尔木兹 III (457 – 459A.D.)、霍尔木兹 IV (579 – 590A.D.)、霍尔木兹 V (不详)、霍尔木兹 VI (630 – 631A.D.)。

4 译者案：此处作者将蒙古人视为契丹的后裔，存在一定问题。

5 译者案：雷伊如今为伊朗首都德黑兰南部，曾经雷伊是该地区最发达的城市。

6 译者案：阿方索·德·阿尔布克尔克（葡萄牙语：Afonso de Albuquerque，1453 ~ 1515 年 12 月 16 日），葡萄牙杰出的军事天才，他试图控制所有从印度洋通往大西洋、红海、波斯湾、太平洋的海军航线，将其由土耳其帝国及其穆斯林与印度人盟友的"内海"，变成葡萄牙人的"内海"。他的军事和政治活动形成了在印度洋的葡萄牙殖民帝国。

7 译者案：帕提亚王朝，即为我国史书中记载的"安息"。

8 译者案：原词为مهرداد دوم，英文名是 Mithridates II。

9 译者案：原词为طاهری，或音译为塔希丽，词义为圣洁、清洁之意。

10 译者案：文章中波斯语原名是بیرونی，其全名是ابوریحان محمد بن احمد بیرونی，或简称ابوریحان بیرونی。中文翻译为阿布·拉伊汗·穆罕默德·本·艾哈迈德·比鲁尼（973 ~ 1048 年），波斯学者，生于花剌子模（今中亚乌兹别克斯坦），卒于加兹纳（今阿富汗）。在数学、天文学、物理学、医学、历史学等方面均有贡献。著有《天文典》《密度》《药理学》《古代诸国年代学》等书籍。月球上的一座环形山以他的名字命名。

11 译者案：雷伊，伊朗地名，见注释 5。

12 译者案：这诗文引自萨迪的诗集《蔷薇园》第八门"行为的准则"。

13 译者案：克尔曼可能有误，此地和中国和田相距很远。

14 译者案：نگهدار意思是保护、守护。تو意思是你。

15 译者案：迪勒姆斯坦是古代伊朗的一个行政区域，伊斯兰化之后至伊历 7、8、9 世纪称现在的吉兰省为迪勒姆斯坦，有时这个地名也会包括里海南部海岸线区域。

16 译者案：此处"光"元素，著者可能有误，一般中国传统认知里是"雷"。

The Chinese Porcelain of Hormuz Island and Function of Hormuz between the Trade of China and Iran

Fakhri Daneshpour Parvar, University of Tehran, Iran

This paper is divided into four parts and aimed to show the trade between Iran and China through cultural relic in ancient times, especially the trade between Hormuz island and China.

This paper discussed important information in different part including the location and history of Hormuz island, the culture and art connection between Iran and China. Then the paper discussed the importance, brief art history, manufacture craft, ways of transmission of Chinese porcelain through one commodity which was traded to Hormuz island, other islands and districts in Iran. Finally, according to the porcelain founded in Hormuz island, this paper came to the conclusion that the directly trade between Iran and China existed in the Ming dynasty (same as the periods of Timur and Safavid empire in Iran).

印度出土龙泉青瓷遗址的调查与思考

冀洛源　故宫博物院

　　2014～2015 年，故宫博物院考古研究所与印度喀拉拉邦历史研究委员会（KCHR）合作，对印度多处出土中国文物的遗址进行了田野考古调查，所获资料与境外考古及中外文化交流史的研究相关。2019 年 7 月，故宫博物院"天下龙泉——龙泉青瓷与全球化"展览将中国境外出土的龙泉青瓷辟为独立单元，重点阐释，为我们反思以往考古工作、重新审视相关考古资料，提供了宝贵机会。笔者因先后参与上述两项工作，引发了对使用海外考古资料的一点思考，借此选取几处印度出土龙泉青瓷的遗址做示例，试作说明。

一　德里旧堡遗址及其出土的龙泉青瓷

　　德里旧堡"Purana Qila"，直译即"古代（梵语）城堡（波斯语）"，位于印度首都新德里东部的亚穆纳河（Yamuna River）西岸。14 世纪至 17 世纪前半叶，先后作为莫卧儿王朝（Mughal Period）、苏尔王朝（Sur Empire）的治所，城南 2 公里即莫卧儿王朝第二任君主胡马雍（1508～1556 年）的陵墓。

　　德里旧堡城址平面呈不规则长方形，东北、西南走向，南北 0.65、东西 0.28 公里，周长约 1.85 公里（图1）。南墙平直，其余各段顺地势略作曲折。城内地势高耸，城外低洼，东部依靠亚穆纳河，今城外西北部的旧堡湖及南部的湿地即原城壕遗迹。城墙由墙基与墙壁构成，全部用石料包砌，外壁高近 20 米，总厚约 4 米。墙基一周均内接规整的排房，高 6 至 9 米，石砌，逐间开尖楣圆拱形门，平顶。排房之上为墙内马道，靠墙建有供守卫用的仓、舍、廊等附属建筑。城墙四角均设高塔形建筑，平面圆形，高台基，多层可登临，外壁设有观测、射击用的孔道，顶部设女墙，功能如中国古代城址中的角楼。西、北城墙外壁等距离建有石砌马面，平面半圆形，做法、体量与角楼相近。

图 1　德里旧堡遗址平面示意图

图 2　德里旧堡遗址西门

图 3　德里旧堡遗址西门建筑局部

图 4　德里旧堡城墙内排房

西城墙居中略偏北开门，名"Bara Darwaza"，译作"大门"，是旧堡的正门（图2）。居中门楼单门道，用规整的石材砌筑，自下而上为门洞、门拱与明窗。门洞成尖楣圆拱形，对开木板门。门拱亦作尖楣圆拱，楣上两侧绘白底六角星图案，楣下开方形小窗，窗外作尖楣圆拱装饰，门拱外两侧砌出与肘、腰串相类似的结构（图3）[1]。门拱上居中开尖楣圆拱明窗，下出四列类似双跳偷心华栱结构承托窗台，明窗两侧各开一方形抹角窗，上立两柱，柱头施一斗三升斗栱承平沿，沿上做双层攒尖顶，下部窗台结构与居中明窗相同。明窗之上均匀横列七个外窄内宽的纵向箭孔。门内结构可分为门洞、门楼与明窗三层。首层门洞作尖楣圆拱，两肩上砌方形门簪，门洞两侧建高大的排房，平顶，并列开圆拱或尖楣圆拱形小门（图4）。门楼与外壁门拱的小窗同层，可登临，建有排房屋，平顶，逐间开圆拱形小门。明窗层座于门楼层之上，砌立柱，作出面阔五间的廊道，均作尖楣圆拱形门。门楼主体两侧各建一马面拱卫，南侧马面顶部存一座六角覆钵顶小亭。

南城墙偏西开门，名"Humayun's Gate"，译作"胡马雍门"，石砌，单门道，门楼及两侧马面与大门同构，唯体量较小，马面保存不佳。明窗层顶部的存东、西各一座六角覆钵顶小亭。门内明窗层砌出三开间，居中开尖楣圆拱门，两开圆拱窗。门拱层两侧建排房，逐间开尖楣圆拱门，小明窗做尖楣圆拱形。门洞体量与其上明窗相当，门内地面残存将军石。此门今封堵，城外为大片湿地，其得名当与南侧的胡马雍陵有关，但两者之间未见直通的道路遗迹。北城墙居中开门，名"Talaqi Gate"，译作"禁门"，其做法、体量与胡马雍门相近，门外可达旧堡湖，但未与现代道路交接。

胡马雍门与禁门之间的南北大街，与大门内的东西大街在城内呈丁字相交。城中现存的 Qila-e-Kuhna 清真寺、Sher Mandal 等主要建筑均位于丁字大街东侧。

Sher Mandal 又称作"胡马雍藏书阁"，位于 Qila-e-Kuhna 清真寺南侧，南北大街以东。现存一座砖石结构的建筑，平面八角形，座于低矮台基之上，外立面两层，各面开尖楣圆拱，平顶，其上建八角亭，覆钵八角攒尖顶（图5）。建筑内部为空心可登临结构，二层各面开长方形门，门上开明窗，首层开西门，有斜向道路通向城内的南北大街。道路北侧临近 Qila-e-Kuhna 清真寺，有一座东北、西南向的印度传统水井（Baoli），石砌井壁，深达22米，设89级台阶，分八处倒水平台，井底正立面做出尖楣圆拱穹窿顶，建筑形制复杂，当是高等级工程。

印度国家考古局（Archaeological Survey of India）于1954～1955年和1963～1973年，分两次在旧堡城址内进行了较大规模的考古发掘，在 Sher Mandal 建筑群东南部揭露出了大面积相互叠压的建筑基址，年代自公元前10世纪延续至公元17世纪（图6）[2]。来自中国的龙泉青瓷出自遗址内最晚的莫卧儿时期文化层，同时期的遗存包括灰坑和建筑遗迹（图7、图8）。部分灰坑体量巨大，打破早期地层；建筑遗迹分布于遗址各处，碎石砌筑，布局相对独立。出土的龙泉青瓷有青釉刻划花卉纹大盘等，与之同出的遗物包括青花碗、盘。青花器有署"大明成化年制"伪托款者，有题诗文或饰以克拉克瓷风格纹饰的器物，部分器物经过锔补。同出器物另有苏尔王朝阿迪尔·沙（Adil Shah Sur）时期和莫卧儿晚期（带有 Shah 'Alam 的铭文）的钱币、玻璃酒杯、嵌宝石金耳坠、各色小玻璃珠、刻绘花叶纹陶制圆腹细颈瓶（Surahi）以及大量的日用器物[3]。

德里旧堡遗址出土的龙泉窑大盘，盘心满刻大葵花图样，篦划出叶瓣和花蕊，施青釉，釉色青灰，釉面较薄，具有玻璃质感，薄胎，呈灰白色。同类龙泉青瓷另有三件见于新德里的印度国家博物馆：（1）青釉刻花卉纹碗，口径32.5、高13.5厘米，敞口，曲腹，圈足，内壁刻缠枝花卉纹，外壁口沿刻一周回字纹，腹部刻缠枝花卉纹，线条写意，布局疏朗，釉呈青绿色，具玻璃质感。（2）青釉印花卉纹折沿盘，口径34.5厘米，盘口折沿，斜曲腹，圈足，内壁腹部一周印菊瓣纹，盘心印一折枝花，釉呈青绿色，具玻璃质感，据介绍外底刻有沙·贾汗（1592～1666年）孙辈 Sultan Sulaiman Shukoh 皇子（1635～1662年）

图5　德里旧堡胡马雍藏书阁

图6　德里旧堡遗址发掘现场

图7　德里旧堡遗址发掘揭露的莫卧儿时期遗迹

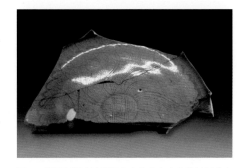

图8　德里旧堡遗址发掘出土的龙泉窑青釉刻划花卉纹盘残件

图 9　龙泉窑青釉刻花卉纹折沿盘　印度国家博物馆藏　　　图 10　旧德里城宫城示意图（London News　图 11　中国瓷器标本　马杜赖政府博物馆藏
1858 年 1 月 16 日）

的铭文。（3）青釉刻花卉纹折沿盘，口径 33.5、高 13.5 厘米，盘口折沿，斜曲腹，圈足，内壁腹部刻一周写意缠枝花
草纹，盘心刻一写意折枝花，釉呈青绿色，具玻璃质感（图9）。上述器物与平潭大练岛沉船遗址出土青瓷器相近，年
代应不晚于 14 世纪上半叶[4]。

德里旧堡城址的面积不及同时期中国的一般县城，但其城门高耸，防御设施充分，城墙宽厚，墙内一周布满防御工
事，城外借亚穆纳河及湖泊、湿地为壕。城内采用丁字大街布局，南北大街略偏西，其东侧为城内高地，占地面积较大，
集中分布宗教、礼制建筑，布局突出主体建筑，单体建筑规制较高。17 世纪后半叶，莫卧儿王朝自此迁都至向北约 5 公
里的旧德里城，保存至今的红堡是旧德里城的宫城，位于城内东侧，靠近亚穆纳河河岸。其规模与布局显然沿用旧堡旧
制，红堡城内宗教、礼制建筑林立（图10），由此判断旧堡为旧都宫城应无大误。惜今外郭城遗迹不存，范围、布局不明。

二　马杜赖政府博物馆藏龙泉窑青瓷

马杜赖是泰米尔纳度（Tamil Nadu）邦的首府，是南印度历史上的政治、文化与军事中心，即文献所记注辇国的
一处国都。今马杜赖政府博物馆展厅内存有一批中国瓷器标本，其出土地点标明为 Kunnathur Madurai District，该地
位于马杜赖西南约 30 公里，应是一处聚落遗址或宗教庙宇遗址，惜遗址的具体情况不明。

该地出土的中国陶瓷器包括龙泉青瓷，以及青灰色釉器、褐色釉瓷器。龙泉青瓷的器形包括碗、盘、碟、盒、
罐，器物体量偏小，以素面为主（图11）。

其中青釉小罐是该地出土器物中保存较为完整的一类器物，按体量、形制和纹饰可分为如下几型：I 型，直口，
斜圆唇，圆肩，曲腹，下腹斜收，隐圈足，颈部两侧设管形系，肩部一周印下垂的大花朵图案，施釉不及底，釉色青
绿，釉面布细密开片，胎呈白色，微泛灰，含少量杂质（图12）。II 型，斜唇口，矮颈，圆肩，曲腹，下腹微敛，隐圈
足，颈部两侧设短管形系，下腹部印单层仰莲瓣，施釉不及底，釉色青绿，略泛灰，胎呈灰褐色，较纯净。IIIa 型，
斜唇口，矮颈，圆肩，曲腹，下腹明显斜收，隐圈足，施釉不及底，釉色青绿，局部积釉微泛蓝，釉面布细密开片，
素面无纹饰，胎呈白灰色，较纯净。IIIb 型，斜唇口，矮颈，圆肩，曲腹，下腹明显斜收，隐圈足，施釉不及底，釉
色青绿，略泛灰，素面无纹饰，胎呈白色，微泛灰，含少量杂质。IV 型，直口，圆唇，圆肩，曲腹，隐圈足，釉色
青绿，略泛灰，釉面有开片，素面无纹饰。Va 型，体量最小，直口微敛，圆唇，圆肩，曲腹，圈足，颈部两侧设耳
（损），腹部印花卉纹样，釉色青绿，胎呈白灰色。Vb 型，体量最小，直口微敛，圆唇，圆肩，曲腹，圈足，肩腹部
印花卉纹样，釉色青绿，胎呈白灰色。此外，遗址另出一黄褐色釉敛口罐，圆肩，曲腹，外壁刻六瓣宽厚的覆莲瓣

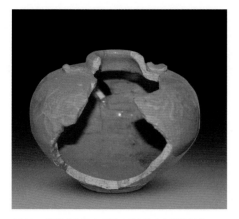

图 12　青釉罐残件（I 型）马杜赖政府博物馆藏

图 13　青釉罐（III-V 型）马杜赖政府博物馆藏

图 14　奎隆港口

纹，以及一褐色釉小罐，型略同于青釉 IV 型，施釉不及下腹，胎呈灰褐色，略泛黄（**图 13**）。

上述青釉小罐，大部分与大练岛沉船遗址中同类器物相近，产地除龙泉窑外，应有浙江或福建仿烧的器物，年代应不晚于 14 世纪。在遗址面貌不清的情况下，从早期刻莲瓣纹罐到青釉及褐色釉小罐的器物序列，是认识该遗址文化面貌的重要参考。

三　奎隆港口遗址及其出土的龙泉青瓷

奎隆港口（Kollam Port）位于印度半岛西南沿海，是喀拉拉邦（Kerala）奎隆市（Kollam）管辖的一处海运港口，距现代奎隆市区约 4 公里。港区海岸线东西约 1.8 公里、南北约 0.6 公里，现代码头位于港区东侧，港内吃水深度 6.5 米，可容 15000 载重吨的船舶直接停靠，是一处天然避风良港（**图 14**）。

今奎隆港沿岸密集分布着服务渔业及港务工作的村镇，古代遗迹尚存两处。其一，位于港区西岸的圣托马斯堡（St. Thomas Fort）旧址，由葡萄牙人建于 16 世纪初，后被荷兰人、英国人相继占领，用以控制奎隆港。现代奎隆港建立后，城堡逐渐废弃，现仅存部分城墙及建筑基础。其城墙呈东西走向，将港口西岸向南突出的部分围合，东、西两端及居中位置均出呈尖状四边形的类马面结构。堡内现存的灯塔及附属院落始建于 1902 年，属于港务设施。该院内曾经试掘出土中国瓷器片，今地表仍可零星采集到青花、青瓷和褐釉瓷器标本。其二，位于港区北岸的乔纳普兰清真寺（Jonakappuram Juma Masjid），该院落内外曾采集到少量青花、青瓷并兼有褐釉瓷器，其使用年代约与圣托马斯堡相近，均不早于 16 世纪。

2014 年 2 月，奎隆港口管理局开始对现有港区进行改扩建工程，前期工程在港内东部偏北向水下挖沙，挖深至水下约 4.5 ~ 8 米处，沙土中发现大量古代文物，主要包括金属制品、陶瓷器、玻璃器三大类。金属制品约一千余件，除少量印度本地的金属工具及钱币外，主要为中国铜钱，总计 1208 枚。大部分保存完整，少量残损，据铸文所示朝代，可分为四组，分别为唐五代、北宋、南宋和元代，数量最大为两宋钱币（北宋 938 枚，南宋 168 枚），铸文涵盖两宋全部纪年，最晚的中国铜钱为一枚元至大通宝。陶瓷器标本约一万余件，其中数量最多的是印度本地生产的砂胎红陶，另有少量产自中国的瓷器以及产自西亚的孔雀蓝釉陶器。中国瓷器残片标本约 500 余件，按釉色、工艺可分为：白釉、青白釉、枢府釉、青釉、青灰釉、青釉釉下褐彩瓷器、褐釉、素烧、青花等 9 类。产自福建、广东的褐釉及素烧器占比最大。龙泉窑及仿龙泉窑的青釉、青灰釉次之，器形以碗、盘、罐、瓶为主，多素面，龙泉青瓷品质较好，但数量较少（**图 15**）。

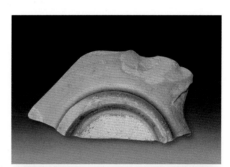

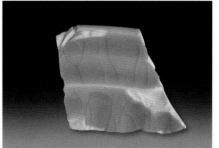

图 15　龙泉青瓷标本　奎隆港口出水

上述中国瓷器的器物组合约与斯里兰卡以西 13 ~ 14 世纪各沉船遗址所见的中国外销瓷器面貌相当。

根据港内出水文物判断，奎隆港口是印度西海岸一处沟通南北的内陆港口，自 9 ~ 10 世纪开始，逐渐成为一处东亚与中亚及东非之间的远洋航运港口。从出土遗物地点及其年代判断，早于 16 世纪的奎隆港口遗址应大部叠压在现代奎隆港口之下，由港内水下遗址、沿岸港务设施及周边聚落遗址共同构成。在田野考古发掘工作正式展开之前，港区水下出土遗物对于印证中国文献所记录的奎隆历史有重要参考价值[5]。

上述三处遗址所出龙泉青瓷及同时期的中国文物，因出土方式不同，遗址地理位置、等级、性质各异，所具有的历史信息也各不相同。

德里旧堡遗址作为高等级城址，其所出文物，特别是发掘出土自原生文化层的标本，是见证莫卧儿王朝与元、明宫廷交流的物证，对了解高等级龙泉青瓷的输出海外品类、途径及其历史意义有重要参考作用。马杜赖政府博物馆所藏的瓷器标本，应是宋元以来注辇国（马八儿国）境内遗物，《元史》记："行中书省左丞唆都等奉玺书十通，招谕诸蕃。未几，占城、马八儿国俱奉表称藩，余俱蓝诸国未下。行省议遣使十五人往谕之……十六年（1279 年）十二月，遣广东招讨司达鲁花赤杨庭璧招俱蓝……十八年（1281 年）正月，自泉州入海，行三月，抵僧伽耶山，舟人郑震等以阻风乏粮，劝往马八儿国，或可假陆路以达俱蓝国，从之。四月，至马八儿国新村马头登岸……时哈撒儿海牙与庭璧以阻风不至俱蓝，遂还。哈撒儿海牙入朝计事，期以十一月俟北风再举。至期，朝廷遣使令庭璧独往。"[6] 俱蓝国即今奎隆。可见，由印度东南岸进入德干高原的陆路交通，在海路不畅时，可替代远航至印度西岸的传统海运路线，这或是该地区中国文物输入的一个主要渠道。该遗址未做发掘，文化面貌不清，但青釉小罐的集中出土，反映了这一时期中国瓷器在南印地区流布的细化程度，特定工艺、器形的瓷器已经进入了城市以下的普通聚落或神庙。奎隆港口遗址出土的龙泉青瓷，与同时期来自广东、福建、江西地区的各类瓷器，反映出奎隆港在宋元时期作为亚欧海运交通枢纽的重要地位。

在对上述器物标本进行产地、工艺及生产年代的研究时，我们注意到，因遗址未进行正式考古发掘或遗址的年代、性质不清，其出土标本在建立年代学序列时，存在很大的局限性。特别是此类在海外遗址中发现的来自中国的标本，其生产时间、使用时间和保存的文化层时代往往并不重叠。在"天下龙泉"展相关单元的展览中我们也能发现，海外流传龙泉青瓷标本的来源地信息详略不一，出土标本的遗址情况多不完善，或出自考古调查与局部发掘，或为征集品，或缺少具体来源信息，与本文所举案例情况相近。因此，我们在使用海外考古调查资料或海外传世品资料，讨论中外贸易及文化交流状况时，对所用材料的信息及其历史意义的判断，都需要格外谨慎。同时，随着中国考古工作者在海外进行田野考古工作的机会逐渐增多，坚持考古工作自身的操作规程及科研规范，掌握一手田野考古资料，认清遗址文化面貌，建立器物的年代学序列，仍是相关科研工作不可逾越的基础。

注 释

1 （宋）李诫：《营造法式》卷第六，《梁思成全集（第七卷）》，中国建筑工业出版社，2001 年。

2 在 *India Archaeology: A Review, 1955-1956*（《印度考古述评 1955 – 1956》）的报道中，可见遗址出土最早的中国文物是元青花残件，在遗址博物馆展厅中，又展出了明清时期的青花瓷器。

3 参 *India Archaeology: A Review, 1969-1970*（《印度考古述评 1969 – 1970》）。

4 中国国家博物馆水下考古研究中心、福建博物院文物考古研究所、福州市文物考古工作队：《福建平潭大练岛元代沉船遗址》，科学出版社，2014 年 8 月。

5 故宫博物院考古研究所、印度喀拉拉邦历史研究委员会：《印度奎隆港口遗址 2014 年考古调查简报》，《文物》，待刊。

6 《元史》卷二百一十"列传第九十七外夷三·马八儿等国"，清乾隆武英殿刻本。

Research and Thinking on Celadon Ware of Longquan Kiln Excavated in India

Ji Luoyuan, The Palace Museum

This paper takes Longquan celadon samples of Old Delhi ruins, Quilon port ruins and Tamil Nadu as examples and attempts to distinguish types, features and characters of Longquan celadon ruins in India. The Old Delhi fort is one capital ruin which experienced palaces of successive dynasties. Most Longquan celadon samples were excavated from ash pits or building sites of Mughal period. The Quilon port belongs to maritime port which unearthed Longquan celadon under the water. The port excavated a large number of imitated Longquan celadon and coarse porcelain produced in Guangdong or Fujian provinces. Most products of Quilon port produced after the Yuan dynasty and all belongs to the goods of overseas trade in the Song and Yuan dynasties of China. The Longquan celadon of Tamil Nadu comes from one unknown settlement with unify shape and high quality. Those celadon were produced no later than the 14th century. According to the situation of Longquan celadon in three ruins above, this thesis considers that the specimens of Chinese cultural relics in India had different features and limits because of ruins types, characters and archaeological work. The discussion about specific ruin and specimens should be considered as the primary task when scholars make use of those materials to do research on overseas unearthed Chinese cultural relics. The macro conclusions should be concluded with very cautious approach.

古代中国与伊朗南部地区陶瓷贸易管窥

——以安德鲁·乔治·威廉姆森的调查为中心

翟毅　故宫博物院

张然　英国杜伦大学

唐代伊始，中国外销瓷大量出口到西印度洋地区，伊朗南部波斯湾北岸是海洋陶瓷贸易的重要地区。伊朗南部地区的尸罗夫港、基什岛、霍尔木兹王国在中国古文献中都有所提及，说明该地区当时与中外海洋贸易有着直接关系。在考古学方面，除了英国考古学家大卫·怀特豪斯（David Whitehouse）在尸罗夫的发掘以外[1]，鲜有相关考古发掘进一步涉及这一课题。英国考古学家安德鲁·乔治·威廉姆森（Andrew George Williamson）于 20 世纪六七十年代在波斯湾北岸地区展开了大规模考古调查，其调查结果成为研究古代中国与伊朗贸易的重要材料。

威廉姆森在伊朗南部的地面调查目前被认为是研究伊朗境内萨珊王朝和伊斯兰时期最重要的成果。根据威廉姆森的笔记，他访问了近 1200 处伊朗南部的古代遗迹或遗址。他的调查藏品包括 17000 余件陶瓷残片、5000 余件玻璃以及钱币等其他标本，其中中国唐至晚清时期的陶瓷器达 3400 余件[2]。

2016 年以来，故宫博物院考古研究所与英国杜伦大学考古系共同整理了威廉姆森藏品中的中国外销瓷。本文根据整理的初步成果，拟尝试对古代中国与波斯湾北岸地区的陶瓷贸易进行初步分析。

一　威廉姆森与其调查简介

威廉姆森 1945 年生于英格兰，早年在西班牙马德里大学学习西班牙语与西班牙历史文化等课程。也是从这个时期开始，他对伊斯兰文化产生了兴趣，随后，他考入牛津大学学习现代史。大学期间，威廉姆森开始接触考古学，并在英国参加了数次考古实习。在那个年代，英国人还可以在摩洛哥、阿尔及利亚甚至巴基斯坦和阿富汗等伊斯兰国家自由考察旅行。1968 年前后，威廉姆森首次造访伊朗，并对伊朗考古产生了浓厚的兴趣，随后在伊朗多地进行考古实习，其中包括跟随大卫·怀特豪斯在尸罗夫港进行考古发掘。同年，他返回牛津并开始专门研究伊朗历史与考古，并计划在伊朗地区的地面调查工作。

威廉姆森对于自己的调查计划有着壮志雄心：西到美索不达米亚、东至巴基斯坦境内，南达波斯湾，北通伊朗高原腹地，他希望借由古文献与古代地图来调查古代伊朗历史时期的重要遗迹和商路。在早年的调查中，威廉姆森最为得意的是他在锡尔詹（Sirjan）的考察与发现，这座 9 ～ 11 世纪的克尔曼（Kirman）中世纪古城仍留存着古代民居、礼拜寺和城墙等遗迹。在随后的几年中，他调查了布什尔（Bushehr），并首次发现了布什尔萨珊时期的遗址，并重点考察了里沙赫尔（Rishahr）的港口重镇、米纳布（Minab）地区等。1969 年，威廉姆森结识了美国考古学者玛莎·普利克特（Martha Prickett），合作展开伊朗南部的考察。威廉姆森的兴趣点主要集中在历史时期，而普利克特则对史前遗址更为感兴趣，因此他们在考察中相互弥补，使得考察内容更加完整。

1973 年，威廉姆森出任阿曼苏丹国文物局局长，计划调查阿曼南部佐法尔省（Dhofar）。虽然佐法尔有着大量的考古遗迹，但是因为时值阿曼内战，工作并未展开。1975 年，内战结束，威廉姆森决定重启佐法尔考察计划，但不幸在考察中遇到地雷而遇难，年仅 30 岁。

随后，普利克特整理了威廉姆森的藏品，并由威廉姆森的父母捐献给英国牛津大学阿什摩林博物馆，部分藏品由伊朗德黑兰国家博物馆收藏。因为这项调查是由威廉姆森与普利克特联合主持的，其藏品全名应为"威廉姆森与普利克特调查藏品"，本文简称为"威廉姆森藏品"。

在过去的几十年间，许多学者就威廉姆森藏品进行过不同角度的研究：1970 年代，参与调查的普利克特曾经一度想结集出版威廉姆森藏品，可惜未果[3]。1981 年，英国考古学家彼得·摩根（Peter Morgan）也曾再次尝试出版，可惜因为版权等问题，最终仅以科尔曼省锡尔詹地区的藏品作为研究重点，于1987年发表部分研究内容[4]。随后彼得·摩根又对威廉姆森藏品中米纳布地区的中国陶瓷进行研究，确定了旧忽鲁谟斯王都的所在地，以及探索了忽鲁谟斯王国迁至霍尔木兹岛的历史[5]。法国学者阿柯塞勒·胡热尔（Axelle Rougeulle）在博士论文中梳理了环印度洋中国外销瓷出土、采集的情况，重点引用了威廉姆森在伊朗南部沿海地区遗址中采集的藏品，并探索了伊斯兰世界与远东地区中世纪的贸易往来[6]。2002 年，英国考古学家德瑞·康耐特（Derek Kennet）与赛斯·普利斯曼（Seth Priestman）建立了威廉姆森藏品研究项目（The Williamson Collection Project）[7]。普利斯曼完成了对威廉姆森藏品的系统梳理，将其中的陶瓷进行了系统的分类与分析[8]。

近年，中国考古学家对于威廉姆森藏品也逐渐开始重视起来。在普利斯曼研究的基础上，故宫博物院与杜伦大学联合考古队对威廉姆森藏品中的中国陶瓷进行了系统的研究与梳理。北京大学考古系林梅村教授在实地考察过伊朗南部沿海地区后，利用威廉姆森藏品数据，对于伊朗古港口变迁、郑和在波斯湾航海线路、"马可·波罗罐"等课题进行了研究[9]。

二　威廉姆森调查的整体概况与局限性

在 20 世纪六七十年，波斯湾地区的地面调查主要以区域调查为主。而威廉姆森调查在当时具有前瞻性，他一定程度上打破了区域调查的界限，在伊朗南部进行了大规模的调查。另外，同是在伊朗南部进行的调查，20 世纪三十年代斯坦因（A. Stein）主要依据文献记载调查，路线比较单一。这种传统调查方法可能会受到历史文献的引导而产生局限性。与之相比，威廉姆森的调查方法更为系统化和标准化。在结合了传统考古调查方法的同时，更多通过实地观察地理地貌，对调查地区的文化遗迹进行了详细和标准化的记录[10]。

威廉姆森在伊朗南部的调查区域十分广泛，并且尽可能地收集了他认为有价值的考古遗物，但其调查也有着局限性。主观上，在收集这批藏品的过程中可能带有较强的主观性，其调查策略虽然是标准化和系统化的，但是与现代景观考古踏查的方法也有所不同，尚未采用 GIS 等现代定位技术；客观上，因为威廉姆森的不幸逝世，他的许多笔记和研究思路无法被解读。因此在我们现在重新整理的过程中就难免损失一些藏品的信息。

在调查中，威廉姆森对调查的不同区域进行了定义和编号。但是因为他的离世，他对区域的具体定义则无从得知。所以，他的区域编码成为了解伊朗南部历史经济发展状况的主要信息。由于威廉姆森留下的信息不够完整，英国考古学家赛斯·普利斯曼根据他的笔记整理复原了大部分考察遗址和调查遗物的具体地点。重新整合的遗址区域（地点）有 121 处，包括 300 余处调查点（遗址群）。11665 件陶瓷器有出土地点，占整体藏品的 72%[11]。

表 1 列出了威廉姆森调查的主要区域，分布在伊朗的霍尔木兹甘省、法尔斯省、克尔曼省和布什尔省。其中少数遗址位于内陆，大多数据点位于海岸线附近。这些据点的时间范围覆盖了从萨珊王朝至 18 世纪。根据普利斯曼的分析，威廉姆森藏品整体年代主要分布在两个时间段，分别是萨珊王朝时期（3 ~ 6 世纪）和伊斯兰中后期（11 ~ 17 世纪）。从分布状况而言，萨珊时期的陶瓷器主要分布在布什尔岛及周边，伊斯兰中后期的陶瓷器主要分布在米纳布

地区。说明伊朗南部的古代沿海贸易中心在这个阶段发生了明显的转移，即从布什尔转到了米纳布[12]（图1）[13]。

表1　威廉姆森调查区域代码及其所指地理范围[14]

区域代码	区域范围	英文
A	阿巴斯港至伦格港	Rud-i-Shur to bandar-i-Lengeh
AA	霍尔木兹岛	Hormuz Island
AE	基什岛	Kish Island
B	伦格港及周边	Lengeh to Qalat-i-Abdl Rahman
D	奈班德海湾	Neran to Naband
F	尸罗夫港附近	Tahiri to Rud-i-Mond
H	布什尔半岛	Bushehr Peninsula
J	阿巴斯港及周边	Rud-i-Shur to Minab
K	米纳布地区	Minab delta
L	贾斯克地区	Minab to Jask
P	哈利勒河谷	Halil-Rud Valley
Q	朵兹丹山谷	Rudan and Bulak
R	科尔曼南部	Southern Kerman
S	锡尔詹地区	Sirjan Survey
V	设拉子地区	Siraz area
Z	巴姆地区	Bam/Rayen

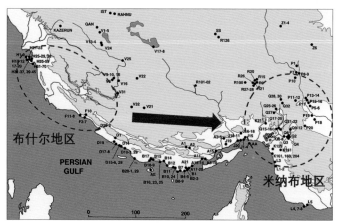

图1　威廉姆森调查据点分布图与伊朗南部的古代沿海贸易中心的变迁示意图　　图2　威廉姆森调查中国外销瓷的主要遗址分布示意图

三　威廉姆森调查中中国陶瓷种类与分布概况

在威廉姆森调查所得标本中，以中国标本为主的东亚陶瓷有3386件，约占标本总量的20%。中国外销瓷的比例与其他波斯湾或西印度洋地区遗址调查或考古发掘相比是十分高的。这可能主要因为威廉姆森在调查中有意地挑选了高质量且容易辨识的中国外销瓷。这些中国陶瓷器出自伊朗南部约219个调查点，年代为唐至清，主要集中于霍尔木兹岛（AA）、米纳布地区（K）和基什岛（AE）。

威廉姆森藏品中的中国陶瓷器已有文章详细介绍[15]，这里简略介绍并见表2。从调查的西部向东部延伸，威廉姆森调查中出土中国陶瓷的区域主要有(图2)：

1. 霍尔木兹甘东部（L、K 与 Q 区域）与霍尔木兹岛（AA 区域）

霍尔木兹甘东部以及霍尔木兹岛是威廉姆森藏瓷最集中的采集区域。其中靠近波斯湾入海口的米纳布地区为 K 区域，靠近内陆的朵兹丹山谷（Dozdan Valley）地区为 Q 区域，位于米纳布地区东侧的贾斯克地区（Jask）为 L 区域，霍尔木兹岛为 AA 区域。

2. 霍尔木兹甘西部（A、B、D 与 J 区域）与基什岛（AE 区域）

威廉姆森在霍尔木兹甘省西部地区的遗址采集点基本沿海岸向西分布。最东边的是毗邻米纳部地区的 J 遗址区域，以阿巴斯港（Bandar Abbas）为中心。由此向西 A、B 与 D 遗址区域依次顺延至奈班德海湾（Nayband）。AE 地区为基什岛（Kish Island，《诸蕃志》称"记施"）。

3. 布什尔地区（F 与 H 区域）

编号 F、H 的区域在布什尔省境内，F 区域即著名的尸罗夫港（Siraf）及周边地区，H 区域是布什尔半岛（Bushehr）。F 区域，共有 14 处遗址出土了陶瓷残片，其中 2 处采集到中国标本。在全部 173 件陶瓷遗物中，21 件为中国陶瓷，占总数的 12.1%；H 区域，共有 66 处遗址出土了陶瓷残片，共计 1578 件，其中仅有 8 处采集到中国陶瓷，共 83 件，占总数的 5.3%。

4. 内陆地区（P、S、Z、V 与 IST 区域）

威廉姆森在伊朗内陆的调查采集主要分布在伊朗南部的克尔曼省（区域 P、S、Z）和法尔斯省（区域 IST 与 V）。整体而言，内陆采集的中国陶瓷数量十分稀少，均未超过各遗址点陶瓷采集总量的 4%。

表2　威廉姆森调查发现中国外销瓷的调查点与陶瓷数量、比例

区域	内陆 / 沿海	出土陶瓷遗址数	出土东亚陶瓷遗址数	比例	出土陶瓷数	出土东亚陶瓷数	比例
L	沿海	9	1	11.1%	41	2	4.9%
K	沿海	182	131	72%	5181	1943	37.5%
AA	沿海	5	5	100%	666	540	81.1%
J	沿海	16	6	37.5%	156	35	22.4%
A	沿海	16	9	56.3%	521	177	34%
B	沿海	21	16	76.2%	517	189	36.6%
D	沿海	20	6	30%	399	24	6%
AE	沿海	8	8	100%	413	286	69.2%
F	沿海	14	2	14.3%	173	21	12.1%
H	沿海	66	8	12.1%	1578	92	5.8%
Q	内陆	24	6	25%	1088	19	1.7%
P	内陆	21	3	14.3%	1893	12	0.6%
S/SS	内陆	17	8	47.1%	799	27	3.4%
V	内陆	26	7	26.9%	333	13	3.9%
Z	内陆	5	2	40%	251	5	2%
IST	内陆	1	1	100%	27	1	3.7%

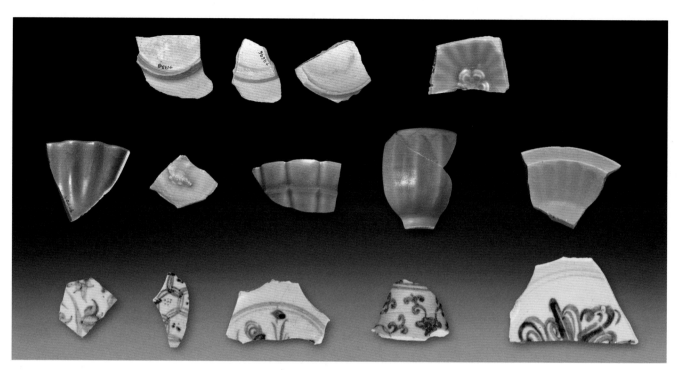

图3　威廉姆森在米纳布地区采集的中国陶瓷标本

四　讨论

1. 伊朗南部港口与中国贸易的关系变化

关于波斯湾古港口的变迁和其与古代中国的贸易往来，许多学者都已经做过讨论[16]，下面以威廉姆森藏中国陶瓷标本的分布为着眼点，从宏观的角度观察这一现象。因为威廉姆森在布什尔省调查时，英国考古学家怀特豪斯正在尸罗夫港发掘，本文也以怀特豪斯的发掘出土数据作为参照[17]。

在威廉姆森的调查中，通过表3对比尸罗夫（包括怀特豪斯的发掘）、基什岛、米纳布地区和霍尔木兹岛采集或出土中国外销瓷的变化，可以看出这些地区（港口）与中国的贸易在不同时期的活跃程度变化（绿色为活跃、红色为不活跃）。唐代，尸罗夫港扮演着与中国贸易的重要角色，出现了一家独大的局面。到了宋代则出现了变化，虽然尸罗夫港仍是主要贸易港口，但是基什岛和米纳布地区都出现了与中国贸易的发展态势。

表3　尸罗夫、基什岛、霍尔木兹岛和米纳布地区的中国外销瓷出土数量与比例分布表 *

遗址	代码	唐	宋	元	明	清
尸罗夫	F	157（31.6%）	199（40%）	51（10.3%）	90（18.1%）	0
基什岛	AE	4（1.7%）	26（11.1%）	144（61.3%）	60（25.5%）	0
霍尔木兹岛	AA	0	2（0.4%）	22（4.5%）	457（93.1%）	9（1.8%）
米纳布	K	12（0.7%）	225（13%）	554（31.9%）	839（48.4%）	100（5.8%）

* 比例为分期中国外销瓷数量／总中国外销瓷数量

元代，基什岛与中国的贸易最为活跃，其与米纳布地区超越了尸罗夫港，两者之间平分秋色，可能有着竞争关系。到了明代，基什岛发现的中国外销瓷仅有龙泉青瓷，没发现一片青花瓷，说明其与中国的陶瓷贸易在明代已衰落。

图 4　威廉姆森在霍尔木兹岛采集的中国陶瓷标本

　　另一方面，霍尔木兹岛与中国贸易从元代开始（以出土的龙泉青瓷来看以元代中后期为主），明代达到了顶峰。米纳布地区出土的中国外销瓷主要集中在元明之际（图3），元明时期出土的中国陶瓷器数量基本大致平均，明代略多。

　　结合调查与历史文献可以看到，位于今伊朗布什尔省东南海滨的尸罗夫港是阿巴斯王朝在波斯湾最重要的对外贸易口岸，也是与唐代中国贸易的终点港。《新唐书》"地理志"记载了从广州出发到达东南亚以及近东地区的航路[18]。然而这些航路的记载大多数是靠收集在唐的阿拉伯商人的讲述总结出来的，并且鲜有史料记载在此期间唐朝的商人直接参与了与阿拉伯的贸易[19]。

　　虽然史料记载从 10 世纪开始，由于大地震的原因尸罗夫港在波斯湾的地位开始动摇，但是调查发现其真正的衰落实在宋元之际。一方面，这与来自基什岛猖獗的海盗活动有关，缺乏安全的局势导致大量的物资、人员都流向阿曼的苏哈尔港[20]。另外，随着埃及马穆鲁克（Mamluk）的强盛，西印度洋贸易的重心从波斯湾转移到了红海地区[21]。与此同时，基什岛和米纳布地区的中国陶瓷贸易量也显著提高。

　　宋元之际，基什岛与霍尔木兹王国所统治的米纳布开始繁荣，但尸罗夫港并没有完全没落。尸罗夫发掘出了一定数量的元代龙泉青瓷或许能在一定程度上证明这一点[22]。但是此时波斯湾的海洋贸易中心和与中国的贸易已经转移到了波斯湾下游地区，基什岛与忽鲁谟斯王国形成了竞争关系。1330 年前后，虽然霍尔木兹岛最终击败了基什岛，但因为不堪来自呼罗珊地区突厥军队的侵扰，最终迁到加隆岛（Jerun），即现在的霍尔木兹岛[23]。

　　明代早期，忽鲁谟斯王国已经进入了一个繁荣的时代，被称作新霍尔木兹王国（New Hormuz Kingdom），逐渐控制了波斯湾贸易，郑和下西洋时曾造访这里[24]。在这里，发现了明代初期的官样龙泉青瓷和明代红绿彩瓷、黄釉瓷等器物，尤其明代红绿彩器和黄釉器在印度洋中国陶瓷贸易中是十分稀少的，说明其外销瓷品种丰富（图4）。在与中国和欧洲贸易的刺激下，新霍尔木兹王国的范围囊括了波斯湾大部分地区，包括霍尔木兹岛、米纳布、阿巴斯港、丽莎赫尔、巴林、阿曼和阿联酋祖尔法地区，成了印度洋贸易的重要中心[25]。

图 5　威廉姆森在锡而詹地区采集的中国陶瓷标本

2．沿海与内陆的威廉姆森藏瓷分布

将威廉姆森采集点分为沿海与内陆两类，无论是在东部米纳布、克尔曼地区，还是在西部西霍尔木兹甘、布什尔与法尔斯地区，沿海地区能够采集到中国标本的遗址分布更为密集，标本量更大。中国陶瓷主要通过海路运输至波斯湾西亚地区，这一点毋庸置疑。一旦进入内陆，即便在 A 或 Q 区域这类紧邻沿海地区的采集点，中国陶瓷的采集量也是骤然下降，似乎一旦进入伊朗大陆，中国陶瓷便销声匿迹了。下面我们追随零星散布的中国陶瓷，结合采集地的历史特征，简要分析一下中国陶瓷与各地的关系。

虽然当年威廉姆森调查采集时的意图无从知晓[26]，但其足迹所涉之处基本都在古代贸易运输网络的驿站。大体可分为东西两部分：东部米纳布—克尔曼地区（K、AA、L、Q、P、Z、S 区域），运输线路主要穿越杰巴尔巴莱兹山脉（Jebal Barez）呈南北走向；西部布什尔—西霍尔木兹甘地区（F、H、J、A、B、D、AE 区域），运输线路散布在扎格罗斯山脉（Zagros）群山之间，主要为了沟通设拉子与沿海地区。

虽然内陆地区遗址采集点少，但是各遗址之间仍旧存在具体差异。锡而詹（S 区域）位于沟通东西向设拉子到巴姆，南北向米纳布到克尔曼城的"十字路口"上[27]。这里所采集的中国陶瓷虽以白瓷为主，但瓷器种类表现出连贯性（图5），说明锡而詹存在中国瓷器的长期市场。除了作为贸易中心以及克尔曼地区最大的城市之外，锡尔詹在 10 世纪中叶到 11 世纪中叶还是生产一种施白色化妆土的伊斯兰陶的手工业中心[28]。这种白陶工艺发展，尤其是碗类产品，与唐宋时期进入到伊斯兰世界的中国白瓷密切相关[29]。这里采集到相对大量的中国陶瓷标本或许与当地陶业生产有关。锡尔詹地区以外，吉罗夫特（P 区域）、玛奴垟（Q 区域）两处遗址采集点发现的中国陶瓷种类也呈现时代上的延续。这两处地方相比普通驿站有一定政治、宗教地位。吉罗夫特城 10 世纪时是克尔曼地区的行政中心，在塞尔柱王朝（1037～1194 年）时期继续发展，一度成为冬季首都[30]。玛奴垟则是在 10 世纪以其城堡和清真寺而著称，被誉为克尔曼的"巴士拉"[31]。由此可见驿站城市的规模、政治、宗教地位与中国瓷器的发现密切相关。

除威廉姆森藏瓷以外，伊朗大陆还有两处中国瓷器的传世收藏：阿尔德比神殿藏瓷和现藏土耳其托普卡比宫的部分中国瓷器。后者相当一部分的元明中国瓷器是 16 世纪上半叶奥斯曼土耳其从大不里士萨法维皇宫劫掠的战利品 [32]。这两处收藏所包含的大量元代至正型青花瓷器和明代官烧青瓷可谓独树一帜，伊朗大陆再无他处可与之相比。由此联系威廉姆森藏瓷的伊朗内陆地点，巨大的反差再次凸显中国陶瓷在伊朗境内与皇室、政治、宗教权威等方面的密切联系。远道而来的中国瓷器从波斯湾北岸港口登陆，一旦进入伊朗市场，绝大部分都流向皇宫，再就是地方行政、宗教中心、商贾云集之所以及为了仿制中国产品的手工业中心、陶瓷生产地。

通过梳理威廉姆森藏瓷的大致分布状况，我们得以了解波斯湾北岸地区贸易海港的变迁与陶瓷贸易路线的走向：在港口变迁方面，通过中国陶瓷的分布可以得知，伊朗南部地区与中国古代的贸易中心从上波斯湾地区逐渐下移至阿曼湾。中国瓷器在伊朗与皇室、政治、宗教权力有着密切的关系，并集中出现在贸易交通的重要城市。从锡而詹地区采集的标本和当地生产釉陶品种可见中国外销瓷不仅自身价值高昂，对当地陶器发展也产生了促进作用。

注　释

1 Whitehouse, D., 1968, Excavations at Siraf: First Interim Report, in *British Institute of Persian Studies*, Vol.6, pp: 1-22; 1969, Excavations at Siraf: Second Interim Report, in *British Institute of Persian Studies*, Vol.7, pp: 39-62; 1970, Excavations at Siraf: Third Interim Report, in *British Institute of Persian Studies*, Vol.8, pp: 1-18; 1971, Excavations at Siraf: Fourth Interim Report, in *British Institute of Persian Studies*, Vol.9, pp: 1-17; 1972, Excavations at Siraf: Fifth Interim Report, in *British Institute of Persian Studies*, Vol.10, pp: 63-87; 1974, Excavations at Siraf: Sixth Interim Report, in *British Institute of Persian Studies*, Vol.12, pp: 1-30.

2 Seth Priestman, *Settlement & ceramics in Southern Iran: An analysis of the Sasanian & Islamic periods in the Williamson collection*, Unpublished Master Thesis: Durham University, 2005, Figure 3.

3 Seth Priestman, 2005, p.20.

4 Peter Morgan, Janet Leatherby, Excavated ceramics from Sirjan, Allan & C. Roberts ed., *Syria and Iran: three studies in medieval ceramics, Oxford Studies in Islamic Art*, 4, Oxford, Oxford University Press, 1987, pp.23-174.

5 Peter Morgan, New thoughts on Old Hormuz: Chinese ceramics in the Hormuz region in the thirteenth and fourteenth centuries, *Iran*, 29, 1991, pp.67-83.

6 Axelle Rougeulle, *Les importations extrême-orientales trouvées sur les sites de la période abbasside: contribution à l'étude du commerce moyen-oriental au Moyen-Age*, Ph. D. Thèse, Université Paris IV, vol.3, 1991.

7 Seth Priestman, Derek Kennet, The Williamson Collection Project: Sassanian and Islamic pottery from Southern Iran, *Iran*, 40, 2002, pp. 265-267.

8 Seth Priestman, 2005; Seth Priestman, *A Quantitative Archaeological Analysis of Ceramic Exchange in the Persian Gulf and Western Indian Ocean*, Unpublished PhD Thesis, University of Southampton, 2013.

9 德里克·康耐特、张然、赛斯·普利斯曼：《近东地区考古已发现的龙泉窑瓷器——英国威廉姆森藏品及斯拉夫遗址调查藏品中的龙泉窑青瓷简介》，中国古陶瓷学会编：《龙泉青瓷研究》第 447 ~ 457 页，2011 年；Ran Zhang, *An Exploratory Quantitative Archaeological Analysis and a Classification System of Chinese Ceramics Trade in the Western Indian Ocean, AD c. 800-1500*, Unpublished PhD Thesis, University of Durham, 2016；林梅村：《波斯湾古港的变迁——2012 年伊朗考察记之一》，《紫禁城》2012 年第 4 期；Lin Meicun, Ran Zhang, Zheng He's voyages to Hormuz Island: the Archaeological Evidence, *Antiquity*, 89(344), 2015, pp.417-32; Lin Meicun, Ran Zhang, A Chinese Porcelain Jar Associated with Marco Polo: A Discussion from an Archaeological Perspective, *European Journal of Archaeology*, 2018, pp.39-56.

10 Seth Priestman, Leave no stone unturned: Stem and Williamson's surveys compared, H. E. Wang ed., *Sir Aurel Stein Proceedings of the British Museum Study Day*, 2002, London: British Museum Occasional Paper, 2004, pp.29-35; Seth Priestman, 2005, pp.25-26, 30-31.

11 Seth Priestman, 2005, p.45.

12 Seth Priestman, 2005, pp.100-101.

13 原图引自：Seth Priestman, 2005, p.46: Figure 2.

14 Seth Priestman, 2005, p.364: Region Refixes.

15 翟毅、张然：《英藏威廉姆森波斯湾北岸调查所获的中国古代瓷片》，《文物》2019 年第 5 期。

16 Jean Aubin, 1959: La ruine de Sīrâf et les routes du Golfe Persique aux XIe et XIIe siècles, *Cahiers de civilisation médiévale*, 2(7), pp.295-301; Derek Kennet, The development of northern Ras al-Khaimah and the 14th-century Hormuzi economic boom in the lower Gulf, *Proceedings of the Seminar for Arabian Studies*, 32, pp.151-164; 同注 9，《波斯湾古港的变迁——2012 年伊朗考察记之一》；David Whitehouse, The decline of Siraf, in *The Proceedings of the Annual Symposium on Archaeological Research in Iran, 2nd-7th November 1974*, Tehran, 1975, pp.263-270; David Whitehouse, Maritime trade in the Gulf: The 11th and 12th centuries, *World Archaeology*, 14(3), 1983, pp.328-334; Donald Whitcomb, A Sequence of Iranīan Ports: Islamic Archaeology in the Persian Gulf, *International Journal of Society of Iranian Archaeologists*, 2(3), 2016, pp.47-53.

17 怀特豪斯在尸罗夫的发掘出土资料散落在世界各地，其中陶瓷器物部分在大英博物馆。此处引用的是怀特豪斯发掘时在遗址 A 区的出土陶瓷记录，见 Seth Priestman, 2013, pp.236-245。

18 "广州东南海行，二百里至屯门山……至茂门王所都缚达城。"《新唐书》第 1153 ～ 1154 页，中华书局，1975 年。

19 李金明：《唐代中国与阿拉伯的海上贸易》，《南洋问题研究》1996 年第 1 期。

20 Jean Aubin, 1959, pp.295-297.

21 Wiet, G., Les marchands d'épices sous les sultans mamlouks, in *Cashiers d'Histoire Egyptienne*, vol. VII（2），pp.81-147.

22 Jean Aubin, 1953: *Les Princes d'Ormuz du XIIIe au XVe siècle*, Paris, Imprimerie nationale, pp.77-137; Morgan, 1991, pp.71-78; Kennet, 2002, pp.161; Fiorani Piacentini, Merchants-Merchandise and Military Power in the Persian Gulf (Suriyanj / Shahriyaj-Siraf), in *Memorie dell'Accademia dei Lincei 9th series*, vol. 2, fasc. 2: Accademia Nazionale dei Lincei, p.171.

23 Peter Morgan, 1991, p.78.

24 Lin Meicun, Ran Zhang, 2015.

25 Donald Whitcomb, 2016, p.51; Donald Whitcomb, The Archaeology of Oman: A Preliminary Discussion of the Islamic Period, *Journal of Oman Studies*, 5, 1975: 123-157; Derek Kennet, *Sasanian and Islamic pottery from Ras al-Khaimah: classification, chronology and analysis of trade in the Western Indian Ocean*, Archaeopress, 2004.

26 由于缺乏威廉姆森本人对于历次调查初衷的陈述，我们很难了解到调查的路线、具体目的。见 Seth Priestman, 2005, p.24.

27 Al-Muqaddasī, 2001, pp.370-371, 382-383.

28 1969 ～ 1970 年，威廉姆森曾经在锡尔詹进行地面调查和小范围考古发掘，虽然没有找到窑炉遗迹，但是在蓄水池中发现大量支烧工具，判断附近存在陶窑遗迹。发掘资料在威廉姆森过世后被整理发表。参见 Peter Morgan, Janet Leatherby, 1987, pp.23-172.

29 Oliver Watson, Islamic Pots in Chinese Style, *The Berlington Magazine*, vol. 129, no.1010, *A Special Issue on Ceramics and Glass*, May, 1987, p.204.

30 Jean Aubin, La question de Sīrgān au XIIIe siècle, *Studia Iranica*, 1977, facs. 6, p.286.

31 同注 9。

32 Julian Raby, Ünsal Yücel, Chinese Porcelain at the Ottoman court, in *Chinese Ceramics in the Topkapi Saray Museum, Istanbul, Acomplete Catalogue*, Regina Krahl, Sotheby's Publications, London, 1986, vol. 1, p.33.

A Study of Ancient Sino-South Iran Ceramics Trade Based on Williamson Collection

Zhai Yi, The Palace Museum
Zhang Ran, Durham University, Britain

Britain archaeologist Andrew George Williamson spent years from September 1968 to April 1971 on the field survey of 1,200 archaeological sites around the south Iran, where he found a large number of relics academically called 'Williamson Collection' including Chinese ceramics, Islamic potteries, coins and glasses. More than 3,500 items of Chinese ceramics were unearthed in over 200 archaeological sites from eastern Jask to western Bushier, they mostly were exported products such as Changsha polychrome stoneware, Yue celadon, Xing white ceramics, Ding white ceramics, Jingdezhen bluish white porcelain, Longquan celadon, Jingdezhen blue-and-white porcelain and Cizhou stoneware as well. The exported China wares of the 'Williamson Collection' demonstrate ancient Sino-South Iran ceramic trade concerning the trading ports changes during the 9th – 14th century and the trading routes of exported porcelains from China to the south Iran. The China wares were mainly traded and distributed in the coastal areas there.

龙泉青瓷胎釉成分特征研究 *

故宫博物院　浙江省文物考古研究所　龙泉市博物馆

引言

　　龙泉窑是我国著名的瓷窑之一，在中国陶瓷史上占有重要地位 [1]，除供给民用外，还曾外销、供御 [2]。考古工作者对龙泉地区不同时期青瓷窑址持续不断进行的科学发掘工作，极大地丰富了对龙泉窑的科学认识，对龙泉窑的断源、断代研究具有极其重要的意义 [3]。考古发掘表明，龙泉青瓷自北宋中期以后逐渐形成了自己独特的风格；南宋时期龙泉青瓷质量有了显著提高，特别南宋后期烧制出了粉青、梅子青等青翠娇艳的釉色，使龙泉青瓷达到极盛；元代龙泉窑的生产规模进一步扩大，其烧制工艺、器形和装饰方面均有所创新；到了明代中期后，龙泉青瓷的质量渐趋粗糙，逐渐淡出朝廷的视野 [4]。龙泉地区烧制青瓷的窑口众多，其中以大窑、金村和溪口为代表的南区一带窑场最多、最密，其产品质量也最优。位于龙泉东区的安仁、安福等地的瓷窑厂亦烧制了大量青瓷产品以供国内外市场的需求。

　　为揭示龙泉地区青瓷的制作工艺特征和发展规律，诸多研究单位和学者从胎釉元素组成、显微结构以及呈色机理等多方面对龙泉青瓷进行了深入研究 [5]，并与南宋官、越窑等窑址出土的青瓷标本进行了科学对比研究 [6]，对认知龙泉青瓷的技术发展水平和地位提供了科学数据。然而，过往的科研工作主要集中于对龙泉南区的大窑、金村以及溪口等相关窑址产品进行的科学研究，而对龙泉东区各个窑口产品的研究相对较少，且缺乏对龙泉南区青瓷与东区青瓷产品之间的横向对比研究。鉴于此，本文采用能量色散 X 射线荧光光谱仪（EDXRF）对龙泉南区的大窑叶坞底窑、岙底窑、枫洞岩窑和金村窑、大窑犇窑以及龙泉东区的周垟窑、源口窑和岭脚窑八个窑口采集的青瓷标本进行无损分析，旨在通过对胎、釉元素组成特征的分析，科学系统地揭示龙泉地区不同窑口青瓷的制瓷工艺特征及其时代发展规律，并初步探讨龙泉南区与东区不同窑址青瓷产品之间的技术传播途径。

一　实验样品

　　实验样品由故宫博物院考古研究所、浙江省文物考古研究所的科研人员赴浙江龙泉地区相关窑址采集所得。其中龙泉南区的窑址有大窑的叶坞底窑、岙底窑和枫洞岩窑，金村的金村窑和大窑犇窑；东区的有源口窑、岭脚窑和周垟窑（图1~图8）。样品具体信息详见表1。

图1　大窑叶坞底窑瓷片标本

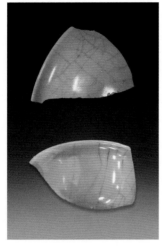

图2　大窑岙底窑瓷片标本

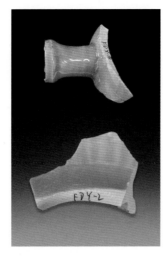

图3　大窑枫洞岩窑瓷片标本

图4　金村大窑犇窑瓷片标本

图6　金村窑瓷片标本

图6　源口窑瓷片标本

图7　岭脚窑瓷片标本

图8　周垟窑瓷片标本

表1　实验样品信息

区域	窑口	时代	数量
龙泉南区	大窑叶坞底窑	南宋至元	26
	大窑岙底窑	元代中晚期	33
		元末明初	8
	大窑枫洞岩窑	元代	20
		明初	6
	金村窑	南宋晚期	19
		元	15
	金村大窑犇窑	北宋	9
		南宋	15
		元	3
龙泉东区	源口窑	元	20
	岭脚窑	南宋晚期	5
		元	20
	周垟窑	南宋晚期	2
		元	20
数量总计			221

二 实验方法与结果

采用美国 EDAX 公司的 EAGLE Ⅲ XXL 大样品室能量色散 X 射线荧光光谱仪对瓷片标本的胎、釉元素组成含量进行测试。实验测试条件为：主次量元素采用的电压为 25KV，电流 400uA，束斑 0.3mm，测量时间 300s，经标准样品校准校正后得到近似定量分析结果。微量元素采用的电压为 40KV，电流 300uA，束斑 0.3mm，测量时间 300s，半定量分析结果。所测龙泉八个窑口青瓷胎、釉元素组成含量数据列于表 2、表 3。

表 2　龙泉八个窑口青瓷标本胎体元素组成含量（wt%）

窑口	时代	数量		Na_2O	MgO	Al_2O_3	SiO_2	K_2O	CaO	TiO_2	MnO	Fe_2O_3	Rb_2O	SrO	Y_2O_3	ZrO_2
大窑叶坞底窑	南宋至元	26	平均值	0.16	0.49	22.03	69.21	3.15	0.15	0.13	0.01	2.50	0.0147	0.0038	0.0043	0.0135
			SD	0.10	0.07	1.64	1.86	0.67	0.05	0.04	0.01	0.56	0.0026	0.0017	0.0015	0.0026
大窑岙底窑	元	33	平均值	0.36	0.46	21.37	69.31	3.92	0.29	0.07	0.03	2.02	0.0206	0.0032	0.0060	0.0128
			SD	0.19	0.10	1.12	1.17	0.43	0.24	0.03	0.02	0.24	0.0023	0.0017	0.0015	0.0026
	元末明初	8	平均值	0.31	0.45	21.13	69.58	4.16	0.11	0.07	0.04	2.03	0.0212	0.0026	0.0056	0.0109
			SD	0.19	0.06	0.74	0.79	0.37	0.06	0.02	0.02	0.22	0.0028	0.0009	0.0010	0.0023
大窑枫洞岩窑	元	20	平均值	0.32	0.42	21.04	69.73	4.04	0.10	0.07	0.02	2.06	0.0206	0.0032	0.0052	0.0135
			SD	0.24	0.08	0.96	1.02	0.87	0.06	0.04	0.01	0.32	0.0030	0.0015	0.0023	0.0036
	明初	6	平均值	0.21	0.47	20.48	70.01	4.60	0.07	0.07	0.03	2.03	0.0219	0.0035	0.0051	0.0119
			SD	0.14	0.08	0.81	1.00	0.34	0.04	0.03	0.01	0.20	0.0036	0.0010	0.0013	0.0033
金村窑	南宋	19	平均值	0.17	0.48	20.36	71.03	2.76	0.20	0.13	0.01	2.60	0.0152	0.0036	0.0053	0.0178
			SD	0.10	0.07	1.40	1.44	0.31	0.16	0.03	0	0.30	0.0018	0.0011	0.0021	0.0029
	元	15	平均值	0.23	0.53	20.65	70.85	2.51	0.17	0.13	0	2.50	0.0138	0.0037	0.0047	0.0173
			SD	0.14	0.10	2.24	2.20	0.27	0.16	0.03	0	0.37	0.0013	0.0009	0.0017	0.0026
金村大窑犇窑	北宋	9	平均值	0.23	0.50	18.08	73.50	2.35	0.16	0.24	0.01	2.34	0.0132	0.0037	0.0053	0.0205
			SD	0.16	0.10	1.63	1.87	0.38	0.04	0.10	0.01	0.78	0.0017	0.0013	0.0020	0.0044
	南宋	15	平均值	0.17	0.52	19.59	71.95	2.61	0.10	0.13	0.01	2.43	0.0126	0.0035	0.0050	0.0186
			SD	0.14	0.07	0.92	0.81	0.38	0.06	0.02	0	0.24	0.0012	0.0007	0.0016	0.0050
	元	3	平均值	0.22	0.51	18.55	72.91	2.38	0.20	0.15	0.01	2.65	0.0106	0.0015	0.0049	0.0183
			SD	0.02	0.07	0.99	0.79	0.14	0.03	0.06	0.01	0.29	0.0018	0.0003	0.0020	0.0017
源口窑	元	20	平均值	0.29	0.42	16.77	74.13	3.94	0.16	0.09	0.02	1.83	0.0213	0.0038	0.0058	0.0150
			SD	0.19	0.12	1.43	1.76	0.49	0.08	0.06	0.01	0.42	0.0033	0.0013	0.0015	0.0032
岭脚窑	南宋	5	平均值	0.22	0.54	16.58	74.52	2.93	0.15	0.26	0.01	2.47	0.0152	0.0043	0.0044	0.0166
			SD	0.21	0.08	1.56	2.61	1.01	0.05	0.20	0.01	0.35	0.0011	0.0009	0.0012	0.0022
	元	20	平均值	0.31	0.61	18.32	72.02	3.80	0.21	0.18	0.02	2.59	0.0181	0.0042	0.0043	0.0174
			SD	0.24	0.11	1.33	1.57	1.05	0.11	0.07	0.01	0.48	0.0026	0.0011	0.0012	0.0058
周垟窑	南宋	2	平均值	0.17	0.48	18.59	72.21	3.89	0.43	0.14	0.02	2.00	0.0180	0.0039	0.0047	0.0137
			SD	0.24	0.04	2.14	3.59	1.63	0.40	0.03	0.02	0.08	0.0013	0.0006	0.0014	0.0005
	元	20	平均值	0.27	0.56	17.59	68.28	3.69	0.19	0.17	0.02	2.37	0.0190	0.0050	0.0044	0.0171
			SD	0.19	0.20	4.56	16.23	1.37	0.08	0.08	0.01	0.74	0.0025	0.0010	0.0012	0.0058

表 3　龙泉八个窑口青瓷标本釉层元素组成含量（wt%）

窑口	时代	数量		Na₂O	MgO	Al₂O₃	SiO₂	K₂O	CaO	TiO₂	MnO	Fe₂O₃	Rb₂O	SrO	Y₂O₃	ZrO₂
大窑叶坞底窑	南宋至元	26	平均值	0.29	0.65	13.54	70.37	3.98	7.10	0.06	0.07	1.15	0.0161	0.0332	0.0040	0.0110
			SD	0.21	0.14	0.90	1.27	0.43	1.03	0.02	0.05	0.23	0.0016	0.0082	0.0012	0.0020
大窑岙底窑	元	33	平均值	0.53	0.84	13.81	69.42	4.49	6.19	0.08	0.18	1.87	0.0191	0.0356	0.0053	0.0121
			SD	0.29	0.23	1.48	1.63	0.46	1.65	0.02	0.08	0.44	0.0023	0.0086	0.0014	0.0082
	元末明初	8	平均值	0.39	0.82	12.99	70.32	4.61	5.93	0.07	0.17	2.12	0.0195	0.0359	0.0047	0.0114
			SD	0.32	0.15	0.55	1.02	0.37	1.31	0.02	0.04	0.21	0.0015	0.0056	0.0011	0.0018
大窑枫洞岩窑	元	20	平均值	0.46	0.81	13.70	69.32	4.48	6.79	0.06	0.18	1.77	0.0182	0.0342	0.0050	0.0110
			SD	0.27	0.38	0.75	1.87	0.36	1.40	0.03	0.09	0.45	0.0023	0.0077	0.0012	0.0018
	明初	6	平均值	0.37	1.05	13.52	68.64	4.75	6.87	0.08	0.25	2.11	0.0189	0.0344	0.0059	0.0121
			SD	0.24	0.25	0.52	1.54	0.46	1.50	0.02	0.06	0.18	0.0028	0.0038	0.0011	0.0008
金村窑	南宋	19	平均值	0.25	1.15	14.85	67.14	3.16	9.37	0.09	0.18	1.45	0.0146	0.0424	0.0070	0.0138
			SD	0.13	0.35	1.51	3.09	0.60	2.57	0.05	0.07	0.39	0.0020	0.0075	0.0025	0.0038
	元	15	平均值	0.19	1.25	13.99	67.46	3.06	10.25	0.11	0.22	1.24	0.0131	0.0425	0.0057	0.0156
			SD	0.18	0.23	0.88	2.16	0.59	2.41	0.04	0.07	0.40	0.0033	0.0126	0.0017	0.0040
金村大窑犇窑	北宋	9	平均值	0.31	1.54	13.73	67.95	2.60	9.23	0.16	0.26	1.59	0.0146	0.0345	0.0054	0.0230
			SD	0.17	0.54	1.25	2.39	0.67	1.53	0.05	0.06	0.66	0.0018	0.0100	0.0013	0.0114
	南宋	15	平均值	0.20	1.10	13.84	68.46	3.35	8.99	0.09	0.19	1.21	0.0140	0.0413	0.0064	0.0162
			SD	0.13	0.20	1.41	2.34	0.42	1.67	0.03	0.08	0.29	0.0029	0.0075	0.0016	0.0049
	元	3	平均值	0.20	1.20	13.62	68.47	2.82	9.48	0.12	0.22	1.10	0.0134	0.0382	0.0066	0.0165
			SD	0.04	0.39	0.85	4.34	0.43	4.65	0.07	0.06	0.33	0.0029	0.0129	0.0015	0.0018
源口窑	元	20	平均值	0.40	1.23	13.45	68.92	3.95	7.23	0.09	0.26	1.76	0.0193	0.0395	0.0068	0.0159
			SD	0.20	0.24	0.89	1.40	0.38	1.22	0.01	0.05	0.45	0.0022	0.0052	0.0016	0.0023
岭脚窑	南宋	5	平均值	0.21	1.58	13.51	67.25	3.09	9.65	0.14	0.27	1.99	0.0148	0.0486	0.0050	0.0137
			SD	0.16	0.30	0.52	1.54	0.71	2.01	0.07	0.06	0.49	0.0018	0.0073	0.0012	0.0032
	元	20	平均值	0.27	1.35	13.49	68.11	3.19	8.76	0.12	0.21	2.12	0.0160	0.0366	0.0055	0.0161
			SD	0.16	0.32	0.91	1.75	1.07	1.68	0.05	0.06	0.66	0.0028	0.0101	0.0018	0.0042
周垟窑	南宋	2	平均值	0.29	1.19	13.07	68.79	3.92	8.72	0.07	0.17	1.31	0.0115	0.0577	0.0063	0.0115
			SD	0.28	0.06	0.53	1.00	0.41	1.19	0.01	0.04	0.01	0.0025	0.0049	0.0008	0.0008
	元	20	平均值	0.25	1.40	13.61	68.13	3.21	8.44	0.12	0.23	2.02	0.0165	0.0377	0.0058	0.0155
			SD	0.23	0.36	0.68	1.36	0.91	1.78	0.03	0.04	0.35	0.0036	0.0093	0.0021	0.0053

三　分析讨论

（一）龙泉青瓷胎体的成分特征规律

明代陆容《菽园杂记》记载："青瓷初出于刘田，去县六十里。次则有金村窑，与刘田相去五里余。外则白雁、梧桐、安仁、安福、禄绕等处皆有之。然泥油（釉）精细，模范端巧，俱不若刘田。泥则取于窑之近地，其他处皆不及……"[7] 由此文献可知，古代窑工认为龙泉大窑地区的制瓷原料最好，金村次之，而处于龙泉东区的窑厂周边的制瓷原料则更次之。

根据表 2 可知，来自龙泉南区大窑地区的叶坞底窑、岙底窑和枫洞岩窑不同时期的青瓷胎体中氧化铝和氧化硅平均含量为 21.38% 和 69.44%，来自金村地区的金村窑和大窑犇窑的则分别为 19.82% 和 71.65%，而来自东区的源口窑、

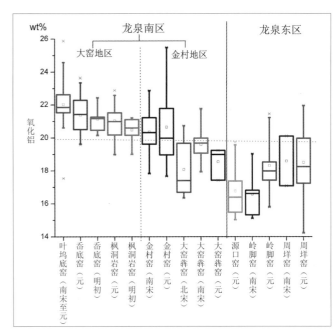

图 9　所测龙泉青瓷胎体中氧化铝含量箱式图

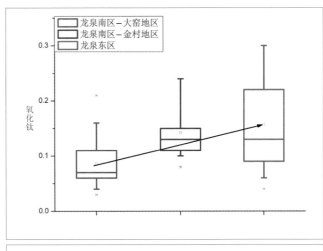

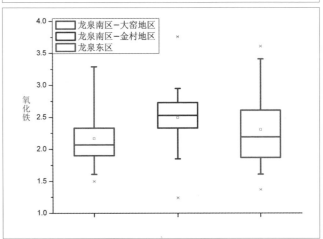

图 10　所测龙泉青瓷胎体中氧化钛和氧化铁含量箱式图

周垟窑和岭脚窑的青瓷胎体中氧化铝和氧化硅的平均含量仅为 17.51% 和 71.73%。显然，龙泉大窑地区烧制的青瓷胎体中氧化铝含量最高，金村次之、东区最低（图9）。研究表明，由于氧化铝能显著提高胎体的耐火度和热稳定性，使胎体在高温烧成过程中不易变形[8]，如景德镇元、明、清历代青花瓷器胎体中氧化铝含量就有逐渐升高的趋势[9]，因此，从胎体中的氧化铝含量来看，龙泉大窑地区的制瓷原料更耐高温、胎体在烧制过程中不易变形。

此外，据表2可知，龙泉南区大窑地区的叶坞底窑、岙底窑、枫洞岩窑青瓷胎体中氧化钛和氧化铁平均含量为 0.09% 和 2.15%，金村地区的金村窑和大窑犇窑的分别为 0.14% 和 2.49%，而来自东区源口窑、周垟窑和岭脚窑的分别为 0.15% 和 2.27%。对比可知，大窑地区烧制的青瓷胎体中氧化钛和氧化铁含量最低，金村和东区相关窑址的则相对较高（图10）。氧化钛和氧化铁是能引起胎体显色的杂质，随着铁、钛含量的升高，其还原气氛下烧后的胎体颜色逐渐由白转变成青灰甚至黑色[10]。对于龙泉白胎青瓷而言，其制瓷原料中氧化钛和氧化铁含量显然越低越好。从钛、铁含量角度而言，大窑地区的制瓷原料亦是最好。

（二）龙泉青瓷的制釉技术

从表3可以看出，龙泉青瓷呈现出一定的时代发展规律和区域特征。其中龙泉南区青瓷从北宋、南宋早中期、南宋晚期至元早期、元中晚期至明，其釉中氧化钙的平均含量分别为 9.23%、8.99%、7.10%、7.30% 和 6.33%，即氧化钙含量呈逐渐降低的趋势（图11）。釉中氧化钾的变化则与氧化钙相反，从北宋、南宋、南宋至元、元至明，平均含量分别为 2.60%、3.35%、3.98%、4.15% 和 4.67%，即呈逐渐升高的趋势（图12）。这表明从北宋直至明初，瓷石类原料的用量不断提高，而钙质助熔原料的引入量则不断降低。

相比之下，龙泉东区青瓷釉的成分特征和发展规律与龙泉南区既存在相似性，又存在差异性，具体表现在龙泉东区青瓷从南宋至元代，氧化钙含量亦呈现逐渐降低的趋势。龙泉东区南宋和元代青瓷釉中氧化钙平均含量均要略高于同时代龙泉南区的青瓷中钙的含量（图13）。根据我国瓷釉的一般发展规律以及结合龙泉南区青瓷的时代发展规律可知，龙泉东区烧制的青瓷产品的演变速率比龙泉南区青瓷相对迟缓。总体而言，龙泉南区青瓷和东区青瓷釉随时代发展由一般的高钙釉向钙碱釉逐渐转变，均符合我国南北方瓷釉的时代发展规律[11]。

根据表3和氧化钛、氧化铁含量箱式图（图14、图15）可知，龙泉南区青瓷从北宋、南宋早中期、南宋晚期至元早期（叶坞底窑）、元中晚期直至明初，其釉中氧化钛的平均含量分别为 0.16%、0.09%、0.06%、0.08%、0.07% 和 0.12%，即随着时代顺序，釉中氧化钛含量经历了由高至低再变高的过程。釉中氧化铁的平均含量则分别为 1.59%、1.34%、1.15%、1.70%、2.11%、1.80% 和 1.97%，即随着时代顺序，釉中氧化铁含量亦经历了由高至低再变高的过程。氧化铁含量的高低直接影响青瓷的呈色，英国武德教授的实验表明，如果釉中氧化钛的含量较高时，釉色则易偏灰，很难烧成颜色很正的天青、粉青色来[12]，即氧化钛含量的降低有利于青瓷釉色变得更加纯正。从这一角度而言，南宋时期的釉料配方显然优于北宋时期以及元代、明代青瓷的釉料配方。位于大窑

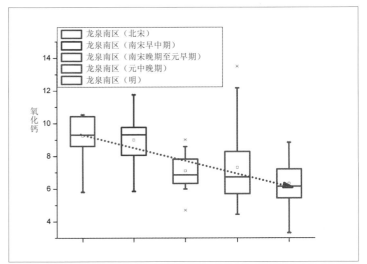

图 11　所测龙泉南区青瓷釉中氧化钙含量箱式图

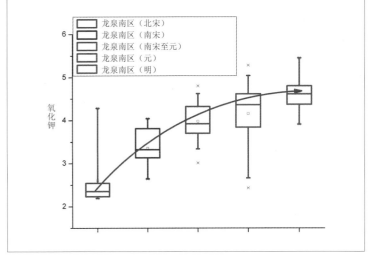

图 12　所测龙泉南区青瓷釉中氧化钾含量箱式图

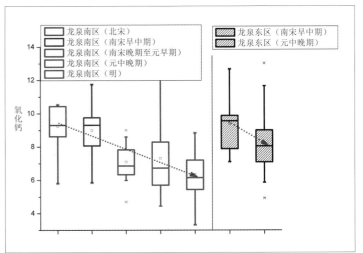

图 13　龙泉南区和东区青瓷釉中氧化钙含量箱式图

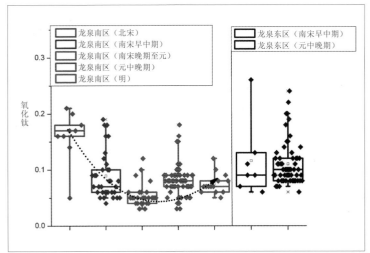

图 14　龙泉南区和东区青瓷釉中氧化钛含量箱式图

地区的叶坞底窑烧制的青瓷釉中氧化钛和氧化铁含量最低，这表明大窑地区对釉料的选择和处理更加精细。相对而言，龙泉东区窑口烧制的青瓷釉中氧化钛和氧化铁含量较高，由此可知龙泉东区的青瓷产品质量略次于南区青瓷，当与窑址所在地周边的制瓷原料质量密切相关。

（三）龙泉南区与东区产品的区域特征

宋元时期龙泉窑产品不仅满足国内的大量需求，还畅销海外。由于龙泉青瓷的大量输出，在亚洲、非洲许多国家都发现有遗存，并且陆续地被发掘出来。据统计，目前发现有龙泉青瓷出土的国家有亚洲的日本、韩国、越南、泰国、新加坡、菲律宾、印度尼西亚、

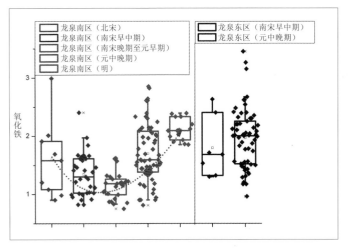

图 15　龙泉南区和东区青瓷釉中氧化铁含量箱式图

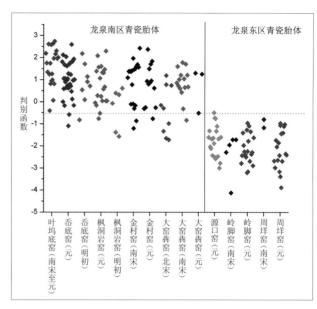

图16 龙泉南区和东区青瓷标本胎体的判别分析函数

马来西亚、文莱、斯里兰卡、印度、伊朗、伊拉克和阿拉伯半岛诸国，非洲的埃及、坦桑尼亚、马达加斯加和肯尼亚等国，欧洲的法国和俄罗斯等国[13]。这些海外遗址出土了大量的龙泉青瓷以及仿龙泉青瓷标本，科学鉴别出这些标本的产地甚至定位出具体的烧制窑口极为重要。本工作采用 Spss 软件中的判别分析方法对龙泉窑南区和东区青瓷标本的胎体成分数据进行分析，得到判别分析函数（图16）。从图中可知，建立的判别分析方法基本上可将龙泉南区和东区青瓷进行区分。这为相关遗址出土龙泉类青瓷标本甚至外销青瓷产地窑口的精准定位提供了科学依据。

结论

（1）测试表明龙泉大窑地区青瓷胎体中氧化铝平均含量最高，而氧化钛和氧化铁含量则最低；金村地区的青瓷和龙泉东区窑址青瓷胎体中氧化铝含量则依次降低，而氧化钛和氧化铁含量则相对较高。本工作科学证明了大窑地区所用制瓷原料最好，金村次之，而龙泉东区相关窑址烧制的青瓷原料则更次之。

（2）龙泉青瓷从北宋直至明初，其釉中氧化钙含量逐渐降低、氧化钾含量逐渐升高，即龙泉青瓷逐渐由钙釉向钙碱釉发生转变。

（3）釉中氧化钙含量变化趋势表明，龙泉东区青瓷的演变发展相对迟缓，且釉中氧化钛和氧化铁含量相对较高。整体而言，龙泉东区青瓷产品的质量略次于南区青瓷。

（4）判别分析基本可定位出龙泉南区和东区青瓷产品的烧制区域，这为今后相关遗址出土的龙泉类青瓷标本甚至外销青瓷的窑口溯源研究提供了科学数据。

执笔人：李合　翟毅　郭子莉　吴明俊　裘晓翔　沈岳明　史宁昌　王光尧

注　释

* 本研究得到了国家自然科学基金（项目编号：51702054 和 51402054）的资助。

1 中国硅酸盐学会：《中国陶瓷史》，文物出版社，2009 年 7 月。

2 王光尧：《从大窑到故宫——元、明皇宫用龙泉青瓷产地的确定》，《紫禁城》2007 年第 5 期。

3 朱伯谦、汪士伦：《浙江省龙泉青瓷窑址调查发掘的主要收获》，《文物》1963 年第 1 期；朱伯谦：《龙泉大窑古瓷窑遗址发掘报告》，《龙泉青瓷研究》第 38 ~ 67 页，文物出版社，1989 年；浙江省文物考古研究所：《龙泉东区窑址发掘报告》，文物出版社，2005 年。

4 沈岳明：《中国青瓷史上的最后一个亮点——大窑枫洞岩明代龙泉窑址考古新发现》，《紫禁城》2007 年第 5 期。

5 周仁、张福康、郑永圃：《龙泉历代青瓷烧制工艺的科学总结》，《考古学报》1973 年第 1 期；李家治：《中国科学技术史——陶瓷卷》第 286 ~ 312 页，科学出版社，2007 年；熊樱菲、何文权等：《历代龙泉青瓷釉的初步研究》，《文物保护与考古科学》2004 年第 5 期。

6 吴隽、罗宏杰：《越窑、龙泉及南宋官窑青瓷等我国南方青釉名瓷的元素组成模式和显微结构特征研究》，《硅酸盐学报》2009 年第 8 期；吴隽、吴艳芳等：《景德镇仿龙泉青瓷与龙泉青瓷组成特征研究》，《光谱学与光谱分析》2013 年第 8 期。

7 （明）陆容：《菽园杂记》卷一四，第 176 ~ 177 页，中华书局，1985 年。

8 李家驹：《陶瓷工艺学》第 420 页，中国轻工业出版社，2009 年。

9 吴隽、李家治：《中国景德镇历代官窑青花瓷的断代研究》，《中国科学：E 辑·工程科学 材料科学》2004 年第 5 期。

10 同注 8，第 27 页。

11 罗宏杰、李家治等：《中国古瓷中钙系釉类型划分标准及其在瓷釉研究中的应用》，《硅酸盐通报》1995 年第 2 期。

12 Nigel Wood, *Chinese Glazes, – their Chemistry, Origins and Recreation*, University of Pennsylvania Press and A & C Black, London, 1999, 159-160.

13 Ran Zhang, *An Exploratory Quantitative Archaeological Analysis and the Classification of Chinese Ceramics Trade in the Western Indian Ocean, AD c. 800-1500*, Durham University. 2016.

The Ingredients Property of the Body Glazes of Longquan Celadon Products

The Palace Museum, The Institute of Cultural Relics and Archaeology of Zhejiang Province, The Longquan Museum

The test is conducted with EDXRF scanning the Longquan celadon shards of periods and eight kiln sites, five of which are Yewudi, Aodi, Fengdongyan, Jincun, Dayaoben located in the south Longquan area, the other three are Yuankou, Zhouyang and Lingjiao in the east Longquan area, for the knowledge of the property and sequence of the elements of the porcelain bodies and glazes, the connection of technical spread and progress between the two areas. Meanwhile, more data have been collected as reference for determining the birthplace of the products including the Longquan-typed celadon and the exported green porcelains from China.

宋代龙泉叶坞底窑冰裂纹釉的形态观察及形成分析 *

故宫博物院　浙江省文物考古研究所　龙泉市博物馆

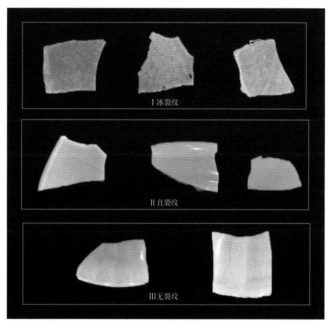

图 1　龙泉叶坞底窑部分典型样品

引言

　　龙泉窑是我国最重要的古陶瓷产地之一，因烧造青瓷闻名于世。据浙江考古所朱伯谦先生对龙泉大窑、溪口等地的考古研究认为，龙泉烧制青瓷之源可上溯至三国西晋时期，兴起于唐末五代，南宋至元代达到鼎盛，明代晚期后开始衰落[1]。瓷器生产的历史长达 1600 年。特别是宋、元、明这几个王朝，龙泉的制瓷业得到了空前的发展，龙泉青瓷器也出口到世界各地。

　　南宋中晚期的龙泉窑，达到了龙泉窑发展的顶峰，无论在品种、造型、纹饰、釉色等方面都达到了精美绝伦的地步。而龙泉叶坞底窑样品正好处于这个时期，从样品整体看，釉色精美，装饰手法多样，厚胎薄釉与薄胎厚釉的青瓷产品并存。相关文献认为南宋官窑的建立及利用纹片装饰的薄胎厚釉产品对龙泉青瓷的烧制产生了重要影响[2]，在叶坞底窑的一些样品上呈现了开片现象，大部分为米黄色釉，少量青釉，但很明显，开片釉或纹片装饰并不是龙泉叶坞底窑的主流。

　　有关文献对汝窑及官窑的开片情况进行过研究[3]，但对继官窑之后的南宋龙泉窑开片情况的研究还比较少。本文旨在通过对叶坞底窑纹片釉的观察及分析，研究开片形态及形成因素，从另一个角度探讨龙泉窑与汝窑、官窑相互间的影响和传承关系。

一　样品与分析方法

　　本文所测试样品均取自浙江省龙泉叶坞底窑，为南宋晚期至元代样品。为了便于分析，根据釉面开片类型，选取典型冰裂纹、直裂纹和无裂纹三类样品进行对比研究（图1）。表 1 为样品外观的具体描述。

表1　宋代龙泉叶坞底窑瓷片的外观

类型	编号	釉色	釉面外观	开片情况
Ⅰ	YWD-104	米黄釉	釉层较厚，釉质较透	细碎冰裂纹
	YWD-98	米黄釉	瓶口残件	细碎冰裂纹
	YWD-97	米黄釉	薄胎厚釉	细碎冰裂纹
	YWD-21	青釉	红胎	细碎冰裂纹
	YWD-51	青釉、黄釉	厚釉	细碎冰裂纹
	YWD-4	青釉	釉面有腐蚀斑，生烧，厚釉	细碎冰裂纹
Ⅱ	YWD-64	青釉	薄胎厚釉，黑胎	直裂纹
	YWD-22	青釉	釉面光滑，薄胎厚釉	直裂纹
	YWD-47	青釉	釉面光滑，较透，白胎	直裂纹
	YWD-3	青釉	釉面光滑，厚釉	直裂纹
	YWD-9	青釉	釉面光滑，釉色偏绿	直裂纹
	YWD-26	青釉	釉质较透，釉面光滑洁净	直裂纹
	YWD-29	青釉	釉面光滑	直裂纹
	YWD-32	青釉	釉面光滑，薄胎厚釉	直裂纹
	YWD-12	青釉	釉面光滑，厚釉	直裂纹
Ⅲ	YWD-58	青釉	釉面光滑，白胎	无裂纹
	YWD-16	青釉	釉面光滑，白胎	无裂纹
	YWD-31	青釉	釉面光滑	无裂纹
	YWD-120	青釉	釉面光滑，有刻纹	无裂纹
	YWD-14	青釉	釉面光滑，薄胎厚釉	无裂纹
	YWD-18	青釉	釉面光滑	无裂纹
	YWD-30	青釉	釉面光滑，薄胎厚釉	无裂纹

本文采用美国 EDAX 公司的 General 型大样品室能量色散 X 射线荧光光谱仪测试样品的元素组成。采用德国 Leica 公司 MZ16A 型实体显微镜，观察样品的釉层厚度、气泡分布及裂纹扩展情况。采用德国蔡司（ZEISS）公司 SIGMA500 高分辨场发射扫面电镜观察样品的显微结构。

二　结果与分析

（一）裂纹形态观察

通过光学显微镜可以迅速地观察到样品釉面情况（图2），可以看出，叶坞底窑样品均具有大量密集的气泡，Ⅰ类样品（冰裂纹）釉质较为清透；Ⅱ类样品（直裂纹）晶体含量较多，釉层中隐现白色；Ⅲ类样品（无裂纹）釉中气泡

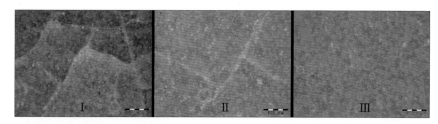

图2 龙泉叶坞底窑样品的光学显微照片

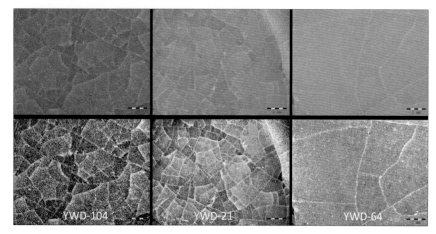

图3 经过 Image J 处理的冰裂纹（YWD-104、YWD-21）和直裂纹（YWD-64）图像

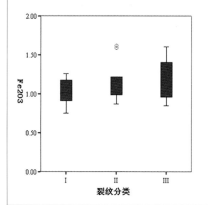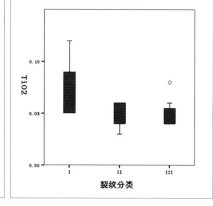

图4 釉中元素与裂纹种类的关系箱式图

比其他两类要大。

为了增强裂纹样式的可视性，获得裂纹分区、大小、形状、分布等信息，使用 Image J 图像处理软件对光显照片进行处理[4]。经过该软件处理，釉面的裂纹更加清晰，有裂纹处与无裂纹处显示不同的颜色或亮度（图3）。

从图中可以看出，不同于汝窑的"花芯"形斜开片及老虎洞官窑的鱼鳞纹样式，叶坞底窑冰裂纹样品的开片方向更具有随意性，而且更为细碎。我们曾观察到汝窑及官窑冰裂纹开片中存在裂纹分级现象，即在裂纹生成过程中首先在釉面生成较大的裂纹网络，再随着内部残余应力的释放，在大裂纹的分隔区域内生成冰裂纹。叶坞底冰裂纹釉的形成同样也呈这个规律，大裂纹与冰裂纹具有明显区分。Ⅱ类样品直裂纹釉的裂纹在釉面的走向弯曲，可能与当时龙泉窑辘轳拉坯成型的方式有关。

（二）元素分析

本文通过能量色散 X 射线荧光光谱仪测试各样品的化学组成，将所得数据通过 SPSS 软件进行分析整理，获得与分类有关的各主量元素组成的箱式图（图4）。

从图中的元素变化看，总体来说，多个元素的含量各样品之间变化不大，Al_2O_3 和 SiO_2 的含量也基本一致（未图示），说明叶坞底窑在当时的釉原料配制上是进行严格把控的，使成品呈现稳定性。碱土金属氧化物 MgO、CaO 作为助熔剂，起降低熔融温度和黏度的作用。龙泉窑冰裂纹釉在南宋时始创了石灰碱釉，打破了传统石灰釉一统天下的局面。K_2O 在釉中起提高高温黏度的作用，从材料工艺学来分析，石灰碱釉的特点就是在高温状态下黏度较大，高温烧制时可以挂厚釉而不流，大量小气泡和未完全熔化的石英颗粒都留在了釉层里，当光线射入釉层时，釉面会发生强烈散射现象，呈现玉质感。冰裂纹釉样品中具有较高的 K_2O 和 MgO，使釉具有较低的熔融温度和较高的高温黏度，所以冰裂纹釉样品的釉层更厚，且釉层中含有更多的晶体使裂纹青釉釉色偏白。

龙泉青瓷中铁是最主要的着色元素，而 TiO_2 容易与 Fe_2O_3 结合形成化合物影响釉色，TiO_2 含量越高，着色越深。可见，TiO_2 对青釉的着色是不利的。图中三类样品的 Fe_2O_3 含量平均值相差不大，而 TiO_2 的含量依次降低，说明无裂纹釉样品在釉料选择上更为精细，更倾向于 TiO_2 含量少的原料。

（三）釉层厚度分析

从图中可以看出（图5），龙泉叶坞底窑青瓷的釉层厚度都较大，

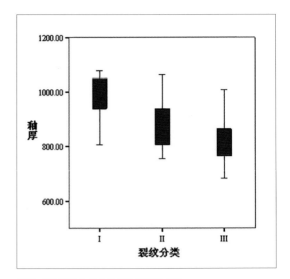

图 5　釉层厚度与裂纹种类的关系箱式图

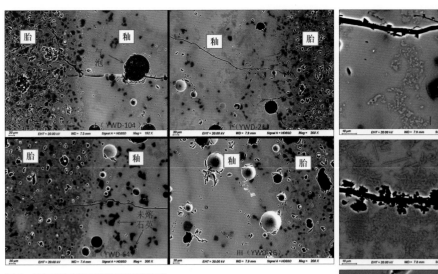

图 6　龙泉叶坞底窑典型样品的显微图像

所选样品的釉层厚度位于 700μm ～ 1100μm 之间，为典型的厚釉青瓷。其中冰裂纹样品的平均釉层厚度最高，达到了 1000μm 左右，而无裂纹样品的釉层厚度最小。釉层的厚薄对胎釉的结合情况具有一定的影响，一般来说，薄的釉层对胎釉的适应性有利[5]，釉层越厚，越易发生釉裂[6]。釉层较厚时，釉中累积的张应力会不断增大，增加釉裂风险。龙泉窑青瓷属于多层釉，通过多次素烧和多次施釉的方法，大大降低了釉层开裂的程度，使釉层色调肥厚，具有玉质光泽。冰裂纹釉的釉层厚度最大可能与釉中含有更多的 K_2O 有关。

（四）釉的显微结构分析

由文献可知[7]，胎釉热膨胀系数不匹配是引起釉面开裂的主要影响因素，据此推测裂纹的萌发位置应在胎釉结合处，所以胎釉结合处的显微形貌对裂纹的形成与扩展应是至关重要的。本文作者通过对宋代汝窑的研究发现，汝窑冰裂纹釉的胎釉结合层具有明显断开的分界线，而直裂纹样品则具有致密的中间过渡层，使胎釉紧密结合，汝窑冰裂纹的产生正是由于胎釉结合处分层断裂引起[8]。而从显微图像可以看出，选取的叶坞底窑的三类样品胎釉之间均具有较好的结合，显示了该窑产品品质较为一致，且烧制技艺高超（图6）。良好的胎釉结合层是胎釉元素匹配及烧成技术高超的体现，倾向于产生无裂纹釉。从显微图像看，裂纹釉中裂纹的起始位置均具有较多的石英，而Ⅲ类无裂纹样品胎釉结合层及釉中石英含量较少。从文献可知[9]，龙泉窑原料多采用含石英量高的绢云母质瓷石原料，经过沉淀和淘洗分离较大石英。石英的热膨胀系数远低于釉，如果在石英颗粒较大或烧制温度略低的情况下，胎釉结合层附近大量的石英存在可能会造成裂纹的萌发。

此外，Ⅲ类无裂纹样品釉中石英和晶体较少，釉质清透，气泡大而密集，多层釉界限不明显；而其他两类样品晶体密集，且具有明显的分层分布。由显微图像显示，叶坞底窑晶体多为板状结构，晶体尺寸约为 1μm ～ 10μm 左右，Ⅰ类和Ⅱ类纹片釉样品晶体尺寸较小，但分布较多，使釉质呈现玉质化，但釉色可能稍逊于Ⅲ类样品，Ⅲ类无裂纹釉在胎釉结合处有一些较大的晶体存在，釉层中晶体较少，推测无裂纹样品的烧成温度要高于开片样品，其烧成可能靠近正烧范围的上限。

结论

通过对龙泉叶坞底窑青瓷样品的釉面开裂情况进行统计观察，利用冰裂纹釉、直裂纹釉与无裂纹釉的对比分析，得到如下结论：

（1）应用 Image J 图像处理方法对裂纹釉的光学显微图像进行处理，发现冰裂纹釉面具有裂纹分级现象，但开片方向更具任意性。

（2）元素分析显示叶坞底窑当时的釉原料配制较为稳定，冰裂纹样品比直裂纹样品的釉中具有略微高些的 MgO、K_2O 含量，可能使釉具有较低的熔融温度和较高的高温黏度。

（3）三类样品中冰裂纹釉的釉层厚度最大，可能与釉中含有更多的 K_2O 有关。

（4）冰裂纹釉中含有较多的大颗粒石英及晶体，烧成温度略低，可能是形成裂纹的原因。

执笔人：贾翠　李合　侯佳钰　裘晓翔　沈岳明　王光尧

注　释

*　本研究得到了故宫博物院院课题"宋代青瓷纹片釉技术研究"的资助。

1　黄松松、骆明明、周少华：《关于浙江"龙泉窑"的古文献考证》，《中国陶瓷》2011 年第 1 期。

2　李家治：《中国科学技术史·陶瓷卷》，科学出版社，2007 年。

3　张福康、陶光仪、阮美玲等：《汝官窑的釉色、质感、斜开片及土蚀斑的形成原因》，《'02 古陶瓷科学技术·5·国际讨论会论文集》第 194 ～ 200 页，上海科学技术文献出版社，2002 年。

4　[日] 出川哲朗：《官窑青瓷开片中的审美价值》，故宫博物院古陶瓷研究中心《故宫博物院八十五华诞·宋代官窑及官窑制度国际学术研讨会论文集》第 283 ～ 289 页，2010 年；Sophia Lahlil, Weidong Li, Jiming Xu: Crack Patterns Morphology of Ancient Chinese Wares, *The Old Potter's Almanack*，2013（1）.

5　李家驹：《陶瓷工艺学》，中国轻工业出版社，2009 年。

6　高雅春、耿谦：《浅析釉裂机理及影响因素》，《江苏陶瓷》2003 年第 2 期。

7　张福康：《中国古陶瓷的科学》，上海人民美术出版社，2000 年。

8　贾翠、苗建民：《宋代汝官窑釉面冰裂纹的特征观察及机理探析》，《南方文物》2016 年第 2 期。

9　同注 2。

Crackle Glaze of Longquan Celadon from the Yewudi Kiln Site: Pattern Observations and Reason of Formation

The Palace Museum, The Institute of Cultural Relics and Archaeology of Zhejiang Province, The Longquan Museum

Celadon wares made in the Longquan kilns of Zhejiang is one of the most important types of Chinese ceramics, and those from the Southern Song dynasty is the most exquisite. Based on Southern Song shards collected from the Yewudi kiln site in Longquan, this article classifies their glaze into three types: those with dense fine ice crackles like cracked ice, those with large scattered straight crackle lines, and glaze with no crackles. The reason for formation of the Longquan crackle glaze is investigated. Upon comparison with crackle glaze of the Ru and Guan wares of the Song dynasty, we propose that the crackle glaze of Longquan samples formed due to different reasons from these wares although the crackling look somewhat similar. The celadon from Yewudi features better fusing and integration between the body material and glaze, and the crackling of its glaze is perhaps due to the presence of too much quartz in the glaze and a slightly lower firing temperature.

后记

从 2012 年动议举办一个展示龙泉青瓷行销世界各地的大型专题展，到现在"天下龙泉——龙泉青瓷与全球化"展览得以举办，已七年过去，展览题目的变化对我们来讲是一个了解、学习和提高的过程。

"中国古代瓷器生产技术对外传播研究"课题获国家文物局指南针计划 2012 ～ 2014 年的立项、张忠培先生和徐苹芳先生对课题的指导与支持、故宫博物院和浙江省博物馆对课题申报和后续研究工作的支持，是相关的研究工作得以按计划进行并最终举办展览的学术基础。

随着课题研究的深入、在了解海内外龙泉青瓷流布情况的同时，我们发现越南、泰国、日本、英国和缅甸、伊朗、叙利亚、埃及等国窑场都在仿烧龙泉青瓷，或者是把龙泉青瓷的文化元素融入当地传统的陶瓷生产中。对龙泉青瓷的这两种模仿，在表现形式上虽有差别，在技术史上也可分为不同层次的交流形态，但是以龙泉青瓷和龙泉青瓷文化为媒介表现的文化、技术交融则是共同的，在交融的过程中实现以陶瓷技术为代表的共同提高，从这个含义上说当时的龙泉青瓷是具有世界性的，是早期全球化的重要内容之一。故而，我们关于举办大型的龙泉青瓷专题展览的想法，也由"龙泉青瓷流布世界"转变成为"天下龙泉——龙泉青瓷与全球化"，通过展览讲述龙泉青瓷流布世界的同时，也讲述龙泉青瓷因输出开始吸纳外来文化因素、讲述窑场的分布为输出向瓯江下游的扩张、讲述海外各国的陶瓷生产对龙泉青瓷文化因素和生产技术的吸纳、讲述包括中国在内的世界各国窑场以龙泉青瓷为代表的文化交融和技术的共同提高、讲述在 12 ～ 15 世纪龙泉青瓷的时尚性和因而成为世界性的文化符号。

在开始进行"中国古代瓷器生产技术对外传播研究"课题时，关注的是中外文化技术交流的内容和瓷器的流布与海上丝绸之路的关系。通过宏观整理资料发现陆上丝绸之路沿线各国与海上丝绸之路沿线各国此消彼长的时间，正是东西方商贸、运输主线路从陆上移往海上之时，以及其体现的东西方的交往给沿线各地带来的促进作用。在取得上述认识成果的同时，我们发现龙泉青瓷文化所具有的文化引导作用，尤其是以瓷器为代表的文化交融与在世界范围内实现的陶瓷生产技术共同发展的史实，竟与"一带一路"所倡导的理念合若契符，这是最初不曾想到的。通过研究实现预期的学术目标，或者根据新的资料把研究推向一个新的高度，正是科学研究的魅力与目的。

正如王旭东院长所说，这个展览是故宫博物院"与浙江省博物馆的陶瓷研究人员在联合承担国家文物局指南针计划 2012 ～ 2014 年'中国古代瓷器生产技术对外传播研究'课题的研究成果，但展览又不局限于课题本身"，"天下龙泉——龙泉青瓷与全球化"展览虽然是在课题研究的基础上进行的，但展示的是故宫博物院和浙江省博物馆几代学人关于龙泉青瓷研究多年来的整体成果。从展览立项到举办，先后得到故宫博物院前任院长单霁翔先生和现任院长王旭东先生的鼎力支持，娄玮副院长、任万平副院长和闫宏斌副院长多次组织协调会解决工作中遇到的问题；耿宝昌先生和院内专家一直关心该展览的进行，从大纲构思到展品的选定和断代等，都参与其中；为商借展品和展览设计等，故宫博物院很多同仁更是焚膏继晷，工作不辨昼夜。浙江省博物馆许洪流副馆长在课题立项、展览策划、各方协调工作中，一直全力支持并多方奔走，对此，浙江省博物馆同仁感慨良多。龙泉市人民政府在窑址调查研究工作中提供了诸多方便。

感谢北京故宫文物保护基金会、龙湖集团的大力支持，感谢丽水市人民政府的参与，感谢所有提供展品的单位。尤其要感谢故宫博物院、浙江省博物馆各位参与工作的同仁，以及龙泉市博物馆的相关人员，如果没有大家的支持与参与，就不可能有这个展览。

谨为记！

编者

2019 年 6 月 18 日

Postscript

In 2012, we proposed to hold a major special exhibition on the global exportation of Longquan celadon. Seven years have passed and we are now launching the present exhibition, *Longquan of the World: Longquan Celadon and Globalization.* The change in exhibition theme and title reflect our developing engagement, learning and enhanced understanding of Longquan celadon.

Thanks to support from the China's State Administration of Cultural Heritage, a Compass Project of 2012-2014 was granted, entitled *Spreading of Ancient Chinese Ceramic Technology to Other Countries and Its Impact.* We received instruction and support from Mr. Zhang Zhongpei, formerly Director of the Palace Museum, and Mr. Xu Pingfang, formerly Director of the Archaeology Institute, Chinese Academy of Social Sciences. The Palace Museum and the Zhejiang Provincial Museum provided support for the grant application and for subsequent research work. These laid firm academic foundations for us to conduct the research project as planned and to organise this present exhibition.

In addition to the global distribution of Longquan celadon, the exhibition also narrates a variety of related subjects. These include: the adoption of foreign cultural factors in Longquan celadon as a response to its export markets; the expansion of the Longquan kilns towards the lower reaches of the Ou river to boost exporting; the absorption of cultural factors and the technology of Longquan celadon in the ceramics of various other countries; the cultural merging and technological improvements at various ceramic kilns of the world (including Chinese kilns), as represented by Longquan celadon and its reproductions in various countries; and the fashion for Longquan celadon in the world of the 12-15th centuries and the subsequent transformation of the material into an international cultural symbol. The exhibition also reflects the accomplishments of research on Longquan celadon by generations of scholars at the Palace Museum and the Zhejiang Provincial Museum.

The exhibition has received strong support from the management and various departments of the Palace Museum from the time of its approval by the Museum to its eventual launch. Thanks to the support from Mr. Shan Jixiang, former Director of the Palace Museum, and Mr. Wang Xudong, present Director of the Palace Museum. Three Vice Directors of the Museum helped to solve many practical problems in the exhibition's preparation, namely Mr. Lou Wei, Ms. Ren Wanping and Mr. Yan Hongbin. Mr. Geng Baochang and many experts at the Museum contributed to the exhibition in various ways, such as drafting the exhibition outline, selecting and dating of exhibition objects, etc. Many colleagues at the Museum worked day and night on issues such as exhibition design and borrowing objects from other organisations. Mr. Xu Hongliu, Vice Director of the Zhejiang Provincial Museum, has provided unreserved support throughout the process, such as application of the research project, and curating and coordinating work for the exhibition. Various help from the Longquan Municipal People's Government made field surveys and researches of the Longquan kiln sites both convenient and efficient.

We extend our thanks to the Forbidden City Cultural Heritage Conservation Foundation and the Longfor Group for great support to the exhibition, to the Lishui Municipal People's Government for participation, and to all the organisations for providing loan objects to the exhibition. In particular, we must thank the many colleagues at the Palace Museum and the Zhejiang Provincial Museum, and related staff and the Longquan Museum. This exhibition becomes possible only because of their participation and support.

All kind support is acknowledged and remembered!

The Editorial Committee, 18 June 2019

国内借展单位

安徽博物院
北京市文物研究所
福建博物院
广东省文物考古研究所
杭州博物馆
杭州市文物考古研究所
菏泽市博物馆
景德镇市陶瓷考古研究所
江西省文物考古研究院
缙云县博物馆
龙泉市博物馆
丽水市博物馆
"南海Ⅰ号"考古队
南京博物院
南京市博物总馆
南靖县博物馆
内蒙古自治区文物考古研究所
青田县文物管理委员会
首都博物馆
遂宁市博物馆
松溪县博物馆
松阳县博物馆
苏州市考古研究所
绍兴市柯桥区博物馆
泰顺县博物馆
新疆维吾尔自治区博物馆
义乌市博物馆
中国国家博物馆
浙江省博物馆
浙江省文物考古研究所
香港中文大学文物馆

国外借展单位

英国维多利亚与艾伯特博物馆
英国大英博物馆
英国杜伦大学东方博物馆
伊朗文化遗产、手工艺和旅游组织
伊朗国家博物馆
日本东京国立博物馆
日本冲绳县立埋藏文化财中心
日本佐贺县立九州陶瓷文化馆
大韩民国国立中央博物馆
阿联酋拉斯海马酋长国政府古物与博物馆部
阿联酋拉斯海马国家博物馆

Domestic Lenders

The Anhui Museum

The Institute of Cultural Relics of Beijing

The Fujian Museum

The Institute of Cultural Relics and Archaeology of Guangdong Province

The Hangzhou Museum

The Institute of Cultural Relics and Archaeology of Hangzhou

The Heze Museum

The Archaeological Research Institute of Ceramic in Jingdezhen

The Institute of Cultural Relics and Archaeology of Jiangxi Province

The Jinyun County Museum

The Longquan Museum

The Lishui Museum

The Nanhai No.1 Archaeological Team

The Nanjing Museum

The Nanjing Museum Administration

The Nanjing County Museum

The Institute of Cultural Relics and Archaeology of Inner Mongolia Autonomous Region

The Qingtian Administration Committee of Cultural Relics

The Capital Museum

The Suining Museum

The Songxi County Museum

The Songyang County Museum

The Archaeological Research Institute of Suzhou

The Museum of Keqiao District in Shaoxing

The Taishun County Museum

The Xinjiang Uygur Autonomous Region Museum

The Yiwu Museum

The National Museum of China

The Zhejiang Provincial Museum

The Institute of Cultural Relics and Archaeology of Zhejiang Province

The Art Museum, the Chinese University of Hong Kong

Foreign Lenders

The Victoria and Albert Museum, Britain

The British Museum, Britain

The Oriental Museum, Durham University, Britain

The Iranian Cultural Heritage, Handicrafts and Tourism Organization, Iran

The National Museum of Iran, Iran

The Tokyo National Museum, Japan

The Okinawa Prefectural Archaeological Center, Japan

The Kyushu Ceramic Museum, Japan

The National Museum of Korea, ROK

The Department of Antiquities and Museums, Government of Ras Al Khaimah, UAE

The National Museum of Ras Al Khaimah, UAE

文物修复与化验

高　飞　纪东歌　杨玉洁　于子雅　雷　勇　李　合　丁银忠　段鸿莺　康葆强

展览形式设计

薄海昆　张倚帆
王　炬　李卫平

英文翻译

袁　宏　庄　颖　翟　毅　彼得·布朗　董　勃

韩文翻译

刘珊珊

日文翻译

董　丹　王丝滢

波斯文翻译

王施羽
阿拉腾宝力格

本卷英文翻译

李宝平　奈杰尔·武德

摄影

王　珊
王旭东　蔡启华
Neda Tehrani　Nima Fakoorzadeh　Muhammad Sabir　Keyamparambil

摄像

司　冰　张云天
肖　弋　李小龙　危文翰　马倩雯　陈思敏

Academic Adviser

Geng Baochang

The Exhibition and Publications Committee

Directors

Wang Xudong   Chen Shuihua   Hu Haifeng

Committee Members

Wang Xudong   Du Haijiang   Li Xiaocheng   Lou Wei   Ren Wanping   Zhu Hongwen   Yan Hongbin   Zhao Guoying
Chen Shuihua   Xu Hongliu   Cai Qin   Xu Yongsheng
Hu Haifeng   Wu Xiaodong   Wang Shunfa   Wu Songping

Exhibition Planning

Wang Guangyao   Shen Qionghua

Chief Editors

Wang Guangyao   Shen Qionghua

Associate Editors

Xu Wei   Jiang Yu   Wu Mingjun

The Chief Editor of The Volume

Sun Yue

The Associate Editors of The Volume

Zhang Han   Yuan Hong   Wang Yiling   Ying Hui

Exhibition Coordination

Lou Wei   Ren Wanping   Yan Hongbin   Wang Zhaoren   Li Yongxing   Zhang Guangyao   Wang Yanjin   Chen Junqi   Gao Jie   Shi Ningchang   Yuan Hong   Lü Chenglong
Xu Hongliu   Shen Qionghua   He Hongbin
Wang Fan   Huang Guoyong   Hu Wuhai   Wang Gang

The Exhibition Work Group

Lü Chenglong   Xu Wei   Li Yongxing   Xu Kai   Su Yi   Guo Meixia   Zhao Xiaochun   Han Qian   Ji Luoyuan   Wang Guangyao   Sun Yue   Tang Xuemei
Jiang Yi   Zhang Han   Shan Yingying   Wang Zhaoyu   Zhai Yi   Chen Zhihong   Zhao Congyue   Dong Jianli   Chen Runming   Zhen Hong   Li Weidong   Guo Yukun
Gao Xiaoran   Dong Yanqing   Liu Zizhe   Bai Yang   Lü Shaoyin   Zhou Shiqi   Fu Mengxiang   Bo Haikun   Zhang Yifan   Dong Bo   Guo Zili   Wu Jingshan
Sun Jie   Zhang Yuxue
Shen Qionghua   Tang Suying   Cai Naiwu   Chen Fang   Wang Yiling   Jiang Yu   Du Hao   Chen Ping   Bao Yiou   Liu Xiaohong   Jia Guoliang   Jiang Lin   Li Weiping
Luan Tian   Hu Huimei   Chen Jixiang   Xu Ying   Wang Wen
Wu Mingjun   Liu Ying   Qiu Xiaoxiang   Ying Hui   Shen Zizhen   Tian Li   Zhang Fan   Zeng Hui

Restoration of Cultural Relic and Test

Gao Fei   Ji Dongge   Yang Yujie   Yu Ziya   Lei Yong   Li He   Ding Yinzhong   Duan Hongying   Kang Baoqiang

The Design of Exhibition Form

Bo Haikun   Zhang Yifan

Wang Ju   Li Weiping

English Translation

Yuan Hong   Zhuang Ying   Zhai Yi   Peter Brown   Dong Bo

Korean Translation

Liu Shanshan

Japanese Translation

Dong Dan   Wang Siying

Farsi Translation

Wang Shiyu

Altanbulag Ghazan

English Translation of The Volume

Li Baoping   Nigel Wood

Photography

Wang Jin

Wang Xudong   Cai Qihua

Neda Tehrani   Nima Fakoorzadeh   Muhammad Sabir   Keyamparambil

Camera Shooting

Si Bing   Zhang Yuntian

Xiao Yi   Li Xiaolong   Wei Wenhan   Ma Qianwen   Chen Simin

图书在版编目（CIP）数据

天下龙泉 ： 龙泉青瓷与全球化. 卷三，风行天下 ／ 故宫博物院，
浙江省博物馆，丽水市人民政府编 ； 王光尧，沈琼华主编 ； 孙悦本卷
主编. — 北京 ： 故宫出版社，2019.12
　　ISBN 978-7-5134-1282-7

　　Ⅰ.①天… Ⅱ.①故… ②浙… ③丽… ④王… ⑤沈… ⑥孙…
Ⅲ.①龙泉窑－青瓷(考古)－图录 Ⅳ.①K876.32

中国版本图书馆CIP数据核字(2019)第301110号

天下龙泉
龙泉青瓷与全球化

卷三　风行天下

故宫博物院、浙江省博物馆、丽水市人民政府 编

主　　编：王光尧　沈琼华
本卷主编：孙　悦
出 版 人：王亚民
责任编辑：张志辉
装帧设计：北京气和宇宙艺术设计有限公司
责任印制：常晓辉　顾从辉
出版发行：故宫出版社
　　　　　地址：北京市东城区景山前街4号　邮编：100009
　　　　　电话：010-85007808　010-85007816　传真：010-65129479
　　　　　邮箱：ggcb@culturefc.cn
印　　刷：北京雅昌艺术印刷有限公司
开　　本：889毫米×1194毫米　1/12
印　　张：28.5
版　　次：2019年12月第1版
　　　　　2019年12月第1次印刷
书　　号：ISBN 978-7-5134-1282-7
定　　价：460.00元